Der übersetzte Gott

Der übersetzte Gott

Herausgegeben von Melanie Lange und Martin Rösel

EVANGELISCHE VERLAGSANSTALT
Leipzig

Bibliographische Information der Deutschen Nationalbibliothek
Die Deutsche Nationalbibliothek verzeichnet diese Publikation in der Deutschen Nationalbibliographie; detaillierte bibliographische Daten sind im Internet über http://dnb.dnb.de abrufbar.

Printed in Germany · H 7962

Das Buch wurde auf alterungsbeständigem Papier gedruckt.

Cover: Zacharias Bähring, Leipzig
Satz: Makena Plangrafik, Leipzig
Druck und Binden: Hubert & Co., Göttingen

ISBN 978-3-374-04155-8
www.eva-leipzig.de

Vorwort

»Geschrieben steht: ›Im Anfang war das Wort!‹
Hier stock ich schon! Wer hilft mir weiter fort?
Ich kann das Wort so hoch unmöglich schätzen,
Ich muss es anders übersetzen,
Wenn ich vom Geiste recht erleuchtet bin.«[1]

Die Mühsal, die das Übersetzen von Religion mit sich bringen kann, hat nicht erst Goethe seinem Faust in den Mund bzw. an den Griffel gelegt. Da Religion auf Überlieferungen basiert, die aufgrund von Bewahrung und Fortführung Jahrhunderte und Jahrtausende überdauern, untersteht sie stets dem Einfluss der Übersetzung. Fremde Glaubensinhalte werden dabei adaptiert, transformiert, aktualisiert und akzentuiert. Die Gründe hierfür sind so vielschichtig wie die Landschaft der Religionen selbst. Übersetzen bedeutet in diesem Zusammenhang keineswegs nur die Übertragung von einer Sprache in eine andere. Auch Inhalt, Form und die Orientierung an den Adressaten spielen eine bedeutende Rolle bei der Übersetzung von Religion/en.

Das interdisziplinäre Forschungssymposion »Der übersetzte Gott«, das vom 9.–11. Oktober 2014 in Rostock stattfand, bot Beispiele für die Vielfalt möglicher Perspektiven auf ein komplexes und mit diesem Titel bewusst offen und provokativ gewähltes Thema. Wissenschaftlerinnen und Wissenschaftler der Theologie, Religionswissenschaft, Kunstgeschichte, den Sprachwissenschaften, der Ägyptologie, Literatur- und Kulturwissenschaft suchten im Internationalen Begegnungszentrum Rostock gemeinsam nach möglichen Antworten auf die Frage nach der Übersetzbarkeit von Religion. Die Mehrzahl der in diesem Rahmen gehaltenen Vorträge findet sich dem jeweiligen

1 *Johann Wolfgang Goethe*, Faust. Der Tragödie Erster Teil, Tübingen 1808, 80.

Gegenstand entsprechend chronologisch angeordnet in diesem Sammelband, so dass die Bandbreite der Themen und methodischen Zugänge deutlich wird.

Das Symposion lässt auch die interdisziplinäre Ausrichtung der Theologischen Fakultät der Universität Rostock erkennen, denn die vortragenden Fakultätsmitglieder sind zugleich in die Interdisziplinäre Fakultät der Universität eingebunden. Innerhalb des Departments »Wissen – Kultur – Transformation« dieses Forschungsverbundes hat sich in den vergangenen Jahren ein interdisziplinärer Schwerpunkt zum Thema »Übersetzen« entwickelt, aus dessen Mitte auch die Idee für das Forschungssymposion erwachsen ist.

Ausrichtung und Durchführung des Symposions sind nur durch die Förderung der Interdisziplinären Fakultät möglich gewesen. Dafür sei dem Vorstand des Departments »Wissen – Kultur – Transformation«, Dekan Prof. Dr. Udo Kragl und Frau Anja Gloede herzlich gedankt, ebenso für die Gewährung eines Zuschusses zu den Druckkosten. Unser Dank gebührt ebenso Frau Dr. Annette Weidhas für die Aufnahme des Sammelbandes in das Programm der Evangelischen Verlagsanstalt. Nicht zuletzt schließen wir auch stud. theol. Lisa Fischer in unseren Dank ein, die bei der Organisation und Realisierung des Symposions eine tatkräftige und verlässliche Hilfe war.

Rostock, im Juli 2015
Melanie Lange, Martin Rösel

Inhalt

Der übersetzte Gott?[1]

Transfer von theologischen Konzepten zur Legitimierung von Fremdherrschaft im pharaonischen Ägypten

Anke Ilona Blöbaum

1. Einleitung

Vor jeder Analyse eines altägyptischen Textes steht die Übersetzung desselben. So ist es angemessen, zunächst mit einigen allgemeinen Worten zum Übersetzen in der Ägyptologie zu beginnen: Wenn auch die grundsätzlichen Mechanismen der altägyptischen Sprache bekannt sind, so sind im Detail immer noch einige dunkle Stellen der Grammatik sowie Bereiche des Lexikons ungeklärt. Und bei der Übersetzung von altägyptischen religiösen Texten beispielsweise kommt der Bruch der Sinnkontinuität in der Überlieferung besonders zum Tragen;[2] eine Übersetzung kann immer nur Teilaspekte der ursprünglichen Sinnhaftigkeit transportieren. Zudem besteht in doppelter Hinsicht eine Gefahr der »Nivellierung«. Der Bearbeiter muss sowohl den angemessenen Transfer altägyptischer Phänomene in die modernen Zielsprachen bewältigen, er muss aber auch insbesondere in der Textarbeit die extrem lange Sprachgeschichte im Auge behalten, um zu verhindern, bereits auf dieser Ebene einen Bedeutungswandel zu nivellieren.[3] Innerhalb der Ägyptologie hat sich bisher weder eine spezifische Methode der Übersetzungspraxis noch ein intensiver Diskurs darüber entwickelt. Das Bild

---

[1] Ich möchte an dieser Stelle die Gelegenheit nutzen, um mich sehr herzlich bei Martin Rösel und Melanie Lange für die Einladung nach Rostock und die Aufnahme des Beitrags in den vorliegenden Sammelband zu bedanken.

[2] Einen differenzierten Überblick zur Übersetzung und Übersetzungstechnik von altägyptischen religiösen Texten bietet *Backes*, Translating.

[3] *Blöbaum*, Lost in Translation?, 41–44.

der ägyptologischen Übersetzungen ist vielmehr durch große Heterogenität geprägt.

Im Folgenden wird es aber nicht um moderne Übersetzungen sondern vielmehr um Bezeugungen für eine antike Übersetzungspraxis gehen. Und der Frage nach dem »übersetzten Gott« nachgehend wird weniger der Aspekt des Übersetzens im Mittelpunkt der Betrachtung stehen, sondern vielmehr der Versuch, in den Quellen Indizien für einen interkulturellen Transfer bzw. eine transkulturelle Adaption von theologischen Konzepten aufzudecken und zu hinterfragen. Hierzu soll die Übernahme des ägyptischen Königtums durch Fremdherrscher näher in den Blick genommen werden.

Das spätzeitliche Ägypten ist durch wechselnde Phasen von fremder und einheimischer Herrschaft sowie durch gewaltvolle Thronübernahmen gekennzeichnet. Der Zeitraum vom Beginn der 25. Dynastie bis zum Ende der Argeadenzeit soll näher betrachtet werden, das bedeutet also einen Untersuchungszeitraum etwa von der Mitte des 8. Jahrhunderts bis zum Ende des 3. Jahrhunderts v. Chr.

Ein kurzer Überblick über die Grundlagen der ägyptischen Königstheologie und eine zusammenfassende Betrachtung der kuschitischen und makedonischen Fremdherrschaft in Ägypten leiten zum Kern der folgenden Überlegungen, die sich an einem konkreten Beispiel aus der ersten Perserzeit festmachen. Dementsprechend wurde zur Diskussion der Beispiele eine unchronologische Reihenfolge gewählt, die die Makedonische Zeit vor der Ersten Perserherrschaft behandelt.

2. Königstheologie und Grundlagen der Legitimation im spätzeitlichen Ägypten

Zum besseren Verständnis der Beispiele ist es notwendig, kurz auf die grundlegenden Prinzipien der altägyptischen Königtheologie einzugehen. In Anbetracht des zur Verfügung stehenden Raums kann diese Betrachtung selbstverständlich nicht in die Tiefe gehen. Ziel ist vielmehr, die wichtigsten Prinzipien und ihre Relationen zueinander quasi schlaglichtartig zu beleuchten sowie spezifische Begrifflichkeiten einzuführen.

Der König ist das Zentrum des ägyptischen Staates. Mit der Königsherrschaft als göttlichem Prinzip erhält der Herrscher eine Mittlerposition zwischen den Menschen und den Göttern. Pharao garantiert die Weltordnung; eine königslose Zeit bedeutet Chaos. Dies birgt für Fremdherrscher gewisse Möglichkeiten. Die existenzielle Stellung des Königs verlangt aber auch nach Legitimität. Dieser moderne politische Begriff muss bei Anwendung auf das ägyptische Königtum modifiziert werden. Denn die Institution Königtum ist eine elementare Größe im altägyptischen Weltbild. Königsherrschaft ist niemals grundsätzlich in Frage gestellt. Legitimation gilt immer dem Amtsinhaber, niemals dem Amt als solchem. Dies gilt ebenso für die altorientalische Königstheologie[4] wie auch für die Herrscherlegitimation in der griechisch-hellenistischen Kultur.[5]

Die Quellen, in denen sich Aussagen zur Legitimation finden, sind *post eventum*, d.h. nach Machtübernahme respektive Thronbesteigung, entstanden. Gescheiterte Thronwechsel werden nicht dokumentiert. Was wir inschriftlich fassen können, ist die Selbstdarstellung des inthronisierten Herrschers, nicht die Rechtfertigung des Thronanwärters. Es gibt weder einen offiziellen Diskurs über die Legitimität des Königs, noch findet sich ein entsprechender Ausdruck in der altägyptischen Sprache.

Zur Analyse der Texte dient ein Beschreibungssystem, in dem Muster der königlichen Legitimation als klassenbildende Oberbegriffe fungieren. Das System ist nicht geeignet, die Legitimationsprinzipien des ägyptischen Königsamtes zu klären. Es dient vielmehr als Werkzeug zur Erfassung jener Argumente, die in der Herrscherpräsentation greifbar sind.

Grundsätzlich können drei Referenzsysteme unterschieden werden:[6] Dies ist zunächst der Amtsinhaber selbst. Seine Qualifikation und Kompetenz in der Ausübung des Amtes legitimieren ihn durch die Wirkmächtigkeit seines Tuns. Zweitens finden sich Bezüge zu anderen Königen. Hier ist vor allem der direkte Vorgänger im Amt zu nennen, der durch Erbfolge bzw. Designation dem Herrschaftsanspruch des Thronanwärters Legitimität verleiht. Aber auch auf weitere Vorgänger kann auf positive oder negative Weise Bezug genommen werden. Als dritte Referenzgröße dient die Götterwelt. Die mit dem Amt verknüpfte Göttlichkeit verbindet den König mit den Göttern. Als Horus und Sohn des Sonnengottes Re ist er der Sohn schlechthin, daher ist die Gottessohnschaft fester Bestandteil der Legitimation, ebenso wie Erwählung bzw. Berufung oder Intervention durch die Götter. Und ein weiterer wichtiger Aspekt ist auch die Identifikation des Königs mit dem Sonnengott als Garant allen Lebens.

---

4 Vgl. *Ahn*, Herrscherlegitimation, 8.

5 Vgl. *Edelmann*, Religiöse Herrschaftslegitimation, 328–330.

6 Eine ausführliche Beschreibung des hier zugrunde gelegten Klassifikationssystems findet sich bei *Blöbaum*, Herrscherlegitimation, 25–29.

Hauptschwierigkeit der Analyse ist die tiefe Durchdringung und Verzahnung der verschiedenen Legitimationsargumente. Ebenfalls muss beachtet werden, dass königliche Texte sowie auch die gesamte Präsentation formuliert und konzipiert wurden, um rituell Wirklichkeit zu schaffen. Die historische Realität steht hinter der am Maßstab des normativen Konzepts und göttlichem Prinzips Maat gemessenen Wirklichkeit der Texte zurück. Was wir anhand der Texte greifen können, ist die offizielle Darstellung des Königs, über seine individuelle Persönlichkeit oder Biographie erfahren wir nichts.

3. Fremdherrschaft im spätzeitlichen Ägypten

Seit dem Beginn des 1. Jahrtausends v. Chr. wechseln sich in Ägypten Phasen von verschiedenen Fremdherrschaften mit nur kurzen Perioden einheimischer Herrschaft ab. Manche der Fremdherrscher nutzten die welterhaltene Funktion des ägyptischen Königtums zur Festigung ihrer Herrschaft, indem sie das Königsamt annahmen. Eine Adaption der ägyptischen Königstheologie in unterschiedlichen Ausprägungen ist zu beobachten. Die libyschen Könige der 26. Dynastie sowie die kuschitischen Könige der 25. Dynastie beispielsweise sind in hohem Maße akkulturiert bzw. ägyptisiert und übernehmen die ägyptische Königstheologie in einem solchen Maße, dass es unterschiedliche Auffassungen darüber gibt, inwiefern diese Dynastien als fremd gelten können oder nicht.[7] In diesem Beitrag werden Assyrer, Kuschiten, Perser und Griechen als Fremdherrscher betrachtet.

Während der Zeit der assyrischen Invasionen wurde niemals der Versuch unternommen, eine Königsherrschaft zu etablieren, sondern Ägypten wurde als Vasallenstaat verwaltet. Die Herrscher der Zweiten Perserzeit sind ebenfalls eher als Besatzungsmacht zu verstehen, da es keine Hinweise darauf gibt, dass diese Könige eine ägyptische Königstitulatur geführt haben. Für die Kuschiten, die Perser in der sogenannten Ersten Perserzeit sowie die Argeaden ist die Annahme des Königtums nachgewiesen. Indizien hierfür sind das Führen der fünfteiligen Königstitulatur sowie die Darstellung als ägyptischer König.

---

7 Zur Begründung der hier vertretenen Auffassung, dass die 25. (kuschitische) Dynastie als Fremdherrschaft und die 26.–28. sowie die 30. Dynastie als einheimisch zu betrachten sind, siehe ausführlich *Blöbaum*, Herrscherlegitimation, 4–6.

3.1. Die kuschitische 25. Dynastie (747/744–656 v. Chr.)

In der Mitte des 8. Jahrhunderts v. Chr. gelingt es Pianchi[8], das Einflussgebiet seines Vorgängers Kaschta im Süden Ägyptens weiter auszudehnen und schließlich seinen Machtbereich auf ganz Ägypten auszuweiten. Die Residenz liegt zunächst noch im kuschitischen Napata, wird aber während der Regierungszeit seines Nachfolgers Schabaqo nach Memphis verlegt. Mindestens im Süden des Landes kommt es auch zu Verbindungen der ägyptischen mit der weitgehend ägyptisierten kuschitischen Elite.[9] Infolge der Ägyptisierung, die nicht nur Medien wie Schrift und Sprache sondern auch Inhalte umfasst, nimmt die 25. Dynastie eine Sonderstellung unter den Fremdherrschern ein.[10] Und aus der Notwendigkeit heraus, ein ideologisches Konzept zu entwickeln, setzt ebenfalls eine Adaption der ägyptischen Königstheologie ein.[11] Hier ergibt sich nun die Möglichkeit eines direkten Vergleichs der Quellen aus dem kuschitischen Mutterland und Ägypten.

Insbesondere unter dem König Taharqo kann man nicht nur eine Adaption sondern auch einen kreativen Austausch beobachten. Durch Transfer von kuschitischen theologischen Konzepten kommt es zu einer spezifischen Ausformung insbesondere der Amun-Theologie, die sich sowohl in Texten als auch in der Architektur im thebanischen Raum niederschlägt.[12]

3.2. Die makedonische Zeit (332–306 v. Chr.)

Nach der Eroberung Ägyptens durch Alexander den Großen erfolgt die politische Organisation des Landes unter Mitbeteiligung der einheimischen Bevölkerung. Insbesondere Alexander der Große nimmt offiziell das ägyptische

---

8 Lesung des Namens nach *Rilly*, Nouvelle interprétation.

9 Monthemhet, ein hoher Beamter in Theben, ist sogar mit dem kuschitischen Königshaus verschwägert. Zu seiner dritten Ehefrau Udjarenes, siehe *Russmann*, Mentuemhat's Kushite Wife, 21–39.

10 *Gozzoli*, Writing of History, 184.

11 *Zibelius-Chen*, Theorie und Realität, 81–95: 94.

12 *Pope*, Double Kingdom, 98–99; im Rahmen des Projekts »Semantik der Veränderung. Vergewisserung, Inszenierung und Magie in der Bildsprache Ägyptens im frühen 1. Jt. v.Chr.« im Exzellenzcluster »Religion und Politik« an der Westfälischen Wilhelms-Universität Münster gehen wir genau diesen Fragen nach, und so möchte ich dieses interessante Beispiel hier nicht weiter ausführen, sondern insbesondere auf die Arbeit von Angelika Lohwasser verweisen, die sich derzeit im Projekt speziell mit der 25. Dynastie beschäftigt: http://www.uni-muenster.de/Religion-und-Politik/forschung/projekte/b2-12.html (letzter Zugriff am 03.04.2015).

Königtum an, aber auch seine beiden Nachfolger werden als ägyptische Könige dargestellt und akzeptiert.

Für jeden der drei Könige, Alexander III. (der Große), Philippos Arrhidaios und Alexander IV., sind Elemente der ägyptischen Königstitulatur nachgewiesen.[13] Doch nur für Alexander den Großen ist eine vollständige Titulatur überliefert.[14]

Im Gegensatz zu ihrem Vorgänger waren weder Philippos Arrhidaios noch Alexander IV. jemals persönlich in Ägypten. Dennoch finden sich Darstellungen, die sie als ägyptischen König zeigen.[15] Für Alexander IV. führt dies zu einem Kuriosum: Noch über seinen Tod im Jahr 311 v. Chr. hinaus werden in Ägypten Dokumente in seinem Namen datiert.[16] Da er niemals persönlich die Herrschaft in Ägypten übernommen hatte, verändert sich die Situation in Ägypten durch seinen Tod nicht. Der Name Alexanders IV. fungiert gewissermaßen als Platzhalter, und so wird die Datierung in seinem Namen bis zur Übernahme der Herrschaft durch Ptolemaios I. Soter im Jahr 306 v. Chr. aufrechterhalten.

Alexander der Große bedient insbesondere das Argument der Gottessohnschaft. In Ägypten reist er zum Zeus/Ammun-Orakel in der Oase Siwa und wird dort als Gottessohn und König von Ägypten bestätigt.[17] Dies ist nicht nur ein legitimierender Akt in Ägypten, denn in der makedonischen Tradition weist ihn die Abstammungslegende der Argeaden als Abkömmling des Zeus aus. Mit seiner Baupolitik knüpft er explizit an Thutmosis III. und Amenhotep III. an und definiert sich so als Nachfolger der großen Könige des Neuen Reiches.[18] Vor allem im thebanischen Raum im Karnak und Luxortempel sind Bau- und Restaurierungsarbeiten in seinem Namen bekannt.[19]

---

13 *Blöbaum*, Herrscherlegitimation, 419–428.

14 Die Titulatur hat sich auf einem Opferständer aus Granit erhalten, der in Qasr el-Magysba in der Oase Bahrija gefunden wurde, siehe *Blöbaum*, Herrscherlegitimation, 423; *Bosch-Puche*, L'autel, 29–44; *Pfeiffer*, Alexander der Große, 90. Eine umfassende Analyse der Titulatur in allen Belegen bieten zudem zwei einander ergänzende Beiträge von Francisco Bosch-Puche (*Bosch-Puche*, Titulary of Alexander, I+II).

15 Zu einigen Beispielen siehe *Myśliwiec*, Royal Portraiture, 84 und Taf. 67 f.

16 *Blöbaum*, Herrscherlegitimation, 9, mit einer Zusammenstellung der Belege in Anm. 61.

17 Eine schöne Zusammenfassung zur Legitimation des historischen Alexanders als ägyptischer Pharao und damit auch eine Bewertung der Quellen hinsichtlich des Besuchs Alexanders in Siwa bietet *Pfeiffer*, Alexander der Große.

18 *Blöbaum*, Herrscherlegitimation, 280; *Schäfer*, Pharao Alexander, 165 f.

19 Zur Baupolitik Alexanders in Ägypten siehe *Schäfer*, Alexander der Große, sowie *Ladynin*, Argeadai Building Program.

Die Darstellung der makedonischen Könige in den ägyptischen Quellen folgt traditionellen Mustern. Die Konzeption lag sicherlich in den Händen der zuständigen ägyptischen Priesterschaft. Ein spezifischer griechischer Einfluss ist nicht festzustellen.

3.3. Die erste Perserzeit (27. Dynastie: 526–401 v. Chr.)

Nach der Eroberung durch Kambyses im Jahr 526 v. Chr. ist Ägypten mehr als 125 Jahre Bestandteil des persischen Großreichs.[20] Die tatsächliche Regierungsgewalt liegt in den Händen des Satrapen, der in Memphis residiert. Das Land ist in mehrere Distrikte aufgeteilt, die von persischen Beamten kontrolliert werden. Schlüsselpositionen der Verwaltung sind persisch besetzt. Es gibt einzelne Beispiele einer Art Ägyptisierung von persischen Beamten und ägyptische Beamte konnten zu hohen Positionen aufsteigen,[21] was vor allem in der Privatplastik zur Aufnahme spezifisch persischer Elemente führte.[22] Auch finden sich einzelne Belege einer Durchmischung der Eliten.[23]

Doch zumeist im Delta kommt es während der gesamten Zeit immer wieder zu Aufständen.[24] Die Sicherung der Herrschaft musste daher ein wichtiges Ziel der achämenidischen Könige bleiben. Kambyses und Dareios I. nutzten die welterhaltende Funktion des ägyptischen Königtums zur Herrschaftssicherung. Sie präsentierten sich nicht (nur) als siegreiche Herrscher, sondern nahmen offiziell das ägyptische Königsamt an. Titulaturelemente sind für beide Könige nachgewiesen. Für die Könige nach Dareios I. ist der Befund allerdings schwieriger. In den wenigen ägyptischen Textzeugen, die für diese Könige erhalten sind, sind zwar königliche Titel, aber keine Titulartitel bezeugt. Hieroglyphische Schreibungen der Eigennamen sind überhaupt nur von Xerxes I. und Artaxerxes I. belegt,[25] daher konzentrieren sich die folgenden Überlegungen auf den Beginn der ersten Perserzeit.

---

[20] Zur Datierung der Eroberung Ägyptens in das Jahr 526 v. Chr. siehe *Quack*, Datum, 228–243.

[21] Zur ägyptischen Beamten- und Priesterschaft während der Perserzeit, siehe *Vittmann*, Rupture and Continuity, 89–109.

[22] *Sternberg-el Hotabi*, Strukturen, 161.

[23] *Rehm*, Vorderasiatica in Ägypten, 500–503.

[24] Einen guten Überblick hierzu bietet *Rottpeter*, Initiatoren.

[25] *Blöbaum*, Herrscherlegitimation, 397; zur Beleglage über die hieroglyphischen Schreibungen hinaus, siehe *Vittmann*, Ägypten zur Zeit der Perserherrschaft, 395–99.

3.3.1. Kambyses in der Rolle als ägyptischer König

Es gibt nur wenige Belege, die Kambyses in der Rolle des ägyptischen Königs zeigen. Von der Titulatur sind lediglich Horus- und Thronname überliefert, die zusammen mit den entsprechenden königlichen Titeln belegt sind. Und wenn sich auch keine vollständige Titulatur erhalten hat, liegt doch zumindest ein Hinweis auf die Konzeption dieser Titulatur vor. So rühmt sich der ägyptische Arzt Udjahorresnet,[26] der in hohen Diensten im persischen Königshaus stand, in einer Inschrift als Urheber der königlichen Namen von Kambyses:[27]

»Er [sc. Kambyses] war großer Herrscher über Ägypten und großer Fürst aller Fremdländer. Seine Majestät setzte mich in das Amt des Oberarztes ein, und ließ mich an seiner Seite sein als Berater und Palastvorsteher, nachdem ich seine Titulatur mit seinem Namen als König von Ober- und Unterägypten ›Abbild des Re‹ festgelegt hatte [...]«[28]

Neben dem Horusnamen »Der die Beiden Länder vereinigt« ist dieser Thronname mehrfach für Kambyses bezeugt und somit die Historizität der Angaben von Udjahorresnet bestätigt.[29] Das ist natürlich ein äußerst interessanter Fall, da wir hier tatsächlich ein Mitglied des ägyptischen Beraterstabs fassen können, der womöglich maßgeblich für die Konzeption der Präsentation von Kambyses und Dareios in Ägypten verantwortlich war. Ein namentlich bekannter »Übersetzer« bzw. *human performance manager*, wie derartige

---

[26] Eine Zusammenfassung zur Stellung Udjahorresnets während der Perserzeit mit Hinweisen auf die ältere Sekundärliteratur bietet *Vittmann*, Ägypten zur Zeit der Perserherrschaft, 377–375, siehe auch *Vittmann*, Ägypten und die Fremden, 122–125. Zur Grabanlage Udjahorresnets in Abusir, siehe *Bareš*, Shaft Tomb.

[27] Die Inschrift ist auf einer Statue angebracht: Vatikanische Museen, Inv.-Nr. 196; es handelt sich um eine Schreitfigur, die bis auf den fehlenden Kopf vollständig erhalten ist. Udjahorresnet ist in einem sogenannten persischen Gewand dargestellt, das in der Privatplastik dieser Zeit häufig bezeugt ist (*Cooney*, Persian Influence, 39; *Russmann*, Late Period Sculpture, 961). Mit beiden Händen und zusätzlich aufgestützt auf einen schmalen Pfeiler trägt er einen kleinen Naos mit einer Darstellung des Gottes Osiris, siehe *Botti/Romanelli*, Sculture, 32–40: 40, Abb. 27–32, wobei anzumerken ist, dass zwei Fotos die Statue mit einem ergänzten Kopf zeigen, der nicht dazu gehört und mittlerweile entfernt worden ist; zur Inschrift siehe *Posener*, Première domination, 1–26, *Lloyd*, Inscription, *Rössler-Köhler*, Textkomposition, sowie *Baines*, Udjahorresne.

[28] Text auf dem rechten Arm, Kol. 12–13, siehe *Posener*, Première domination, 6; eine deutsche Übersetzung des gesamten Textes bietet *Kaplony Heckel*, Ägyptische historische Texte, 603–608.

[29] *Blöbaum*, Herrscherlegitimation, 392; *Vittmann*, Ägypten zur Zeit der Perserherrschaft, 377.

Berater-Posten heutzutage betitelt werden.[30] Leider überliefert die Inschrift keine weiteren Details zu dieser Aufgabe.

Inhaltlich verweisen die ägyptischen Namen von Kambyses auf die Sonnengottrolle sowie auf den König in der Rolle des Gottes Horus als rechtmäßigen Erben des Königsthrons und bedienen somit zwei grundlegende Prinzipien der ägyptischen Königstheologie. Die Konzeption folgt dementsprechend traditionellen ägyptischen Mustern.[31]

3.3.2. Dareios I. in der Rolle als ägyptischer König

3.3.2.1. Die ägyptische Königstitulatur

Für Dareios I. ist ein vollständiges ägyptisches königliches Protokoll mit allen fünf Namen bekannt. Einschränkend ist allerdings zu bemerken, dass die Titulatur nur an einem einzigen Ort, und zwar im Tempel von Hibis in der Oase Charga bezeugt ist; hier jedoch ist sie mehrfach Bestandteil der Tempeldekoration.[32] Außerhalb von Hibis hat sich nur der Eigenname mit den entsprechenden protokollgebundenen Titeln erhalten.[33]

Die Konzeption der Titulatur entspricht traditionellen ägyptischen Konventionen und Prinzipien: Sein Horusname lautet »Vortrefflich an Herz« und nimmt den Horusnamen von Psametik II. aus der Vorgängerdynastie wieder auf. Mit dem Herrinnennamen »Sohn des Amun, den Re ausgewählt hat aus jenen Vieren« wird auf verschiedene Konzepte der Königstheologie angespielt: Gottessohnschaft sowie die Verbindung zu Amun, Erwählung durch den Sonnengott und mit den mysteriösen »Vieren« wird vermutlich entweder ein Pyramiden- oder ein Totenbuchspruch zitiert, in dem Horus als legitimer König einer von vier Göttern ist.[34] Der Goldname »Besitzer von

---

30 Zum Verhältnis von ägyptischen Beamten zu den persischen Herrschern, siehe *Serrano Delgado*, Cambyses, mit einer umfassenden Bibliographie zum Thema in Anm. 4 auf S. 32–33; siehe auch *Lloyd*, Egyptian Attitude, 187–196; *Sternberg-el Hotabi*, Strukturen, 159–162.

31 Siehe hierzu ausführlich *Serrano Delgado*, Cambyses, 36–38.

32 *Blöbaum*, Herrscherlegitimation, 393–395; *Davies*, Temple of Hibis, *passim*; *Cruz-Uribe*, Hibis Temple Project, *passim*.

33 *Blöbaum*, Herrscherlegitimation, 396.

34 PT 260: »O Geb, Stier der Nut! NN ist Horus, der Erbe seines Vaters. NN ist einer der weggeht und wieder kommt, der vierte dieser vier Götter [...]« (*Sethe*, Pyramidentexte, 172; Übersetzung *Topmann*, in: TLA 31.10.2014); Tb 83: »Ich bin dieses Gestern, der vierte von diesen vier Uräen, die im Westen entstanden sind, Horus, der mitten aus seinem Körper leuchtet« (pKairo CG 24095, pMaiherperi, 40–41; *Munro*, Totenbuch-Handschriften, Tf. 118, Übersetzung *Backes*, in: TLA 31.10.2014).

Sed-Festen, Liebling aller Götter und Göttinnen von Ägypten« weist Dareios als rechtmäßigen sowohl rituell – durch das Sedfest[35] – als auch durch die Götter bestätigten König aus. Prädilektion durch die Götter wird nur einem pflichtbewusst kultisch aktiven König zuteil, insofern ist auch dieser Aspekt aufgenommen. Zudem könnte man den zweiten Bestandteil des Namens als Anspielung auf »Liebling der Götter«, den Goldnamen von Necho II. aus der Vorgängerdynastie, verstehen. Mit »Glanz des Re« sowie »Liebling des Amun-Re« sind zwei verschiedene Thronnamen belegt, die sowohl auf die Sonnengottrolle als auch auf Prädilektion verweisen. Der zweite Name stellt zudem einen regionalen kulttopographischen Bezug her, da der Hibis-Tempel dem Amun von Hibis und dem thebanischen Amun geweiht ist. Der Name ist in verschiedenen Varianten belegt,[36] bei denen Epitheta des Amun von Hibis in unterschiedlichen Kombinationen hinzutreten können. Die Titulatur wurde sicherlich speziell für diesen Tempel entworfen, und somit ist zu überlegen, inwieweit die Namen überhaupt im gesamten Land bekannt waren.

Zwar ist nicht nur in Hibis Bautätigkeit aus der Zeit von Dareios I. nachgewiesen. Auch in Sais, Edfu, Theben und El Kab finden sich entsprechende Belege,[37] aber außer dem Eigennamen mit den entsprechenden Titeln finden sich dort keine weiteren Elemente einer Titulatur.

Die Konzeption von Titulatur und Dekoration im Hibis-Tempel ist offenbar eng verzahnt. Während die Königsnamen von Dareios I. – ähnlich wie bei Kambyses – traditionellen ägyptischen Mustern folgen, offenbart sich in den Darstellungen, die ihn als Pharao bzw. Herrscher über Ägypten zeigen, ein differenzierteres Bild. In diesem Zusammenhang ist auch ein Beispiel aus dem Hibis-Tempel von Interesse, auf das am Ende des Beitrags noch zurückzukommen sein wird.

---

[35] Es handelt sich um ein Krönungsjubiläum, bei dem rituell die Erneuerung des Königs vollzogen wird. Der Name bezieht sich sicherlich nicht auf ein historisches Sedfest von Dareios I., sondern ist gewissermaßen performativ zu verstehen, wodurch eine fortwährende Erneuerung des Königtums für Dareios I. gewährleistet ist. Der Name passt sehr gut zur Konzeption des Hibis-Tempels, da das Sedfest sowohl in der Dekoration als auch in den Inschriften eine Rolle spielt (*Hornung/Staehelin*, Sedfest, 31 f.). Zum Sedfest allgemein siehe *Hornung/Staehelin*, Sedfest; *Rummel*, Balsamierungsmaterialien, sowie *Coppens/Vymazalová*, Long Live the King, 93–97.

[36] Eine Übersicht aller Varianten bietet *Blöbaum*, Herrscherlegitimation, 394 f.

[37] *Serrano Delgado*, Cambyses, 43.

3.3.2.2. Die Königsstatue aus Susa

Ein bekanntes Beispiel der Inszenierung von Dareios I. als Herrscher über Ägypten ist zweifelsohne seine monumentale Statue (Abb. 1), die 1972 in Susa entdeckt wurde.[38]

Die Statue wurde vermutlich – wie auch in den auf der Statue befindlichen Texten formuliert – in Ägypten hergestellt.[39] Die Auswahl der Götter in den ägyptischen Texten spricht auf den ersten Blick für Heliopolis, doch gibt es auch sehr überzeugende Gründe, die für Pithom als ursprünglichen Aufstellungsort sprechen.[40] Der Transport nach Susa könnte entweder am Ende der Regierungszeit von Dareios I. oder zu Beginn der Regierungszeit von Xerxes I. erfolgt sein.[41]

Die Statue von Dareios I. aus Susa

Die Statue vereint auf bemerkenswerte Art und Weise ägyptische und achämenidische Stilelemente und ist mit Textsequenzen in vier Sprachen beschriftet. Die Haltung entspricht ägyptischen monumentalen Königsdarstellungen, die Tracht hingegen ist achämenidisch. Leider ist der obere Teil der Statue nicht erhalten, so dass kein Hinweis auf die Art der Krone oder Kopfbedeckung vorliegt.[42] Es ist

38 *Calmeyer*, Ägyptischer Stil; *Vallat*, Les Textes; *Yoyotte*, Une statue de Darius; *ders.*, Inscriptions hiéroglyphiques; *ders.*, La statue égyptienne.

39 Der Stein stammt aus einem Steinbruch im Wadi Hammamat, siehe *Yoyotte*, La statue égyptienne, 268–271.

40 In der Sekundärliteratur findet sich regelmäßig Heliopolis als ursprünglicher Standort (siehe z. B. *Gozzoli*, Writing of History, 121, der sich ausdrücklich gegen Pithom ausspricht, sowie *Vittmann*, Ägypten zur Zeit der Perserherrschaft, 384, der zwar Heliopolis favorisiert, aber Pithom nicht ausschließt). Von den Ausgräbern wird mittlerweile die Idee von Edda Bresciani (*Bresciani*, L'Egitto, 110) favorisiert, die als erste Pithom (Tell el Maskhuta) als ursprünglichen Standort vorschlug. Die ägyptischen Texte der Kanalstelen und die der Statue weisen starke Berührungspunkte auf, insofern ist es sehr plausibel, die Aufstellung der Statue im Bereich des Atum-Tempels in Pithom im Zusammenhang mit der Eröffnung des Kanals zu sehen, siehe hierzu zusammenfassend *Yoyotte*, La statue égyptienne, 274 f.

41 *Yoyotte*, La statue égyptienne, 276 f.

42 Überlegungen zur Art der Kopfbedeckung finden sich bei *Gozzoli*, Writing of History, 121; vgl. auch *Vittmann*, Ägypten zur Zeit der Perserherrschaft, 384.

augenfällig, dass sich Dareios rein visuell durch seine Tracht als Fremdherrscher über Ägypten inszeniert.

Die Statue ist mit mehreren Texten beschriftet. Auf dem Gewandknoten ist der Eigenname in Hieroglyphen mit Titeln des offiziellen Protokolls angegeben.[43] Vorder- und Rückseite des Sockels sind jeweils mit einer emblematischen Darstellung vom Vereinigen der Beiden Länder dekoriert.[44] Rechts und links wird die Darstellung gerahmt durch jeweils drei Kolumnen mit sogenannten Dedikationsformeln,[45] die jene göttlichen Gaben bezeichnen, auf die sich nach ägyptischer Königstheologie das Königtum gründet.[46] Auf der Oberseite des Sockels befindet sich eine Weiheinschrift, die die Stiftung der Statue zum Inhalt hat,[47] und auf den Gewandfalten der linken Seite eine elaborierte Eulogie,[48] die Dareios gemäß ägyptischer Königstheologie als rechtmäßigen Herrscher darstellt und rühmt. Parallel hierzu ist auf den Gewandfalten der rechten Seite ein wesentlich kürzerer Keilschrifttext in altpersischer, elamischer und akkadischer Version angebracht, der ebenfalls die Legitimation des Königs zum Thema hat.[49] Diese beiden Texte sollen im Folgenden näher betrachtet werden. Der Keilschrifttext in der altpersischen Version lautet folgendermaßen:

---

43 *Yoyotte*, La statue égyptienne, 278; *ders.*, Inscriptions hiéroglyphiques, 181, 208, Abb. 24.

44 *Yoyotte*, La statue égyptienne, 282 f.; der rituelle Akt der Vereinigung der beiden Landesteile Ober- und Unterägypten durch den König ist eng mit der Krönung und dem Regierungsantritt verknüpft. Die Darstellung oder Erwähnung der Vereinigung hat somit legitimierende Funktion, da sie die Verortung des Herrschers in der ihm zugehörenden Machtposition darstellt, siehe *Blöbaum*, Herrscherlegitimation, 47. Zur Szene des Vereinigens der Beiden Länder im Dekorationsprogramm von Tempeln siehe *Merzeban*, *smꜣ tꜣwy* Scenes.

45 *Yoyotte*, La statue égyptienne, 283; *ders.*, Inscriptions hiéroglyphiques, 183, 206, Abb. 22, 214, Abb. 30 [4].

46 Erste Belege dieser Formeln finden sich bereits in der 3. Dynastie (vgl. *Kahl*, FWb, 1) und seitdem, bis zum Ende der pharaonischen Zeit, begleiten sie jede Begegnung des Königs mit den Göttern. In ihrem stereotypen Vorkommen sowie ihrer ausgeprägten Formalisierung erreichen sie eine gewisse Banalität.

47 *Yoyotte*, La statue égyptienne, 281; *ders.*, Inscriptions hiéroglyphiques, 182, 213, Abb. 29 (3).

48 *Yoyotte*, La statue égyptienne, 278–280; *ders.*, Inscriptions hiéroglyphiques, 182, 213, Abb. 29 (2).

49 *Vallat*, L'inscription; *ders.*, Les Textes; *ders.*, Les principales inscriptions, 312 f.

»Der große Gott (ist) Ahuramazda, der diese Erde erschaffen hat, der jenen Himmel erschaffen hat, der den Menschen erschaffen hat, der das Glück erschaffen hat für den Menschen, der Dareios (zum) König gemacht hat.
Dies (ist) das steinerne Abbild, das Dareios, der König, angeordnet hat, in Ägypten herzustellen; aus diesem Grunde (wird dem), der es künftig betrachtet, dem wird bekannt / bewußt, daß der persische Mann Ägypten in Besitz hatte.
Ich (bin) Dareios, der große König, König der Könige, König der Länder, König auf dieser großen Erde, des Hystaspes Sohn, ein Achaimenide.
Es kündet Dareios, der König: Mich soll Ahuramazda schützen und, was von mir geschaffen (worden ist).«[50]

Während die Keilschrifttexte denselben Inhalt in drei verschiedenen Sprachen wiedergeben, also direkte Übersetzungen darstellen,[51] handelt es sich bei dem Hieroglyphentext um eine gänzlich andere Komposition:

»Der vollkommene Gott, einer der tatkräftig handelt, Patron, Herrscher der Doppelkrone, einer der gewaltig an Schrecken in den Herzen der Menschen [ist], Besitzer von Autorität im Angesicht dessen, der ihn sieht, dessen Macht jedes der Beiden Länder *im Griff* hat, der die Rituale vollzieht gemäß göttlicher Anweisung, Sohn des [...], Abkömmling des Atum.
Lebendiges Abbild des Re, der ihn auf den Thron gegeben hat, um zu vollenden, was er begonnen hatte auf Erden.
Der vollkommene Gott, einer, der zufrieden ist in der Maat. Den Atum, der Herr von Helipolis, ausgewählt hat, um Herr zu sein über alles, was die Sonne umkreist, weil er erkannt hatte, dass dieser sein Sohn und Schützer ist. Er wies ihn an, jedes der Beiden Länder in Besitz zu nehmen.
Es gab ihm Neith eigenhändig ihren Bogen, um all seine Gegner niederzuwerfen, wie sie es getan hatte für ihren Sohn Re beim *Ersten Mal*. Stark ist er durch sie, um seine Feinde abzuwehren, um seine Widersacher in jedem der Beiden Länder zu dezimieren.
Siegreicher König, gewaltig an Macht! Besitzer von Stärke wie der *Erste von Letopolis* (= Horus), Besitzer von Tatkraft, der die Neunbogen schlägt. Nutzbringend an Ratschlag, fehlerlos an Planungen, Besitzer von Schlagkraft, wenn er in die

50 *Schmitt*, Inschriften der Achaimeniden, 146 f. (DSab).

51 »Le contenu de l'inscription présente, dans les 3 langues, le même aspect général, et les différences de détail qui apparaissent ne sont dues qu'au génie propre à chacune d'elles.« (*Vallat*, L'inscription, 249); »Ces trois inscriptions (DSab) présentent la traduction d'un seul et même texte.« (*ders.*, Les Textes, 161).

Menge stürmt. Der treffsicher schießt, ohne dass sein Pfeil fehlt. Seine Stärke gleicht der des Month.

Der König von Ober- und Unterägypten, der Herr Beider Länder, Dareios, er lebe ewig, der Große (= Großkönig), der Fürst der Fürsten, der Oberste dieses gesamten Landes, Sohn des Gottesvaters Hystaspes, ein Achämenide, erschienen als König von Ober- und Unterägypten auf dem Horusthron der Lebenden wie Re, der Erste der Götter, ewiglich.«

Der Text gliedert sich in zwei eulogische Abschnitte, die jeweils durch den Titel »Vollkommener Gott« (*nṯr nfr*) eingeleitet werden, sowie einen Schluss mit der Titulatur.

Beginnen wir am Schluss: Hier fällt auf, dass die ägyptische Titulatur als Einschub eine Übersetzung des Selbstvorstellungsformulares enthält, das in den Keilschrifttexten auf der Statue verwendet und zudem in verschiedenen Versionen aus weiteren keilschriftlichen Quellen gut bekannt ist.[52] Eine Gegenüberstellung der beiden Texte verdeutlicht die Struktur:

	Der König von Ober- und Unterägypten, der Herr Beider Länder,
Ich [bin] Dareios,	Dareios,
	er lebe ewig,
der große König,	der Große [= Großkönig],
König der Könige,	der Fürst der Fürsten,
König der Länder,	
König auf dieser großen Erde,	der Oberste dieses gesamten Landes,
des Hystaspes Sohn,	Sohn des Gottesvaters Hystaspes,
ein Achaimenide.	ein Achaemenide,
	erschienen als König von Ober- und Unterägypten auf dem Horusthron der Lebenden wie Re, der Erste der Götter, ewiglich.

Die grau unterlegten Bereiche kennzeichnen die ägyptischen Elemente der Titulatur. Es handelt sich um die beiden Standardtitel »König von Ober- und Unterägypten« (*nzw bjt*) und »Herr Beider Länder« (*nb tꜣ.wj*), die dem Eigennamen von Dareios vorgeschaltet sind. An den Namen schließt sich die

52 *Ahn*, Herrscherlegitimation, 309.

Lebensformel[53] in ihrer einfachsten Form an. Die Titulatur endet standardmäßig mit der Schlussformel[54]. Anstelle weiterer ägyptischer Titulaturelemente, wie sie üblicherweise in diesem Rahmen zu erwarten wären, ist eine Übersetzung des altpersischen Selbstvorstellungsformulars eingefügt worden. So entsteht eine hybride Titulatur, die Dareios I. deutlich als persischen Herrscher *und* legitimen ägyptischen König bezeichnet. Die Struktur mit den ägyptischen Titulaturelementen als äußeren Rahmen und den altpersischen Selbstvorstellungsformularen im Inneren spiegelt gleichsam ein Bild des persischen Großkönigs in der Rolle als Pharao wieder. Bemerkenswert auf der Übersetzungsebene ist, dass die hier vorliegende hieroglyphische Version auf eine demotische Vorlage, die auf Papyrus notiert war, zurückzuführen ist, wie anhand der Schreibung zu erkennen ist.[55] Das altpersische Formular wurde allerdings nicht exakt in die Hieroglyphenversion übertragen, sondern weist an zwei Stellen Veränderungen auf. So wurde der Titel »König der Länder« ausgelassen. Plausibel erscheint, dass der bereits erwähnte ägyptische Titel »Herr Beider Länder« als Äquivalent aufgefasst und durch die Auslassung eine Doppelung vermieden wurde.

Die Filiationsangabe hingegen wurde ergänzt, und zwar durch den Zusatz »Gottesvater« (*jt(j) nṯr*) als Titel des Vaters. Wahrscheinlich ist, dass sich dieser Titel als Hinweis auf die nicht-königliche Herkunft des Vaters verstehen lässt.[56] Zwar ist die Bedeutung des Titels vor allem in der Spätzeit

---

53 Durch die Lebensformel wird dem König die besondere Qualität des Lebens zugesprochen, die ihn mit dem Sonnengott verbindet und die Grundlage seiner Herrschaft darstellt. Insofern wirkt die Formel legitimierend und verweist auf die Sonnengottrolle des Königs. Die Formel folgt standardmäßig dem Namen des Königs und kann durch weitere Qualitäten, wie zum Beispiel Gesundheit, Dauerhaftigkeit u. a. erweitert werden. Zur legitimierenden Funktion der Formel, siehe *Blöbaum*, Herrscherlegitimation, 220 f., 459.

54 Die Schlussformel als letztes Element des offiziellen Protokolls ägyptischer Könige verweist auf die Krönung und verortet den König somit auf dem ihm zustehenden Platz als Herrscher. Der Vergleich mit dem Gott Horus sowie mit dem Sonnengott bestätigt diese Verortung von Seiten der Götterwelt. In der Schlussformel verschränken sich verschiedene Aspekte der ägyptischen Königstheologie, siehe hierzu *Blöbaum*, Herrscherlegitimation, 35–37.

55 *Yoyotte*, Une statue de Darius, 254; *Gozzoli*, Writing of History, 120.

56 So Vittmann: »Daß hingegen Hystaspes, der Vater des Dareios, auf der Susa-Statue mit dem Titel ›Gottesvater‹ versehen wird, ist nur als Rückgriff auf den alten – in der Spätzeit kaum noch üblichen Gebrauch dieser Bezeichnung als Titel des nichtköniglichen Vaters eines Herrschers erklärbar.« (*Vittmann*, Ägypten und die Fremden, 138); vgl. ebenso *Blöbaum*, Herrscherlegitimation, 139–140.

schwer zu fassen, in der Zweiten Zwischenzeit allerdings ist er genau in dieser Bedeutung nachgewiesen.[57] Und auch später, in der 30. Dynastie, findet sich zumindest ein vergleichbarer Beleg.[58] Wird hier auf die problematische Thronbesteigung Dareios' I. angespielt? Oder – eher wahrscheinlich – die Angabe des Titels, der den Vater als nichtköniglich identifiziert, stellt aus ägyptischer Sicht die korrekte Übertragung der Tatsache dar, dass kein Königstitel für den Vater genannt ist.

Es handelt sich in jedem Fall also um eine gezielte Redaktion des Textes, und zwar von einer bzw. mehreren Personen, die eine entsprechend hohe Kompetenz in Ausgangs- und Zielsprache mit politischem und kulturellem Wissen aus beiden Kulturen verbinden. Auf den Kanalstelen ist diese Titulatur – allerdings nur lückenhaft erhalten – ebenfalls belegt.[59] Man kann also von einem offiziellen Protokoll ausgehen, das vermutlich für einen bestimmten Anlass, nämlich die Eröffnung des Kanals, zusammengestellt und übersetzt worden ist. Da sich sonst keine weiteren Belege erhalten haben, ist unklar, ob diese hybride Titulatur auch überregional in Gebrauch war.

Im mittleren, zweiten Abschnitt des Keilschrifttextes wird die Anfertigung der Statue beschrieben. Dieser Abschnitt wird im vorgestellten Hieroglyphentext gar nicht berücksichtigt. Hierfür tritt inhaltlich die Weiheinschrift auf dem Sockel der Statue ein:[60]

> »Der vollkommene Gott, der Herr Beider Länder Dareios, er lebe ewiglich. Eine Statue (ist es) als Abbild des vollkommenen Gottes, des Herrn Beider Länder, die seine Majestät hat herstellen lassen, um seine Denkmäler dauern zu lassen und um seines Kas zu gedenken an der Seite seines Vaters Atum, dem Herrn Beider Länder, dem Heliopolitaner, Re-Harachte für die Länge der Ewigkeit. Möge er (sc. der Gott) ihm (sc. dem König) als Gegenleistung alles Leben und Dauer, alle Gesundheit und alle Fröhlichkeit geben wie Re.«

Interessant ist, dass in der ägyptischen Weiheformel die Intention zur Herstellung der Statue nicht wörtlich übersetzt, sondern kulturell übertragen wurde, und zwar in eine für die ägyptische Perspektive angemessene Formulierung,

---

57 *Baud*, Famille royale, 148.

58 Der Vater von Nektanebos II. ist auf einem Ölgefäß aus Saqqara ebenfalls mit diesem Titel bezeichnet, siehe *Ghaly*, Pottery jars, 82 f., Abb. 1, 2 b.

59 *Posener*, Première domination, Taf. 4, 5 und 14.

60 *Yoyotte*, Inscriptions hiéroglyphiques, 182, 213 Abb. 29 (3); *Gozzoli*, Writing of History, 122 f.

die die Herstellung der Statue im Sinne der ägyptischen Königstheologie als sakrale Stiftung darstellt. Die Inschrift verwendet das hierfür übliche Formular der königlichen Weiheinschriften.[61] Entsprechend beschreibt der ägyptische Text die Statue als Repräsentativ eines Königs, der kultisch wirksam agiert und durch rituelle Eingebundenheit von der Götterwelt legimitiert ist, wo hingegen im Keilschrifttext die Statue explizit als Inszenierung der Fremdherrschaft bezeichnet wird. Für Ahuramazda tritt im ägyptischen Text Atum-Re-Harachte ein.[62] Als Bezeichnung des Königs wurde unter anderem der Titel »Herr Beider Länder« (*nb tꜣ.wj*) ausgewählt, der zudem noch einmal als Epitheton im Götternamen vorkommt. Roberto Gozzoli vertritt die Ansicht, dass der geläufige Titel, der den König als Herrn der beiden ägyptischen Landesteile (Ober- und Unterägypten) bezeichnet, hier eine für Dareios I. spezifische Bedeutungserweiterung bzw. -verschiebung im Sinne von »Herr von Persien und Ägypten« erfahren haben könnte.[63] Es ist allerdings schwer zu beurteilen, ob bei der Verwendung des Epithetons im Götternamen ebenfalls eine solche Bedeutungserweiterung mitgedacht gewesen sein könnte. Wäre dies der Fall, so würde die göttliche Legitimation durch Atum gewissermaßen universell, und Atum würde nicht nur zu Ahuramazda hinzutreten, sondern für diesen eintreten. Insofern könnte man hier tatsächlich von einem gelenkten Transfer theologischer Konzepte sprechen.

Die Eulogie, die den Hauptteil des ägyptischen Textes auf den Gewandfalten stellt, ist sehr durchdacht und kunstvoll formuliert. Alle wichtigen Aspekte ägyptischer Königstheologie sind berücksichtigt. Es handelt sich in der Regel um Epitheta und Formulierungen, die aus vergleichbaren Kontexten gut bekannt sind, und die auch von ägyptischen Königen zur Legitimation gebraucht wurden. Auf eine detaillierte Analyse der Mikrostruktur des Textes muss an dieser Stelle aus Gründen der Übersichtlichkeit verzichtet werden, doch lohnt es sich, zwei kleine Details in den Fokus zu nehmen:

So hat bereits Jean Yoyotte darauf hingewiesen, dass innerhalb der Eulogie drei Mal die Formulierung »jedes der Beiden Länder« (*tꜣ.wj nb*) an Stellen

---

61 Siehe hierzu *Grallert*, Bauen – Stiften – Weihen, 34–60.

62 Im Gegensatz zu *Gozzoli*, Writing of History, 122, der Atum und Re-Harachte als zwei Gottheiten auffasst, gehe ich mit Hinweis auf einen Beleg im Papyrus Harris (1,4) von nur einer Gottheit aus, die als Atum – Herr Beider Länder – der Heliopolitaner – Re-Harachte (*Tm-nb-tꜣ.wj-Iwnw(j)-Rꜥ-Ḥr-ꜣḫ.tj*) bezeichnet ist, vgl. *Grandet*, Papyrus Harris, II, 111 [452], LGG III, 778f.

63 *Gozzoli*, Writing of History, 123.

verwendet wird,[64] wo in vergleichbaren Texten die Angabe nicht im Dual sondern im Plural, im Sinne von »alle Länder« verwendet wurde.[65] Dies passt inhaltlich bestens zu der Verwendung des Titels »Herr Beider Länder« in der Weiheinschrift. Auch hier könnte man wieder eine Anspielung auf Persien und Ägypten vermuten, oder aber eine Fokussierung auf den Herrschaftsaspekt gegenüber Ägypten annehmen. Die zweite Erklärung passt meines Erachtens besser ins Gesamtbild, da ein weiteres, ungewöhnliches Detail in die gleiche Richtung geht:

Gleich zu Beginn der Eulogie wird der König »Patron, Herrscher der Doppelkrone« genannt. »Patron« (*jt(j).y*) ist eine geläufige Würdebezeichnung des Herrschers. Abgeleitet von dem Wort *jt(j)* »Vater« ist der Aspekt der väterlichen Fürsorge ausgedrückt. Für die Spätzeit ist der Begriff aber eher mit Besitztum des Landes verknüpft und rekurriert somit auf das Herrschaftsgebiet.[66] Die Bezeichnung eines Herrschers als »Patron« ist nicht außergewöhnlich, doch der folgende Titel »Herrscher der Doppelkrone« ist bemerkenswert. Der Besitz »der Beiden Mächtigen« (*sḫm.tj*) als Bezeichnung der Doppelkrone, die sich aus der roten und weißen Königskrone zusammensetzt, qualifiziert den Träger zum Herrscher. Das Ergreifen, Geben oder der Besitz der Doppelkrone sind in königlichen Texten bezeugt,[67] allerdings nicht in der hier vorliegenden Formulierung. Als Epitheton ist vor der 27. Dynastie nur »Herr bzw. Besitzer der Doppelkrone« (*nb sḫm.tj*) bezeugt.[68] Aber hier ist statt des Begriffs *nb* »Herr« der Ausdruck *ḥqꜣ* »Herrscher« verwendet worden. Das Epitheton »Herrscher der Doppelkrone« (*ḥqꜣ sḫm.tj*) findet sich sonst nur in ptolemäischer Zeit als Bezeichnung des Gottes Horus.[69] Inhaltlich sind die beiden Begriffe zwar sehr ähnlich aber nicht identisch: *ḥqꜣ* bezeichnet in der Spätzeit einen unabhängigen Herrscher, der politische Kontrolle über Personen ausübt.[70] In ähnlicher Weise wird der Begriff *nb* verwendet, doch in erster Linie bezieht sich dieser auf das Recht des Besitzes, aus dem sich

---

64 (1) Dessen Macht jedes der Beiden Länder im Griff hat. (2) Er (Atum) wies ihn an, jedes der Beiden Länder in Besitz zu nehmen. (3) Stark ist er durch sie (Neith), um seine Feinde abzuwehren, um seine Widersacher in jedem der Beiden Länder zu dezimieren.

65 *Yoyotte*, Une statue de Darius, 260 f.

66 *Blöbaum*, Herrscherlegitimation, 57.

67 *Kahl*, FWb IV, 250 f.

68 *Kahl*, FWb, 251 [5–6]; z. B. auf dem Architrav des Herihor im Chonstempel/Karnak: DZA 29.521.300.

69 *Wilson*, A Ptolemaic Lexikon, 905; LGG 5, 523b–c.

70 *Blöbaum*, Herrscherlegitimation, 48–52.

erst sekundär ein Verfügungsrecht ableitet.[71] Eine fehlerhafte Verschreibung der beiden Begriffe kommt nicht in Frage, dazu sind die Hieroglyphen zu verschieden. Auch im Hieratischen sowie im Demotischen sind die Zeichen gut zu unterscheiden. Also könnte man sich die Frage stellen, ob hier mit Absicht eine etwas andere Formulierung für das Epitheton gewählt wurde. Das klingt zugegebenermaßen ein wenig nach Haarspalterei, und der Befund könnte sehr gut als Zufall abgetan werden – als Zufall der Überlieferung oder als Ergebnis einer zufälligen kreativen bzw. unkonzentrierten Phase des Schreibers. Doch der verstärkte Fokus auf den Herrschaftsaspekt passt sehr gut in das bestehende Bild.

Im weiteren Verlauf der Eulogie ist inhaltlich die Legitimation durch die Götterwelt das maßgebliche Thema. Der Aussage des Keilschrifttextes, dass Dareios von Ahuramazda zum König gemacht wurde, stehen zwei unterschiedliche Angaben im Hieroglyphentext gegenüber:

<table>
<tr><td rowspan="2">»Der große Gott (ist) Ahuramazda, der diese Erde erschaffen hat, der jenen Himmel erschaffen hat, der den Menschen erschaffen hat, der das Glück erschaffen hat für den Menschen, der Dareios (zum) König gemacht hat.«</td><td>»Lebendiges Abbild des Re, der ihn auf den Thron gegeben hat, um zu vollenden, was er begonnen hatte auf Erden.«</td></tr>
<tr><td>»Den Atum, der Herr von Heliopolis, ausgewählt hat, um Herr zu sein über alles, was die Sonne umkreist, weil er erkannt hatte, dass dieser sein Sohn und Schützer ist. Er wies ihn an, jedes der Beiden Länder in Besitz zu nehmen.«</td></tr>
</table>

Für Ahuramazda treten also zum einen Atum und zum anderen Re ein bzw. hinzu. Die Sonnengottrolle hat in der Legitimation des ägyptischen Königs eine zentrale Position, und auch die Übergabe des Königtums durch Atum ist fest in der Königstheologie verankert.

Mit Re als dem Bewahrer der Schöpfung und mit Atum als universellem Schöpfergott sind die theologischen Konzepte hinter den ägyptischen Göttern durchaus mit dem Ahuramazdas zu vergleichen, vor allem wenn man die Beschreibung des Gottes auf der Statue zugrunde legt. Hier soll nun weder die Diskussion zum Zoroastrismus der frühen Achämeniden weitergeführt werden noch anhand der ägyptischen Belege Überlegungen zum Polytheismus der Religion der Achämeniden angestrengt werden. Und auch von einer

71 Ebd., 53–56.

Beurteilung, inwieweit Dareios I. sich durch die Nebeneinanderstellung dieser Aussagen als »religiös indifferenter Machtpolitiker«[72] outet, soll abgesehen werden. Festzustellen bleibt Folgendes:

1. Offenbar ist es – aus welchen Gründen auch immer – sowohl am ursprünglichen Aufstellungsort als auch in Susa völlig unproblematisch, diese Aussagen auf einem Denkmal nebeneinander zu stellen. Wenn dies nicht der Fall wäre, müssten Spuren einer nachträglichen Bearbeitung zu finden sein, was definitiv nicht der Fall ist.

2. Es fällt als Bearbeiter leicht, und man ist geneigt, bei diesem Befund eine spezifische Auswahl der ägyptischen Götter zu erkennen. Somit könnte man hier vor allem für die Begegnung von Ahuramazda und Atum vermuten, dass nicht nur das Legitimationsprinzip der göttlichen Auswahl sondern auch der Versuch dokumentiert ist, ein spezifisches göttliches Prinzip zu übertragen bzw. zu »übersetzen«.

Und so stellte tatsächlich kürzlich Jared Krebsbach eine spezifische Affinität der persischen Könige zu Atum fest.[73] Wenn auch die Parallelen, die Krebsbach anführt, ihre Berechtigung haben, so ist die Universalität seiner Schlussfolgerungen ebenso anzuzweifeln wie die zentrale Stellung, die er Atum im Hibis-Tempel zuschreibt.[74] Heike Sternberg-el Hotabi kommt beispielsweise auf der Basis der Belege aus dem Hibis-Tempel zu dem ganz anderen Schluss, dass »der zu Persiens Reichsgott aufgestiegene und von Darius I. nachdrücklich geförderte Ahura Mazda von seinen Wesenszügen her dem thebanischen Weltgott Amun-Re ähnlich war.«[75]

Dareios Engagement im Hibis-Tempel ist sicherlich auf die strategisch und militärisch wichtige Position der Oase Charga zurückzuführen. Seinen Einfluss stärkte er dort durch die Förderung des ansässigen Kultes und insbesondere der zuständigen Priesterschaft.

Ähnliches wird auch für die Statue gelten. Ob man den ursprünglichen Aufstellungsort in Heliopolis oder in Pithom lokalisiert, in jedem Fall korrespondiert der Aufstellungsort mit den in den Inschriften erwähnten Göttern Atum und Neith. Nun stellt sich die Frage, ob sich die Auswahl der Götter

---

72 *Ahn*, Herrscherlegitimation, 171.

73 *Krebsbach*, Persians and Atum, 100–102.

74 Ebd., 98; die von ihm angeführten Referenzen führen ins Leere. Ein Blick in den Index des Buches gibt einen guten Überblick über die Belegstellen zu Atum. Es sind einige, doch für eine zentrale Stellung im Dekorationsprogramm reichen die Belege m. E. nicht aus, siehe *Cruz-Uribe*, Hibis Temple Project, 251.

75 *Sternberg-el Hotabi*, »Götterliste«, 245.

durch den anvisierten Aufstellungsort ergibt oder ob der Aufstellungsort nach dem dort ansässigen Kult ausgesucht wurde. Die von Jean Yoyotte zusammengetragenen Argumente für eine Aufstellung in Pithom sprechen deutlich für eine Auswahl des Aufstellungsortes nach geographischen bzw. geopolitischen Gesichtspunkten.[76] Denkbar wäre auch, dass es weitere Statuen vor anderen wichtigen Heiligtümern gegeben haben könnte.[77] Dann wäre es interessant, wie die entsprechenden Texte konzipiert wären. Leider haben sich keine aussagekräftigen Zeugnisse erhalten, doch passt die Aussage Herodots, dass sich die Priester in Memphis weigerten, die Statue des Dareios vor diejenige von Sesostris III. aufzustellen, zu dieser Hypothese.[78]

Doch ohne weitere Parallelen bleibt die Statue ein Einzelfall und muss auch als solcher betrachtet werden. Sie vereint in bemerkenswerter Weise achämenidische und ägyptische Stilelemente,[79] die Texte sind präzise und sorgsam formuliert und der Akt der Übersetzung – zumindest was die Übertragung ins Ägyptische betrifft – beschränkt sich nicht allein auf den Text, sondern umfasst sowohl kulturelle als auch theologische Konzepte.

In diesem Zusammenhang ist ein weiteres – ikonographisches – Detail der Statue von Bedeutung: Vorder- und Rückseite des Statuensockels zeigen jeweils eine emblematische Darstellung vom Vereinigen der Beiden Länder.[80] Und auf den Seiten des Sockels sind reihenweise die 24 Provinzen des Perserreiches abgebildet. Die Darstellung vereint ebenfalls ägyptische und achämenidische Ikonographie in bemerkenswerter Weise.[81] Der Sockel zeigt also den Herrschaftsbereich mit Ägypten in zentraler Position unter den Füßen des Herrschers. Da das Symbol des Vereinigens der Beiden Länder auch auf einer der Kanalstelen zentral im Bildfeld dargestellt ist – und mit dem Hinweis auf den Horusnamen von Kambyses »Der die Beiden Länder vereinigt« – schlägt Roberto Gozzoli eine andere Deutung vor: Das Symbol wäre übertragend auf Persien und Ägypten bezogen und Dareios würde durch dieses symbolisch ausgedrückte friedvolle Vereinigen seine Bereitschaft zur Integration in die ägyptische Königstradition signalisieren.[82] Diese Deutung ist insbesondere mit Hinweis auf die für Dareios I. bezeugte Eingliederung in altorientalische

---

76 *Yoyotte*, La statue égyptienne, 274–277.

77 *Serrano Delgado*, Cambyses, 44.

78 Herodot II 110, siehe *Serrano Delgado*, Cambyses, 52.

79 Eine ausführliche Analyse bietet *Calmeyer*, Ägyptischer Stil, 285–296.

80 *Yoyotte*, La statue égyptienne, 282 f.; s. o. Anm. 44.

81 Ebd., 286–296.

82 *Gozzoli*, Writing of History, 117, in Anlehnung an *Serrano Delgado*, Cambyses, 37.

Traditionsmuster durchaus denkbar,[83] doch ist meiner Ansicht nach aufgrund der Position direkt unter den Füßen der Herrschaftsaspekt in besonderer Weise betont. Zudem ergänzt dies den Befund in den Texten ebenfalls auf der ikonographischen Ebene. In diesem Zusammenhang ist eine sehr ähnliche Darstellung aus einem ganz anderen Kontext interessant.

3.3.2.3. Eine Darstellung des Dareios im Hibis-Tempel

Wie bereits erwähnt, wurden große Teile des Tempels in Hibis unter Dareios I. dekoriert. Hier ist er als ägyptischer König dargestellt und auf traditionelle Weise in das Dekorationsprogramm integriert. So finden sich beispielsweise an den äußeren Türpfosten zum Hypostyl zwei Darstellungen,[84] die den Eintritt des Königs in den Tempel zeigen (Abb. 2).

Der König blickt jeweils in Richtung der Türöffnung. Er ist in ägyptischem Ornat einmal mit der weißen und einmal mit der roten Krone dargestellt. Die Darstellung folgt traditionellen Prinzipien. Ungewöhnlich ist jedoch, dass hier unterhalb der Standlinie das Symbol der Vereinigung der Beiden Länder

Abb. 2: Hibis-Tempel, Hypostyl, Westwand: Der Eintritt des Königs

[83] *Ahn*, Herrscherlegitimation, 304–306.

[84] *Davies*, Temple of Hibis, Taf. 39.

angebracht ist.[85] Die Ähnlichkeit mit dem Sockel der Susa-Statue ist unverkennbar, und so vermute ich auch hier eine spezifische Konzeption, die zum Ziel hat, Dareios als Herrscher über Ägypten zu präsentieren und zu diesem Zweck sowohl achämenidische als auch ägyptische Stilelemente miteinander vereint.[86]

Die Ikonographie des Sockels und die Besonderheiten der Formulierung innerhalb der Eulogie sind sehr gut mit einer besonderen Betonung des Herrschaftsanspruches zu erklären, und der im Selbstvorstellungsformular hinzugefügte Titel kann mit achämenidischer Herrscherlegitimation in Verbindung gebracht werden. Insofern könnte man hier von einer modifizierten Adaption ägyptischer Königstheologie sprechen und Dareios I. bzw. den Kulturkontakt als Impulsgeber für die Besonderheiten begreifen.

Was den Befund im Hibis-Tempel angeht, so ist die Beurteilung komplizierter. Für den vorgestellten Beleg allein wäre das Erklärungsmuster ebenfalls plausibel. Doch die Tempeldekoration weist noch eine Menge weiterer Besonderheiten auf. So weichen u. a. die Zusammenstellung und der Anbringungsort verschiedener Szenen von traditionellen Mustern ab. Und die Tatsache, dass das Sanktuar des Tempels nicht einem spezifischen Götterbild gewidmet ist, sondern die Dekoration aus Vignetten besteht, die eine »Enzyklopädie allgemein ägyptischen kulturellen Wissens«[87] darstellen, macht diesen Tempel einzigartig.

Ob hier Transformationen vorliegen, die auf achämenidische Konzepte zurückzuführen sind oder ob eine intensive Beschäftigung mit ägyptischen kulturellen und religiösen Werten als Reaktion auf den Kontakt mit fremden Konzepten vorliegt, ist schwer zu beurteilen. Der Dekoration liegen nachweisbar thebanische Vorlagen zugrunde.[88] Bei der Eroberung des Kambyses kam es auch zur Zerstörung der Lebenshäuser, die den Tempeln als Bibliotheken dienten und somit das kulturelle Erbe und Wissen bewahrten. Möglicherweise standen also die traditionellen Vorlagen nicht mehr vollständig zur Verfügung oder der Zugang zu dem Material war beschränkt, so dass die Priester bei der Konzeption der Dekoration improvisieren mussten. Oder durch die

---

85 Die Besonderheit der Darstellung erwähnte bereits *Sternberg-el Hotabi*, Raum »M«, 599, jedoch ohne Verweis auf Parallelen.

86 Martin Rösel wies im Verlauf der Diskussion auch noch auf die Ähnlichkeit zu den Darstellungen der Thronträger auf achämenidischen Reliefs hin; siehe hierzu *Schmitt*, Persepolis III, Taf. 18–39.

87 *Sternberg-el Hotabi*, Raum »M«, 606.

88 Ebd., 600 f.

Fremdherrschaft war plötzlich ein freierer kreativer Umgang mit traditionellen Konzepten möglich. Viele dieser Fragen sind nur durch weitere Untersuchungen des Tempels und seines Dekorationsschemas zu beantworten.

Was die Befunde schon jetzt offenbaren, ist, dass Dareios I. die bestehenden administrativen wie auch die religiösen Strukturen in Ägypten zur Sicherung seiner Herrschaft nutzte. Hierfür stand ihm ein Team von ausgezeichneten Spezialisten zur Verfügung, die nicht nur in der Lage waren, von einer Sprache in die andere zu übersetzen, sondern auf höchstem Niveau interkulturelle Transferleistungen zu erbringen und sowohl kulturelle als auch theologische Konzepte und Prinzipien zu adaptieren, zu transformieren und miteinander zu verbinden.

LITERATUR

G. Ahn: Religiöse Herrscherlegitimation im Achämenidischen Iran. Die Voraussetzungen und die Struktur ihrer Argumentation. Acta Iranica 31, Leiden 1992.

B. Backes, Translating the Book of the Dead, in: *R. Lucarelli, M. Müller-Roth, M. Smith* (eds.): The Oxford Handbook of the Book of the Dead (in Vorb.).

J. Baines: On the Composition and Inscriptions of the Vatican statue of Udjahorresne, in: *P. Der Manuelian* (ed.): Studies in Honor of William Kelly Simpson I, Boston 1996, 83–92.

L. Bareš: The Shaft Tomb of Udjahorresnet at Abusir. Excavations of the Czech Institute of Egyptology, Abusir 4, Prag 1999.

M. Baud: Famille royale et pouvoir sous l'Ancien Empire égyptien, (BdE 126), Kairo 1999.

A. I. Blöbaum: »Denn ich bin ein König, der die Maat liebt«. Herrscherlegitimation im spätzeitlichen Ägypten. Eine vergleichende Untersuchung der Phraseologie in den offiziellen Königsinschriften vom Beginn der 25. Dynastie bis zum Ende der makedonischen Herrschaft (Aegyptiaca Monasteriensia 4), Aachen 2006.

A. I. Blöbaum: Lost in Translation? Ägyptologie zwischen Text und Übersetzung, in: *dies., K. Butt, I. Köhler* (eds.): Lexical Fields, Sematic and Lexicography (Aegyptiaca Monasteriensia 7), Aachen 2012, 39–48.

F. Bosch-Puche: L'autel du temple d'Alexandre le Grand à Bahariya retrouvé, BIFAO 108 (2008), 29–44.

F. Bosch-Puche: The Egyptian Royal Titulary of Alexander the Great, I: Horus, Two Ladies, Golden Horus, and Throne Names, JEA 99 (2013), 131–154.

F. Bosch-Puche: The Egyptian Royal Titulary of Alexander the Great, II: Personal Name, Empty Cartouches, Final Remarks, and Appendix, JEA 100 (2014), 89–110.

G. Botti, P. Romanelli: Le Sculture del Museo Gregoriano Egizio, Vatikanstadt 1961.

E. Bresciani: L'Egitto achemendide. Dario I e il canale del mar Rosso, Transeuphratène 14 (1998), 103–110.

P. Calmeyer: Ägyptischer Stil und Reichsachaimenidische Inhalte auf dem Sockel der Dareios-Statue aus Susa/Heliopolis, in: *H. Sancisi-Weerdenburg, A. Kuhrt* (eds.): Achaemenid History, VI Asia Minor and Egypt: Old Cultures in a New Empire. Leiden 1991, 285–303.

J. D. Cooney: Persian Influence in Late Egyptian Art, JARCE 4 (1965), 39–48.

F. Coppens, H. Vymazalová: Long Live the King! Notes on the Renewal of Divine Kingship in the Temple, in: *L. Bareš, F. Coppens, K. Smoláriková* (eds.): Egypt in Transition. Social and Religious Development of Egypt in the First Millennium BCE, Prag 2010, 73–102.

E. Cruz-Uribe: Hibis Temple Project I: Translations, Commentary, Discussions and Sign List, San Antonio 1988.

J. Coleman Darnell, D. Klotz, C. Manassa: Gods on the Road: The Pantheon of Thebes at Qasr el-Gheuita, in: Documents de Théologies Thébaines Tardives (D3T2); (CENiM 8), Montpellier 2013, 1–31.

N. de Garis Davies: The Temple of Hibis in el-Khargheh Oasis, Part III: The Decoration (MMAEE 17), New York 1953.

B. Edelmann: Religiöse Herrschaftslegitimation in der Antike. Die religiöse Legitimation orientalisch-ägyptischer und griechisch-hellenistischer Herrscher im Vergleich (Pharos 20), St. Katharinen 2007.

FWb: Frühägyptisches Wörterbuch, hg. von *J. Kahl* unter Mitarbeit von *M. Bretschneider* und *B. Kneißler*, Wiesbaden 2002–2003.

H. Ghaly: Some pottery jars inscribed with the name of the father of Nectanebos II. Tjaihap-imu, in: *C. Berger, C. Clerc, N. Grimal* (eds.): Hommages à Jean Leclant IV: Varia (BdE 106/4), Kairo 1994, 81–84.

R. B. Gozzoli: The Writing of History in Ancient Egypt during the First Millenium BC (ca. 1070–180 BC). Trends and Perspectives (GHP 5), London 2006.

R. B. Gozzoli: Old Formats, New Experiments and Royal Ideology in the Early Nubian Period (ca. 721–664 BCE), in: *L. Bareš, F. Coppens, K. Smoláriková* (eds.): Egypt in Transition: Social and Religious Development of Egypt in the First Millenium BCE, Prag 2010, 183–207.

S. Grallert: Bauen – Stiften – Weihen. Ägyptische Bau- und Restaurierungsinschriften von den Anfängen bis zur 30. Dynastie (ADAIK 18/1), Berlin 2001.

P. Grandet: Le Papyrus Harris (BM 9999): Traduction et commentaire. 2 Bde. (BdE 109, 1–2), Kairo 1994.

E. Hornung, E. Staehelin: Neue Studien zum Sedfest (Aegyptiaca Helvetica 20), Basel 2006.

H. Jenni: Der Anfang der Welt und die Gottebenbildlichkeit des Menschen in Ägypten vor dem Neuen Reich, GM 233 (2012), 9–19.

U. Kaplony Heckel: Ägyptische historische Texte. Mit einem Beitrag von Ernst Kausen, in: *O. Kaiser* (Hg.): Texte aus der Umwelt des Alten Testaments. In: Rechts- und Wirtschaftsurkunden. Historisch-chronologische Texte. Lieferung 5. Gütersloh 1985, 525–619.

J. B. Krebsbach: The Persians and Atum worship in Egypt's 27th dynasty, in: Current Research in Egyptology 2010, Oxford 2011, 97–104.

I. A. Ladynin: The Argeadai Building Program in Egypt in the Framework of Dynasties' XXIX–XXX Temple Building, in: *V. Grieb, K. Nawotka, A. Wojciechowska* (eds.):

Alexander the Great and Egypt. History, Art, Tradition. Wrocław/Breslau 18./19. Nov. 2011 (Philippika 74), Wiesbaden 2014, 221–240.

C. Leitz (Hg.): Lexikon der ägyptischen Götter und Götterbezeichnungen (LGG). 8 Bde. (OLA 111–116, 129), Leuven 2002–2003.

A. B. Lloyd: The Inscription of Udjahorresnet: a Collaborator's Testament, JEA 68 (1982), 166–180.

A. B. Lloyd: The Egyptian Attitude to the Persians, in: *A. M. Dodson, J. J. Hohnston, W. Monkhouse* (eds.): A Good Scribe and an Exceedingly Wise Man. Studies in Honour of W. J. Tait (Egyptology 21), London 2014, 185–198.

R. Y. Merzeban: Unusual *smꜣ tꜣwy* Scenes in Egyptian Temples, JARCE 44 (2008), 41–71.

I. Munro: Die Totenbuch-Handschriften der 18. Dynastie im Museum Cairo (ÄA 54), Wiesbaden 1994.

K. Myśliwiec: Royal Portraiture of the Dynasties XXI–XXX, Mainz 1988.

S. Pfeiffer: Alexander der Große in Ägypten: Überlegungen zur Frage seiner pharaonischen Legitimation, in: *V. Grieb, K. Nawotka, A. Wojciechowska* (eds.): Alexander the Great and Egypt. History, Art, Tradition, (Philippika 74), Wiesbaden 2014, 89–106.

J. Pope: The Double Kingdom under Taharqo. Studies in the History of Kush and Egypt, c. 690–664 BC. (CHANE 69), Leiden 2014.

G. Posener: La Première domination perse en Égypte: Recueil d'inscriptions hiéroglyphiques (BdE 11), Kairo 1936.

J. F. Quack: Zum Datum der persischen Eroberung Ägyptens unter Kambyses, JEgH 4 (2011), 228–246.

E. Rehm: »Auf zu den Ufern des Nils« Vorderasiatica in Ägypten im 1. Jahrtausend v. Chr., UF 37 (2006), 491–516.

C. Rilly: Une nouvelle interprétation du nom royal Piankhy, BIFAO 101 (2001), 351–368.

U. Rössler-Köhler: Zur Textkomposition der naophoren Statue des Udjahorresnet/Vatikan Inv.-Nr. 196, GM 85 (1985), 43–54.

M. Rottpeter: Initiatoren und Träger der »Aufstände« im persischen Ägypten, in: *S. Pfeiffer* (Hg.): Ägypten unter fremden Herrschern zwischen persischer Satrapie und römischer Provinz (Oikumene. Studien zur antiken Weltgeschichte 3), Frankfurt a. M. 2007, 9–33.

U. Rummel: Weihrauch, Salböl und Leinen. Balsamierungsmaterialien als Medium der Erneuerung im Sedfest, SAK 34 (2006), 381–407.

E. R. Russmann: Mentuemhat's Kushite Wife (Further Remarks on the Decoration of the Tomb of Mentuemhat, 2), JARCE 34 (1997), 21–39.

E. R. Russmann: Late Period Sculpture, in: *A. B. Lloyd*: A companion to Ancient Egypt. 2 Bde., Oxford 2010, 944–969.

D. Schäfer: Alexander der Große. Pharao und Priester, in: *S. Pfeiffer* (Hg.): Ägypten unter fremden Herrschern zwischen persischer Satrapie und römischer Provinz. (Oikumene. Studien zur antiken Weltgeschichte 3), Frankfurt a. M. 2007, 54–74.

D. Schäfer: Pharao Alexander »der Große« in Ägypten – eine Bewertung, in: *V. Grieb, K. Nawotka, A. Wojciechowska* (eds.): Alexander the Great and Egypt. History, Art, Tradition, (Philippika 74), Wiesbaden 2014, 153–168.

E. F. Schmitt: Persepolis III: The Royal Tombs and other Monuments (Oriental Institute Publications 70), Chicago 1970.

R. Schmitt: Die altpersischen Inschriften der Achaimeniden. Editio minor mit deutscher Übersetzung, Wiesbaden 2009.

J. M. Serrano Delgado: Cambyses in Sais: Political and Religious Context in Achaemenid Egypt, CdE 79 (2004), 31–52.

K. Sethe: Die altägyptischen Pyramidentexte I, Leipzig 1908.

H. Sternberg-el Hotabi: Die »Götterliste« des Sanktuars im Hibis-Tempel von El-Chargeh: Überlegungen zur Tradierung und Kodifizierung religiösen und kulttopographischen Gedankenguts, in: *M. Minas, J. Zeidler* (Hg.): Aspekte spätägyptischer Kultur. FS E. Winter (Aegyptiaca Treverensia 7), Mainz 1994, 239–254.

H. Sternberg-el Hotabi: Politische und sozio-ökonomische Strukturen im perserzeitlichen Ägypten: neue Perspektiven, ZÄS 127 (2000), 153–167.

H. Sternberg-el Hotabi: Der Raum »M« im Hibistempel von El-Chargeh: Dekorationsprogramm und Vorlagen, in: *G. Moers, H. Behlmer, K. Demuß, K. Widmaier* (Hg.): *jn.t ḏr.w*. FS F. Junge, Göttingen 2006, 597–623.

TLA: Thesaurus Linguae Aegyptiae, http://aaew.bbaw.de/tla/index.html (letzter Zugriff am 31.10.2014).

C. Traunecker: Un portrait ignoré d'un roi perse: la tête »Strasbourg 1604«, Transeuphratène 9 (1995), 101–117.

F. Vallat: L'inscription cunéiforme trilingue (DSab), JA 260 (1972), 247–251.

F. Vallat: Les Textes cunéiformes de la statue de Darius (DAFI 4), Paris 1974, 161–170.

F. Vallat: Les Textes cunéiformes de la statue de Darius. Les principales inscriptions achéménides de Suse, in: *J. Perrot* (ed.): Le Palais de Darius à Suse. Une résidence royale sur la route de Persépolis à Babylone, Paris 2010, 300–317.

G. Vittmann: Ägypten und die Fremden im ersten vorchristlichen Jahrtausend (Kulturgeschichte der Alten Welt 97), Mainz 2003.

G. Vittmann: Rupture and Continuity. On Priests and Officials in Egypt during the Persian Period, in: *P. Briant, M. Chauveau* (eds.): Organisation des pouvoirs et contacts culturels dans les pays de l'empire achéménide (Persika 14), Paris 2009, 89–121.

G. Vittmann: Ägypten zur Zeit der Perserherrschaft, in: *R. Rollinger, B. Truschnegg, R. Bichler* (Hg.): Herodot und das Persische Weltreich, Wiesbaden 2011, 373–429.

P. Wilson: A Ptolemaic Lexikon. A Lexicographical Study of the Texts in the Temple of Edfu (OLA 78), Leuven 1997.

J. Yoyotte: Une statue de Darius découverte à Suse. Les inscriptions hiéroglyphiques. Darius et l'Égypte, JA 270 (1972), 253–266.

J. Yoyotte: Les inscriptions hiéroglyphiques de la statue de Darius à Suse (DAFI 4), Paris 1974, 181–183.

J. Yoyotte: La statue égyptienne de Darius, in: *J. Perrot* (ed.): Le Palais de Darius à Suse. Une résidence royale sur la route de Persépolis à Babylone, Paris 2010, 256–299.

K. Zibelius-Chen: Theorie und Realität im Königtum der 25. Dynastie, in: *R. Gundlach, C. Raedler* (Hg.): Selbstverständnis und Realität (ÄAT 36,1), Wiesbaden 1997, 81–95.

ABBILDUNGEN

Abb. 1: Die Statue von Dareios I. aus Susa

J. Perrot (ed.): Le Palais de Darius à Suse. Une résidence royale sur la route de Persépolis à Babylone, Paris 2010, Abb. 277.

(Verlag: Presses de l'Univ. de Paris-Sorbonne)

Abb. 2: Hibis-Tempel, Hypostyl, Westwand: Der Eintritt des Königs

N. de Garis Davies: The Tempel of Hibis in el-Khargheh Oasis, Part III: The Decoration. Metropolitan Museum of Art, Egyptian Expedition Publications 17, New York 1953, Taf. 39.

(Verlag: Metropolitan Museum of Art. - New York, NY)

Interpretatio Graeca

Der »übersetzte Gott« in der multikulturellen Gesellschaft des hellenistischen Ägypten

Stefan Pfeiffer

Der römische Historiker Tacitus schrieb am Ende des 1. Jahrhunderts in seinem Werk über die Stämme der Germanen Folgendes:

»Die Götter (vom germanischen Stamm der Nahanarvaler) sind, wie man berichtet, nach römischer Übersetzung [*interpretatione Romana*] Castor und Pollux; diesen entspricht ihr Wesen und Walten [*vis numini*], ihr Name ist Alken.«[1]

Von dieser Stelle her leitet sich der moderne *terminus technicus* »interpretatio Romana« ab, mit dem diejenigen Fälle bezeichnet werden, in denen ein Römer eine fremde Gottheit mit dem Namen einer ihm bekannten Gottheit übersetzte. Weil also z. B. der griechische Göttervater Zeus die gleichen Funktionen hatte wie der römische Iuppiter konnte er als Iuppiter bezeichnet werden. Wenn Griechen ähnlich agierten, dann sprechen wir von einer *interpretatio Graeca*, also der griechischen Übersetzung eines fremden Gottes.

Im Folgenden möchte ich darlegen, wie man im von den Makedonen und Griechen beherrschten Ägypten zwischen dem 4. und 1. Jh. v. Chr. mit dem Phänomen der Gleichsetzung der Götter umging. Zum näheren Verständnis des historischen Kontextes, in dem wir uns befinden, sei zunächst dieser kurz umrissen.

---

[1] Tac. Germ. 43: »sed deos (apud Nahanarvalos) interpretatione Romana Castorem Pollucemque memorant; ea vis numini, nomen Alcis.«

1. Der historische Kontext

Im Jahr 332 v. Chr. eroberte Alexander der Große Ägypten. Das Land am Nil konnte zu diesem Zeitpunkt auf eine fast 3000jährige Kultur zurückblicken, die in den beiden Reichsstädten Memphis und Theben ihre religiösen, politischen und wirtschaftlichen Zentren hatte. Alexander trat im Land als Pharao bewusst in die ägyptischen Traditionen.[2] Von Amun, den die Griechen Ammon nannten, für den also keine *interpretatio Graeca* nötig war, auch wenn er zuweilen mit Zeus gleichgesetzt werden konnte, ließ er sich zudem vom Orakel von Siwa seinen Anspruch auf Weltherrschaft und Gottessohnschaft bestätigen.[3] Gleichzeitig war und blieb Alexander aber auch makedonischer König und oberster Heerführer der Griechen im Krieg gegen die Perser. Alexander bediente sich also multipler Repräsentationen, was dazu führte, dass er sich auch als legitimer Nachfolger des Perserkönigs darstellen konnte.

Für Ägypten bedeutete die mit Alexander beginnende griechisch-makedonische Herrschaft, dass das einst strikt sich nach außen abgrenzende Land zu einem Einwanderungsland wurde, ja zur Neuen Welt der Antike.[4] Zahlreiche Menschen aus den umliegenden Ländern des Mittelmeers suchten in Ägypten ihre neue Heimat. Das waren vor allem Griechen, aber auch Makedonen, Thraker, ebenso wie zahlreiche Juden. Anders als heute waren die Menschen mit Migrationshintergrund aber nicht die Unterprivilegierten und Bittstellenden, sondern sie stellten die Herrscherschicht. Nach dem Tod des Alexander im Jahr 322 übernahm dessen General Ptolemaios die Macht und begründete die Dynastie der Ptolemäer. Die letzte Vertreterin dieses Geschlechts war eine Dame namens Kleopatra – die siebte nach ptolemäischer Zählung und jedem bestens bekannt als die Liebhaberin Caesars und Marc Antons. Nach dem Tod der Kleopatra integrierte Octavian, der spätere Augustus, das Land am Nil ins römische Reich; bis zum Ende der römischen Herrschaft blieb Ägypten dessen Provinz.

Wie gingen nun aber die fremden Zuwanderer mit den Tierkulten des Landes um, denn an der Frage, ob man einen Gott in Form eines Tieres verehren kann, schieden sich in der Antike durchaus die Geister. Die *interpretatio*, also die Übersetzung, als Ausweg scheint nicht für alle Zeitgenossen eine gangbare Lösung gewesen zu sein. Es sei diesbezüglich auf den häufig zitierten römischen Satiriker Iuvenal verwiesen, der Folgendes schrieb:

---

2 Vgl. *Schäfer*, Alexander.

3 Vgl. *Pfeiffer*, Alexander.

4 Vgl. *Hölbl*, Geschichte; *Huß*, Ägypten.

»Wer weiß nicht, [...] was für Scheusale das verrückte Ägypten verehrt? Der eine Teil betet das Krokodil an, der andere zittert aus Angst vor dem Ibis, der sich an Schlangen satt gefressen hat. Ein Ebenbild des heiligen Pavian erstrahlt in glänzendem Gold dort, wo bei den halb umgestürzten Memnon die magischen Saiten erklingen und wo das alte Theben mit seinen hundert Toren in Schutt und Asche liegt. In der einen Gegend verehren sie Katzen, in einer anderen die Fische im Fluss, wieder anderswo verehren ganze Städte den Hund.«[5]

Auch die beiden griechischen literarischen Hauptquellen zum hellenistischen Ägypten, Diodor und Strabon, schildern den Tierkult negativ.[6] Diodor hielt die ägyptische Tierverehrung für »die Glaubwürdigkeit übersteigend«[7] und den, der sich damit beschäftigt, in Ratlosigkeit versetzend.[8] Die Verehrung der Tiere ginge soweit, dass man die Todesstrafe für Mord am Tier ansetzte. Er fügt zur Illustrierung die bekannte Anekdote über den Römer an, der aus Versehen eine Katze tötete: Er wurde von der aufgebrachten Menge gelyncht.[9] Strabon wiederum, der aufgrund seines Ägyptenaufenthaltes äußerst gut über die religiösen Verhältnisse dort informiert war, gibt seine Einstellung zum Tierkult im Rahmen der Beschreibung der Ausgestaltung des Adyton eines typischen ägyptischen Tempels (17,1,28): Hier sei kein anthropomorphes Standbild zu finden, sondern nur dasjenige »irgendeines vernunftlosen Tieres«.[10] In ähnlicher Weise schrieb Lukian spöttisch, dass die ägyptischen Tempel zwar wunderschön seien, »wenn du drinnen aber die Gottheit suchst, ist es entweder ein Affe oder ein Ibis oder ein Ziegenbock oder eine Katze.«[11]

2. Herrschaftliche Förderung der Tierkulte

Hätten wir also allein die Schriftsteller hellenistischer und römischer Zeit, dann würden wir annehmen, dass Griechen der kultischen Verehrung von Tieren skeptisch bis ablehnend gegenüberstanden. Wichtig ist aber, dass ihr

5 Iuv. Sat. 15,1–13.
6 Vgl. hierzu *Pfeiffer*, Tierkult.
7 Diod. 1,86,1.
8 Diod. 1,86,1.
9 Diod. 1,83,6–8.
10 Vgl. den Querschnitt bei *Arnold*, Temples, 255 (fig. 218).
11 Lukian, im. 11; die Sicht der antiken Autoren auf die ägyptischen Tierkulte ist immer noch am besten zusammengefasst bei *Smelik/Hemelrijk*, »Who knows«.

Bild ein Bild von außen ist – sie waren allerhöchstens zu kurzen Besuchen im Land. In Ägypten selbst hingegen, wo seit dem 4. Jh. v. Chr. auch zahlreiche Griechen lebten, war alles, wie man sich denken kann, anders, was vielleicht insbesondere am Verhalten der zugewanderten Herrscher lag: Ein prägendes Kennzeichen der ptolemäischen Herrschaft war es nämlich, dass die Könige und Königinnen sich nicht nur als makedonisch-griechische Herrscher präsentierten, sondern, wie schon Alexander der Große, auch als ägyptische Pharaonen auftraten. Die Könige waren darum bemüht, sich gegenüber den verschiedenen Untertanen des Landes in den jeweils traditionellen Formen zu repräsentieren, um auf diese Weise Akzeptanz für ihre Herrschaft zu erhalten. Interessanterweise nutzten sie gerade den Tierkult als zentrales Repräsentationsmuster gegenüber den Ägyptern. Unzählige Tempelreliefs zeigen die ptolemäischen Könige als Pharaonen beim Opfer vor den Tiergöttern des Landes. Besonders der Kult für den Apis-Stier in Memphis und den Mnevis-Stier in Heliopolis war den Ptolemäern wichtig. Sie folgten hier dem Vorbild Alexanders des Großen, der nach der »Befreiung« Ägyptens von den Persern als erstes das Opfer für die indigenen Götter und besonders den Apis-Stier vollzogen hatte.[12] Konsequent erwähnen nun Ehrendekrete der ägyptischen Priester, dass der jeweilige König große Aufwendungen für die ägyptischen heiligen Tiere veranlasst hatte. Einschlägig führt uns das der Stein von Rosette vor Augen, wo die Priester Ptolemaios V. in griechischer, ägyptisch-demotischer und hieroglyphenägyptischer Sprache wie folgt preisen:

> »[D]em Apis und dem Mnevis und den anderen heiligen Tieren in Ägypten hat er viel geschenkt, viel mehr als die vor ihm herrschenden Könige hat er immerfort für deren Angelegenheiten gesorgt; [...] Und die Ehren der Heiligtümer in Ägypten hat er bewahrt, auf dass sie entsprechend den Vorschriften auf dem Land bleiben. Und den Tempel des Apis-Stieres von Memphis hat er kostbar ausgebaut, indem er ihn mit einer großen Menge an Gold und Silber und kostbaren Steinen ausgestattet hat.«[13]

Dieses priesterliche Lob der königlichen Sorge für die Tiere war kein reiner Topos, sondern die papyrologische und archäologische Überlieferung zeigt, dass in der Tat erhebliche wirtschaftliche Mittel in die Bestattung von Tieren investiert wurden. In einem Erlass des achten Ptolemäers heißt es etwa:

---

[12] Vgl. Arr. an. 3,1,4.

[13] OGIS I 90,31–35; der vollständige griechische Text mit Übersetzung und Kommentar findet sich bei *Pfeiffer*, Inschriften, Nr. 22.

»[Der König hat veranlasst], dass die Aufwendungen für das Begräbnis des Apis und Mnevis von der königlichen Kasse ebenso zu bezahlen sind, wie die Begräbnisse der anderen Vergöttlichten. Das gleiche soll im Falle der Aufwendungen für die anderen heiligen Tiere geschehen.«[14]

Belegt findet sich die staatliche Kontrolle und das Mitwirken von offiziellen Amtsträgern bei der Beisetzung von heiligen Tieren des Weiteren durch Protokolle von Bestattungszeremonien aus Kom Ombo. So heißt es etwa in einem Text aus dem Jahr 79 v. Chr.:

»Im Jahr 2, am 8. Tybi, unter der Regierung des Königs Ptolemaios und der Königin Kleopatra, genannt Tryphaina, seiner Schwester, der Götter Philopatores, sind heilige Tiere beigesetzt worden in Gegenwart des Strategen Menandros, des Oikonomen Hermias, Sohn des Kallias, des Topogrammateus Toteus, ferner des Euanthes, Sohn des Stasias, sowie der übrigen Thiasiten. Ihre [i. e. der Tiere] Zahl beträgt 357.«[15]

Bestattet haben die Priester hier Ibisse und Falken. Zwischen dem 2. und 28. Jahr des betreffenden Königs, also in einem Zeitraum von 26 Jahren, wurden hiervon insgesamt 14.334 beigesetzt, was bedeutet, dass ca. 551 Vögel pro Jahr mumifiziert wurden. Mag uns bereits diese Zahl enorm vorkommen, so ist das nichts im Vergleich zum Ibiotapheion von Tuna el-Gebel, wo *jährlich* bis zu 15.000 Vögel ihre letzte Ruhe fanden.[16] Es bestand folglich nicht nur eine offizielle Anerkennung des ägyptischen Tierkultes, sondern es lässt sich mit Jan Assmann feststellen, dass der Tierkult aufgrund der Förderung der Ptolemäer ins Zentrum der ägyptischen Religion rückte.[17]

Es sei des Weiteren darauf hingewiesen, dass es auch so etwas wie einen griechischen »Markt« für Orakel ägyptischer Tiergötter gegeben haben könnte. Hierauf deutet zumindest eine Stele hin, die in Sakkara beim Anubieion gefunden wurde und wohl dem Kontext des memphitischen Serapeums

---

14 P. Tebt. I 5,77–78.

15 O. Joach. 1 (17.1.79 v. Chr.); vgl. *Preisigke/Spiegelberg*, Prinz-Joachim-Ostraka; wie diese (ebd., 31) richtig festhalten, ist das ἐπί vor der Nennung des Strategen und der weiteren Verwaltungsfunktionäre nicht »datierend«, also »als Menandros Stratege war« zu verstehen, sondern bedeutet »in Gegenwart von«, weil auch die Thiasiten mit unter die Formulierung aufgenommen sind; zu den Ostraka zuletzt *Fitzenreiter*, Tierkulte, 159.

16 *Von den Driesch*, Mummified, 203.

17 *Assmann*, Ägypten, 414.

zuzurechnen ist.[18] Das Objekt ist durch seinen Dreiecksgiebel mit Eck- und Mittelakroter deutlich als griechische Stele gekennzeichnet. Ägyptisierend gestaltet sind zwei Karyatiden, die das Giebelfeld tragen. Das Bildfeld zeigt wiederum einen Apis-Stier, der vor einem Hörneraltar steht. Die erklärende Inschrift lautet: »Ich deute Träume, da ich den Auftrag des Gottes habe. Auf gutes Glück: Es ist ein Kreter, der dies deutet.«[19]

Mit dieser Stele lässt sich selbstverständlich nicht beweisen, dass sich der Kreter selbst dem Kult für den Apis-Stier zugewandt hatte, es könnte sich schließlich um eine reine Geschäftsidee des Griechen handeln. Dass aber ein Grieche in griechischer Sprache für die Orakel durch den Apis-Stier warb, kann nur bedeuten, dass Griechen sich für derartige Orakel auch interessiert und ihnen vertraut haben: Es gab also eine griechische Nachfrage nach ägyptischen Orakeln, auf deren Anforderung der Kreter reagierte.[20]

3. Interpretatio Graeca

Der Tierkult war also für die Griechen in Ägypten Bestandteil herrscherlicher Selbstdarstellung, und so können wir uns nun dem Phänomen der *interpretatio Graeca* selbst zuwenden, denn auch für diese gibt es hinreichend Belege: Griechen und Ägypter übersetzten recht häufig die Namen der tierischen Inkarnationswesen der Götter Ägyptens mit griechischen Götternamen. Als erstes möchte ich hierzu eine Eingabe der ägyptischen Priester zitieren, die zeigt, wie diese sehr geschickt die herrscherliche Förderung ihrer Kulte zur Durchsetzung ihrer Interessen bei der staatlichen Verwaltung zu nutzen verstanden:

> »Die Priester der Aphrodite senden dem Finanzminister Apollonios Grüße. Da auch der König selbst Dir geschrieben hat, für die Mumifizierung der Hesis 100 Talente Myrrhe zu überweisen, tust Du nun gut daran, diese Überweisung auch auszuführen. Nicht wird nämlich die Hesis in den Gau hinaufgebracht, wenn wir nicht das nötige zur Hand haben, das wir für die Mumifizierung brauchen.

---

18 Kairo, Ägyptisches Museum, CG 27567; vgl. *Musée du Petit Palais*, La gloire d'Alexandrie (Paris 1998) 195, Nr. 141; *Wildung/Grimm*, Götter, Nr. 106; *Kater-Sibbes/Vermaseren*, Apis I, 10, Nr. 15.

19 I. Métrique 112 = SB 685; vgl. zuletzt *Fitzenreiter*, Tierkulte, 163–165 mit Literatur.

20 Vgl. zu diesem Kapitel *Pfeiffer*, »The snake, the crocodile and the cat«.

> [...] Du weißt doch, dass die Hesis Isis ist: Sie wird Dir Gunsterweise beim König bringen. Lebe wohl! Jahr 24,15. Hathyr.«[21]

Die Priester der Hathor bezeichnen sich in diesem Schreiben an den zweitwichtigsten Mann im Ptolemäerreich mit deren *interpretatio Graeca* als Priester der Aphrodite. Mit dem Wissen, dass die Ptolemäer große Aufwendungen für die Begräbnisse der heiligen Tiere veranschlagen, stellen sie selbstbewusst ihre Forderung nach Zuwendungen. Um diese Forderung zu unterstützen, weisen sie den Finanzminister zudem darauf hin, dass die Hesis-Kuh identisch mit Isis ist, die wiederum ebenfalls mit Aphrodite gleichgesetzt werden kann. Wenn Apollonios nun so handle, wie die Priester sich es wünschen, dann werde er, wie es im griechischen Text heißt, *epaphrodisia*, also wörtlich ›Gaben der Aphrodite‹ vom König erhalten.

Die Eingabe der Priester der Hathor zeigt also, dass sich neben der Übernahme von Götternamen durch Griechen – Apis, Isis oder Osiris wurden nur selten übersetzt – in Ägypten häufig auch das Phänomen der *interpretatio Graeca* findet, wie es schon die Städtenamen des Landes zeigen: Die Stadt des Sonnengottes Re hieß bei den Griechen Heliopolis, also Stadt des Helios, die des Gottes Horus Apollonopolis, also Stadt des Apoll usw.

Um nun intensiver auf das Phänomen der *interpretatio* in Ägypten einzugehen, möchte ich mich mit einer Stele beschäftigen, die sich heute in einem Frankfurter Museum befindet. Ein Verein des Königs(kultes) – sogenannte Basilisten (von *basileus* = griechisch für König) – hatte den Denkstein in der Mitte des 2. Jahrhunderts v. Chr., gemeinsam mit dem ptolemäischen Funktionär und Vereinsmitglied Herodes, Sohn des Demophon, geweiht und mit dieser Weihung auch die Finanzierung von monatlichen Opfern auf der Nilinsel Sehel veranlasst. Der Text gibt nicht nur Aufschluss über das Verhältnis von Griechen und Ägyptern zu ägyptischen und griechischen Göttern, sondern auch zu der Verbindung von Königsverehrung und einheimischen Kulten.

---

21 PSI IV 238; Übersetzung: *Weber*, Mächtige Könige, 97.

Gefunden wurde die griechisch gestaltete Stele in einem kleinen, unter Ptolemaios IV. dekorierten ägyptischen Heiligtum auf der Insel Sehel.[22] Wir befinden uns hier fernab der griechischen Welt, an der Südgrenze Ägyptens, zwischen der Insel Philae mit ihrem bedeutenden Isisheiligtum, und der Insel Elephantine mit ihrem wichtigen Tempel des Chnum. Auch wenn die griechische Welt weit entfernt zu sein scheint, so ist der Denkstein selbst in Form einer typisch griechischen Stele gestaltet. Kenntlich an einem Dreiecksgiebel und seitlichen Ansätzen (Eckakroteren). Ägyptische Stelen haben hingegen immer einen runden Giebel, den häufig auch eine Flügelsonne als Symbol des Gottes Horus ziert. In der Mitte des Giebelfeldes unserer Stele sieht man hingegen einen Kantharos, also ein griechisches Weintrinkgefäß, das von zwei Thyrsos-Stäben flankiert ist. Diese Attribute weisen eindeutig auf den für die Ptolemäerdynastie so wichtigen Gott Dionysos, den Gott des Weines und des überbordenden Reichtums hin.
Der Text der Stele lautet nun:

> »Zum Heil des Königs Ptolemaios und der Königin Kleopatra, der Schwester, der Wohltätergötter, und ihrer Kinder,
> [weihen] Herodes, Sohn des Demophon, [...], im Hofrang eines Obersten Leibwächters und Stratege, und die Mitglieder des Königsvereins, die sich auf Sehel, der Insel des Dionysos, treffen und deren Namen unten aufgeschrieben stehen, dem Chnum, der auch Ammon [ist], der Satis, die auch Hera [ist], der Anukis, die auch Hestia [ist], dem Petempamentis, der auch Dionysos [ist], dem Petensetis, der auch Kronos [ist], dem Petensenis, der auch Hermes [ist], den großen Göttern, und den anderen im Kataraktgebiet ansässigen Schutzmächten
> die Stele und die Aufwendungen für die Brandopfer und Trankspenden, die während der Versammlung jeweils am neunten Tag der ersten Dekade jedes Monats und an den übrigen Feiertagen pro Monat stattfinden werden, unter dem Vorsteher Papias, Sohn des Ammonios, und dem Priester der Synode Dionysios, Sohn des Apollonios [...]«.

Es folgt eine Liste der Namen der Mitglieder der Synode.

---

22 Vgl. zum Folgenden auch *Pfeiffer*, Inschriften, Nr. 27.

Der Verein hat die Weihung zum Heil der Königsfamilie vorgenommen, das durch die angerufenen Götter des Kataraktgebietes garantiert oder gewährt werden sollte. Der Verein kam nun monatlich zu einer Synode zusammen und vollzog an eponymen Tagen, also Tagen, die zu Feiertagen des Herrscherhauses erklärt wurden, Opfer. Die Stiftung hatte allem Anschein nach maßgeblich Herodes finanziert, da er, obwohl nicht einmal im Vereinsvorstand, an erster Stelle genannt ist. Die Schenkung war so umfangreich, dass von nun an die Opfer an die Götter des ersten Katarakts (also der Nilstromschwellen, die gleichzeitig auch die Grenze zu Nubien bilden, wo noch fünf weitere Katarakte liegen) für das Heil des Herrscherhauses gewährleistet waren.

Schauen wir uns kurz die Liste der Mitglieder an: Aufgrund der genannten Namen lassen sich bedingt Rückschlüsse auf die ethnische[23] oder kulturelle Zusammensetzung der Königskultkorporation ziehen. So gibt es einerseits rein ägyptische Namen, wie Peteharoeris (»Der, den Horus der Ältere gegeben hat«), Psenchnubis (»Der Sohn des Chnum«), Psenpoeris (»Der Sohn des Großen«), Pachnubis (»Der des Chnum«), Pelais und Pelaias (beide »Der Vorsteher der Rinderherden«).

Die griechischen Namen lassen sich wiederum in drei Gruppen unterteilen. Das wären einerseits theophore Namen, die unmittelbar mit Ägypten verbunden sind, wie Sarapion (abgeleitet vom Gott Sarapis) und Ammonios bzw. Philammon (abgeleitet vom Gott Ammon), andererseits theophore Namen, die auch in Griechenland selbst beliebt waren, wie Dionysios oder Apollonios. Diese klingen zwar rein griechisch, weisen sie die Träger doch als dem Dionysos oder dem Apoll zugehörig aus, doch stehen sie gleichzeitig eindeutig mit lokalen Göttern in Verbindung, denn Dionysos ist die griechische Übersetzung für Osiris und Apollon für Horus. Aus diesem Grund geben sie keinerlei Auskunft über die Herkunft ihrer Träger, denn es könnte sich um Ägypter handeln, die von ihren Eltern, möglicherweise um ihnen in ptolemäischen Diensten ein besseres Auskommen zu ermöglichen, einen griechischen Namen erhalten haben. Schließlich finden sich drittens noch seltenere griechische Namen, die möglicherweise auf ethnische Griechen hindeuten: Protarchos, Xeniades und Nesiotes. Insgesamt ergibt sich der Eindruck, dass dieser Verein ein Spiegelbild der ägyptischen Gesellschaft dieser Zeit bietet,

---

23 In der neueren Forschung wird bestritten, dass man im ptolemäischen Ägypten überhaupt nach ethnischen Kategorien unterscheiden kann (vgl. etwa *Versluys*, Understanding, 22–25 mit Literatur).

die aus Ägyptern, Griechen und Gräkoägyptern bestand, wobei aber eindeutig das ägyptische Element unter den Vereinsmitgliedern stärker war.

Dieses ägyptische Kolorit kommt auch im Kultort und den mit dem Kult bedachten Gottheiten zum Tragen. Den Stiftern war es wichtig, dass die Opfer an die lokalen Götter gingen. Es handelt sich dabei zweifelsfrei um die Götterdreiheit des nahegelegenen großen Tempels von Elephantine, Chnum, Satis und Anukis. Auch wenn jedem Vereinsmitglied klar gewesen sein muss, wer diese Götter waren, so erhalten sie doch alle zudem noch eine griechische Übersetzung: Satis ist die Gemahlin des höchsten Gottes Chnum, zu griechisch Hera, Anukis entspricht im Griechischen der Hestia. Es fällt jedoch auf, dass Chnum, als Hauptgott, nicht mit Zeus »übersetzt« wird, also dem griechischen Gemahl der Hera, sondern mit Ammon, der für die Stifter allem Anschein nach der griechische Hauptgott war. Möglicherweise wählte man Ammon-Zeus, weil dieser Gott ebenso wie Chnum mit Widderhörnern dargestellt werden konnte und bei den Griechen spätestens seit Alexander dem Großen äußerst beliebt und auch außerhalb Ägyptens bestens bekannt war.

Nach der Götterdreiheit von Elephantine partizipieren drei weitere Gottheiten des Kataraktgebietes am Opfer: An erster Stelle ist Petempamentis genannt – was übersetzt »der Gott des Westens« heißt. Die Stifter gaben ihm die *interpretatio Graeca* Dionysos. Dionysos war wiederum der Gott des Königshauses schlechthin, und mit seinen griechischen Attributen (Thyrsosstäbe und Kantharos) hatten die Stifter auch das Giebelfeld der Stele versehen. Es folgen Petensetis und Petensenis, die griechisch zu Kronos und Hermes werden.

4. Das Zusammenleben in einer multikulturellen Gesellschaft

Der Königskultverein von der Südgrenze Ägyptens hat uns in seiner Zusammensetzung bereits mitten in das Leben der multikulturellen Gesellschaft des griechisch-römischen Ägypten geführt. Für die Frage des Zusammenlebens besonders der griechisch-makedonischen Zuwanderer mit den einheimischen Ägyptern ist die Möglichkeit der Übersetzung von Götternamen von zentraler Bedeutung, da sie eine Annäherung zwischen den beiden Kulturen auf dem Gebiet der Religion denkbar zu machen scheint. So ist es denn auch durchaus berechtigt, nach der inhaltlich-religiösen Füllung von derartigen Übersetzungen zu fragen. Bereits die hier vorgelegten Quellen zeigen schließlich, dass zwar die ägyptischen Götternamen ins Griechische übersetzt wurden, doch die verehrten Gottheiten auch für die Griechen ägyptische Götter blieben, für die sie sogar, wie etwa der Stifter der Inschrift, Herodes, als Priester im ägyptischen Tempel den ägyptischen Götterkult vollziehen konnten.[24] Wie frei Griechen in der Hinwendung zu Göttern waren, zeigt das Beispiel des griechischen Soldaten Philotas, Sohn des Genthios, der aus der an der illyrischen Küste liegenden griechischen Stadt Epidamnos stammte. Unter dem sechsten Ptolemäer (180–145 v. Chr.)[25] war er in Itanos auf Kreta stationiert und errichtete eine Weihung mit folgender Stiftungsinschrift:

> »Philotas, Sohn des Genthios, Epidamnier, im Hofrang einer der ersten Freunde und Chiliarch und Garnisonskommandant, hat es geweiht dem Zeus Soter und der ewigen Tyche Protogenes.«[26]

Der hohe Funktionär stiftete also an zwei griechische Gottheiten die Weihung auf der griechischen Insel. Irgendwann wurde der Militärführer dann ins Stammland der Ptolemäer versetzt und zwar in den äußersten Süden, in die Festung Philae. Hier errichtete er wiederum eine Weihung mit folgendem Inhalt:

> »Dem König Ptolemaios und der Königin Kleopatra, der Schwester, und der Königin Kleopatra, der Gemahlin, den Wohltätergöttern, und deren Kindern und der Isis und dem Sarapis und dem Horus und den Göttern im Abaton und auf Philae, zugunsten des Parthenios, [...] im Hofrang eines Verwandten und Oberbefehlshabers und Strategen der Thebais, hat dies gestiftet Philotas, Sohn des Genthios, Epidamnier, im Hofrang eines der ersten Freunde und Garnisonskommandant.«[27]

Das Stiftungsverhalten des Griechen hatte sich also grundlegend gewandelt: Auf Kreta weihte er das Objekt möglicherweise ortsansässigen, auf jeden Fall aber griechischen Göttern. An der Südgrenze Ägyptens hingegen galt die religiöse Verehrung an erster Stelle der Herrscherfamilie und an zweiter Stelle den ägyptischen Gottheiten der Kataraktregion. Die Weihung ist also ein sehr schöner Beleg dafür, dass griechische Soldaten sich relativ gut an die religiösen Verhältnisse ihres Stationierungsortes anzupassen wussten.

---

[24] I.Thèbes 302 = *Pfeiffer*, Inschriften, Nr. 25.

[25] Vgl. zum Datum *Bingen*, Notes.

[26] ICr. III/4 14; vgl. *Scheuble*, Loyalitätsbekundungen.

[27] I.Thèbes 318; vgl. *Scheuble*, Loyalitätsbekundungen.

5. Alexandria

In Ägypten selbst war es, wie auch andere Texte zeigen, für Griechen kein Problem, sich den Tiergöttern des Landes zuzuwenden. Wie sahen aber die Verhältnisse in der Hauptstadt des ptolemäischen Ägypten, also in Alexandria aus? Für Ägypter wie Griechen handelte es sich hierbei nicht um eine Stadt in Ägypten, sondern eine Stadt *bei* Ägypten. Alexandria war eine griechische Enklave am Rande des Landes am Nil. Lange Zeit ging man in der Forschung davon aus, dass sich dies auch in den Kulten der Stadt spiegelte, dass es also keine großen Verehrungszentren ägyptischer Götter gab. Ein vollkommen neues Licht auf die religiöse Diversität Alexandriens bieten nun aber die ersten Ergebnisse von Rettungsgrabungen, die Ende 2009/Anfang 2010 im Zentrum der Stadt, östlich des Grabungsgeländes von Kom el-Dikke, durchgeführt wurden und bei denen die Fundamente eines besonderen Tempels zu Tage kamen. Von diesem Tempel ist nicht viel erhalten, so dass man zunächst schwer sagen konnte, welcher Gottheit er geweiht war. Dann fanden die alexandrinischen Archäologen aber ein Gründungsdepot, das, wie bei ägyptischen Heiligtümern üblich, sogenannte Gründungsplaketten enthielt. Insgesamt kamen sieben erhaltene Exemplare aus Fayence mit hieroglyphischen, griechischen und zweisprachigen Inschriften zu Tage. Sie geben zu erkennen, dass alleine Königin Berenike II. den Tempel gestiftet hatte.[28] Er hatte folgende (ergänzte) griechische Stiftungsinschrift:

> »Die Königin Berenike, zugunsten des Königs Ptolemaios, ihres Bruders und Gemahls, Sohn des Ptolemaios und der Arsinoe, der Geschwistergötter, und ihrer Kinder (hat) den heiligen Bezirk der Artemis gestiftet.«[29]

Der Tempel war also nach Auskunft der griechischen Inschrift der griechischen Göttin Artemis geweiht. Die ägyptischen Inschriften geben zu erkennen, dass diese Artemis auch als Bastet bzw. Bubastis angesprochen wurde. Die katzengestaltige oder katzenköpfige Göttin war schon seit der Zeit des Herodot die *interpretatio* der Artemis.[30] Sie hatte im ptolemäischen Ägypten für die Griechen des Landes die Funktion ihrer Artemis übernommen und war, anders als für die Ägypter, wo die Göttin in ihrer Löwengestalt auch

---

28 *El-Maksoud*, La fouille, 433 f.; *Carrez*, Boubasteion, 268.

29 Erschlossen nach der französischen Übersetzung des nicht mit angegebenen griechischen Textes bei *Carrez*, Boubasteion, 268.

30 *Jentel*, Bastet, 82 und Taf. 65; 145.

gefährliche Aspekte hatte, insbesondere zu einer Schutzgöttin der Mutterschaft, Geburt und Kinder geworden.[31] Damit hatte sie als Kurotrophos eine ähnliche Funktion wie die Artemis von Brauron in Attika.[32]

Bisher haben die Archäologen noch keine Aussagen zum Bautyp des Heiligtums gemacht, also zu der Frage, ob es sich um einen griechischen, ägyptischen oder gräkoägyptischen Tempel handelte. Es wurden aber zahlreiche griechische (dorische, ionische und korinthische) ebenso wie ägyptische Architekturteile gefunden.[33] Vielleicht muss man also an eine Anlage denken, die beide Stilrichtungen miteinander vereinte.

Interessant sind in diesem Zusammenhang mehrere Depotfunde, die auf die Tempelherrin Bastet verweisen. In drei Depots fand man 556 Katzenfiguren,[34] zudem 26 Statuetten(-fragmente) von Kindern, 3 Tanagrafiguren, der Fuß eines Perirhanterions und griechische Vasen, die teils noch aus dem vierten Jahrhundert v. Chr. stammen.[35] Die Objekte sind zum größten Teil nach griechischer Tradition gefertigt. Das gilt auch für die Katzen, obwohl selbstverständlich die Katzendarstellung an und für sich eher eine Eigenart ägyptischer Kunst war.

Neun der geweihten Objekte weisen zudem griechische *ex-voto*-Stiftungsinschriften von Frauen mit jeweils griechischem Namen an Bubastis auf. Eine griechisch gestaltete Katze erhielt folgende Weihinschrift:[36] »Philixo [hat die Katze] für Bubastis als Erfüllung eines Gelübdes [gestiftet], weil sie [das Gewünschte] erlangt hat.«[37]

Aus der Tatsache, dass Bubastis für die Griechen Ägyptens die Funktion der Artemis übernommen hatte,[38] erklärt sich auch die Vielzahl von geweihten Knaben- und Mädchenstatuen rein griechischer Machart. Hierin ist eine

---

31 Vgl. Nikarchos, AP XI 18; *Schatzmann*, Nikarchos, 295 ff.; *Malaise*, Pour une terminologie, 51–59; *Quaegebeur*, Le culte, 125.

32 Vgl. *Nielsen*, Sanctuary, 84.

33 *El-Maksoud*, La fouille, 429.

34 Vgl. hierzu auch *Boutantin*, Terres, 128; 143; 401.

35 *El-Maksoud*, La fouille, 433; *Haggag*, L'urbanisme, 258, sieht die Fundamente nicht dem Tempel zugehörig, sondern *ateliers de sculpture*.

36 Vgl. das ganz ähnliche Objekt aus Tell Basta aus dem Ende des 4./Beginn des 3. Jh. v. Chr. mit der Stiftungsinschrift »Nikippe [hat es] Bubastis geweiht« (Νικίππη Βουβάστει); *Wagner*, Boubastis; *Quaegebeur*, Le culte, 121, Abb. 59.

37 *El-Maksoud*, La fouille, 436 (mit Abb. 22); 441.

38 Vgl. zu den Belegen *Wagner*, Boubastis, 249–251, und *Bernand*, Recueil, 64 f.; *Fraser*, Ptolemaic Alexandria, 325 (Anm. 12); vgl. *Kessler*, Herodot; *Kolta*, Gleichsetzung, 24–30 (zu Herodot und Bubastis).

Adaption einer griechischen Praxis zu erkennen, wie sie im Heiligtum der Artemis von Brauron gepflegt wurde.[39] Stifter der Statuetten waren sicherlich Griechen, wie es auch zwei der bisher publizierten Inschriften belegen. So wurde ein nackter Knabe[40] von »Phormion als Erfüllung eines Gelübdes [geweiht].«[41] Eine Mädchenstatuette von »Aristobule [hat sie] als Erfüllung eines Gelübdes [geweiht].«[42] Aristobule und Phormion sind in Ägypten ansonsten nicht als Personennamen in der Ptolemäerzeit belegt, weshalb nicht zu erwarten ist, dass es Ägypter waren, die sich griechische Namen zugelegt hatten. »Vielleicht fand hier also ein Ritual statt, das dem der arktoi, also der ›kleinen Bären‹ ähnelte, an dem vorpubertäre Mädchen teilnahmen, wie es seit alters im Heiligtum der Artemis von Brauron geschah.«[43] Es handelte sich um eine *rite de passage*, bei dem die jungen Menschen vom Kindesalter in die Pubertät überführt wurden.[44] Die alexandrinischen Statuetten dürften folglich, wie es eine der Inschriften zeigt, als Votivgaben zu verstehen sein.[45]

6. Zusammenfassung

Es ist ganz erstaunlich, wie sich Griechen in Ägypten auf die Tierkulte und die ägyptischen Götter eingelassen haben. Man könnte also meinen, dass in dieser Zeit und mit Hilfe der *interpretatio Graeca* ein Konflikt zwischen den Religionen im Grunde genommen nicht möglich war. Das ist aber, wie ich denke, falsch. Ich hatte bereits einleitend darauf hingewiesen, dass die griechische Literatur dieser Zeit äußerst negativ über die ägyptischen Kulte berichtet, den Römern galt die ägyptische Religion gar als Aberglaube. Diese an und für sich unpolitische Verachtung des Tierkultes konnte zu einer bestimmten Zeit sogar eine wichtige politische Funktion übernehmen. Zu dem Zeitpunkt nämlich, als Ägypten zum einzigen Mal der römischen Welt zur »Gefahr« werden konnte, wurde die den Ägyptern typische Tierverehrung bzw. deren besondere Wertschätzung des Tieres als politisches

39 *El-Maksoud*, La fouille, 443; *Nielsen*, Sanctuary.

40 Es handelt sich möglicherweise um einen sogenannnten »temple-boy«, wie sie als Weihgaben aus griechischen Heiligtümern gut bekannt sind: vgl. *el-Maksoud*, La fouille, 439.

41 *El-Maksoud*, La fouille, 439 (mit Abb. 23); 442.

42 Ebd., 439 (mit Abb. 24); 442.

43 Ar. Lys. 641–646.

44 *Kahil*, Mythological Repertoire.

45 Vgl. *Vorster*, Kinderstatuen, 57; vgl. zu diesem Kapitel *Pfeiffer*, »The snake, the crocodile and the cat«; *Pfeiffer*, Ägypten.

Propagandamittel genutzt. In den Auseinandersetzungen zwischen Octavian, dem späteren Augustus, und Marcus Antonius spielte die theriomorphe Gottesvorstellung eine eminent wichtige Rolle in der zeitgenössischen politischen Rhetorik. Bei seiner Rede vor der Schlacht von Actium an die Truppen beruft sich Octavian unter anderem auf das Faktum des Tierkultes, das den Alexandrinern und Ägyptern zu eigen sei und sie deshalb schwach mache[46] – die griechisch-makedonische Bevölkerung, die besonders das alexandrinische Bürgertum ausmachte, war also in seiner Sicht bereits zu Ägyptern geworden, da sie ebenfalls dem Tierkult huldigten.[47]

Die oktavianische Propaganda fand ihren Nachhall in der Panegyrik des römischen Dichters und Zeitgenossen Vergil. Er diffamiert die Makedonin Kleopatra VII. als Ägypterin[48] und schreibt: »Allerlei monsterhafte Götter und der Kläffer Anubis erheben die Waffen gegen Neptun und Venus und gegen Minerva.«[49] Horaz gar nennt Kleopatra selbst ein »verderbenbringendes Ungeheuer«[50] und überträgt die Verachtung der als *monstra* bezeichneten ägyptischen Tiergötter auf die sich als ägyptische Göttin Isis gebärdende Herrscherin – entmenschlicht also den Kriegsgegner. Ähnliches findet sich auch bei Propertius, der den römischen Iuppiter dem Kläffer Anubis entgegentreten lässt.[51] So wird aus dem Krieg auf Erden, der seine Wurzeln in der römischen Innenpolitik hatte, im Spiegel der römischen Propaganda ein Krieg der Götterwelt, ja ein Krieg zwischen Westen und Orient.[52] Gerade vor dem Hintergrund der antiägyptischen Propaganda ist es aber dann doch bezeichnend, dass der einstige Gegner Ägyptens, Octavian, nach seinem Sieg keine Probleme mehr damit hatte, von den ägyptischen Priestern als ägyptischer Pharao beim Opfer vor den Tiergöttern dargestellt zu werden.[53]

---

[46] Cassius 50,24,5–7; vgl. 50,25–27,1.

[47] Vgl. Livius XXXVIII 17,11: »Macedones, qui Alexandriam in Aegypto [...] Aegyptios degenerarunt.«

[48] Aeneis VIII: »Aegyptia coniunx«.

[49] Aeneis VIII 698–700: »omnigenumque deum monstra et latrator Anubis contra Neptunum et Venerem contraque Minervam tela tenent.« Vgl. die Bemerkungen von *Smelik/Hemelrijk*, »Who Knows«, 1854 (mit Anm. 8).

[50] Horaz, c. I 37,21: »fatale monstrum«.

[51] III 11,41: »Ausa Iovi nostro latrantem opponere Anubim«.

[52] Vgl. *Sonnabend*, Fremdenbild, 49–62.

[53] Vgl. zu Augustus und den ägyptischen Tempeln: *Herklotz*, Prinzeps, 117–243.

Literatur

D. Arnold: Temples of the Last Pharaohs, New York 1999.
J. Assmann: Ägypten. Eine Sinngeschichte, München 1996.
É. Bernand: Recueil des inscriptions grecques du Fayoum. Tome I. La »méris« d'Hérakleidès, Leiden 1975.
J. Bingen: Notes d'épigraphie grecque. II, ChronEg 56 (1981), 134–144.
C. Boutantin: Terres cuites et culte domestique: bestiaire de l'Égypte gréco-romaine, Leiden u.a. 2014.
J.-Y. Carrez: Le Boubasteion (Artémision) d'Alexandrie, in: *C. Méla, F. Möri* (eds.): Alexandrie la divine I, Genf 2014, 268–271.
W. Dittenberger: Orientis Graeci Inscriptiones selectae (OGIS, 2 Bd.), Leipzig 1905.
A. von den Driesch et al.: Mummified, deified and buried at Hermopolis Magna – the sacred birds from Tuna el-Gebel, Middle Egypt, ÄgLev 15 (2005).
M. Fitzenreiter: Tierkulte im pharaonischen Ägypten, München 2013.
P. M. Fraser: Ptolemaic Alexandria II, Oxford 1972.
M. Haggag: L'urbanisme et l'architecture, in: *C. Méla, F. Möri* (Hg.): Alexandrie la divine I, Genf 2014, 254–259.
F. Herklotz, Prinzeps und Pharao. Der Kult des Augustus in Ägypten, Frankfurt a. M. 2007.
G. Hölbl: Geschichte des Ptolemäerreiches, Darmstadt 1994.
W. Huß: Ägypten in hellenistischer Zeit 332–30 v. Chr., München 2001.
M.-O. Jentel: Art. Bastet, LIMC III (1986), 81–83.
L. Kahil: Mythological Repertoire of Brauron, in: *W. G. Moon* (ed.): Ancient Greek Art and Iconography, Madison 1983, 231–244.
L. Kahil: Art. Artemis, LIMC II, Zürich/München 1984, 618–753.
G. J. F. Kater-Sibbes, M. J. Vermaseren: Apis I, Leiden 1975–1977.
D. Kessler: Herodot II, 65–67 über heilige Tiere in Bubastis, Studien zur altägyptischen Kultur 18 (1991), 265–289.
K. S. Kolta: Die Gleichsetzung ägyptischer und griechischer Götter bei Herodot, Diss. Tübingen 1968.
M. el-Maksoud u.a.: La fouille du Boubasteion d'Alexandrie: présentation préliminaire, in: *A. Hermary, C. Dubois* (eds.): L'enfant et la mort dans l'antiquité III. Le matériel associé aux tombes d'enfants, Paris 2012, 427–446.
M. Malaise: Pour une terminologie et une analyse des cultes isiaques, Brüssel 2005.
Musée du Petit Palais: La gloire d'Alexandrie, Paris 1998.
I. Nielsen: The sanctuary of Artemis Brauronia. Can Architecture and Iconography help to locate the settings of rituals?, in *T. Fischer-Hansen, B. Poulsen* (eds.): From Artemis to Diana. The Goddess of Man and Beast (Acta Hyperborea 12), Kopenhagen 2009, 83–116.
S. Pfeiffer: Der ägyptische Tierkult im Spiegel der griechisch-lateinischen Literatur, in: *A. Alexandridis, M. Wild, L. Winkler-Horacek* (Hg.): Mensch und Tier in der Antike – Grenzziehung und Grenzüberschreitung, Bonn 2008, 373–393.

S. Pfeiffer: »The snake, the crocodile and the cat«. Die Griechen in Ägypten und die theriomorphen Götter des Landes, in: *F. Hoffmann, K. S. Schmidt* (Hg.): Orient und Okzident in hellenistischer Zeit, Vaterstetten 2014, 215–244.

S. Pfeiffer: Alexander der Große in Ägypten: Überlegungen zur Frage seiner pharaonischen Legitimation, in: *V. Grieb* u. a. (Hg.): Alexander the Great and Egypt. History, Art, Tradition, Wiesbaden 2014, 89–106.

S. Pfeiffer: Ägypten in Alexandria. Alexandria in Ägypten. Das kulturelle Erbe der Pharaonen in einer griechischen Weltstadt, Halle (im Druck).

S. Pfeiffer: Griechische und lateinische Inschriften zum Ptolemäerreich und zur römischen Provinz Aegyptus, Berlin/Münster 2015.

F. Preisigke, W. Spiegelberg: Die Prinz-Joachim-Ostraka. Griechische und demotische Beisetzungsurkunden für Ibis- und Falkenmumien aus Ombos, Straßburg 1914.

J. Quaegebeur: Le culte de Boubastis-Bastet en Égypte gréco-romaine, in: *L. Delvaux, E. Warmenbol* (eds.): Le divins chats d'Égypte: Un air subtil, un dangereux parfum, Leuven 1991, 117–127.

D. Schäfer: Alexander der Große – Pharao und Priester, in: *S. Pfeiffer* (Hg.): Ägypten unter fremden Herrschern zwischen persischer Satrapie und römischer Provinz (Oikumene; Bd. 3), Frankfurt a. M. 2007, 54–74.

A. Schatzmann: Nikarchos II: Epigrammata. Einleitung, Texte, Kommentar, Göttingen 2012.

S. Scheuble: Loyalitätsbekundungen ptolemäischer Phrurarchen im Spiegel epigraphischer Quellen, in: *A. Çoskun* u. a. (Hg.): Identität und Zugehörigkeit im Osten der griechisch-römischen Welt. Aspekte ihrer Repräsentation in Städten, Provinzen und Reichen, Frankfurt a. M. u. a. 2009, 35–53.

K. A. D. Smelik, E. A. Hemelrijk: »Who knows What Monsters Demented Egypt Worships?« Opinions on Egyptian Animal Worship in Antiquity as Part of the Ancient Conception of Egypt, ANRW. Teil II: Principat. Bd. 17: Religion, 4. Teilband, Berlin/New York 1984, 1852–2000.

H. Sonnabend: Fremdenbild und Politik. Vorstellungen der Römer von Ägypten und dem Partherreich in der späten Republik und frühen Kaiserzeit, Frankfurt a. M. u. a. 1986.

M. J. Versluys: Understanding Egypt in Egypt and Beyond, in: *ders., L. Bricault* (eds.): Isis on the Nile. Egyptian Gods in Hellenistic and Roman Egypt. Michel Malaise in honorem, Leiden/Boston 2010, 7–36.

C. Vorster: Griechische Kinderstatuen, Köln 1983.

G. Wagner: Une nouvelle dédicace à Boubastis, ASAE 69 (1983), 247–252.

G. Weber: Mächtige Könige und mächtige Priester? Kommunikation und Legitimation im ptolemäischen Ägypten, in: *ders., A. Hartmann* (Hg.): Zwischen Antike und Moderne. FS J. Malitz, Speyer 2012, 97–117.

D. Wildung, G. Grimm: Götter, Pharaonen, Mainz 1978.

ABBILDUNG:

E. Bayer-Niemeier u. a. (Hg.), Skulptur, Malerei, Papyri und Särge. Liebighaus-Museum Alter Plastik. Ägyptische Bildwerke III, Melsungen 1993, Abb. Nr. 54.

»Du sollst die Götter nicht schmähen!« (LXX Ex 22,28[27])

Die Übersetzung Gottes und der Götter in der Septuaginta

Martin Rösel

Die Bibel ist nach wie vor das meistübersetzte Buch der Menschheit, egal, ob in ihrer jüdischen oder den sehr verschiedenen christlichen Versionen. Für die allermeisten Angehörigen der jeweiligen Religion oder Konfession sind die biblischen Texte nur über Übersetzungen zugänglich. Das ist auch darin begründet, dass die jüdische Bibel zwei-, die christliche dreisprachig ist; die entsprechende Sprachkompetenz haben nur wenige Spezialisten. In einigen Fällen haben dabei die Übersetzungen nahezu den Rang eigener religiöser Dokumente angenommen, so etwa die Vulgata seit dem zweiten Vatikanischen Konzil in ihrer Bedeutung für die römische Kirche oder, auf anderer Ebene, die hohe emotionale Bindung an geprägte Übersetzungen aus der Lutherbibel oder der King James Version. Allein mit dieser ersten Vorüberlegung ist deutlich, dass religiöse Aussagen, Erfahrungen, vielleicht auch Gefühle – das gilt etwa für Psalmenübersetzungen – durchaus übersetzbar sind.

1. Die Septuaginta und ihr alexandrinisches Umfeld

Die Probleme liegen also an anderen Stellen, nämlich: Was ändert sich beim Übersetzen eines heiligen Textes, wie sind solche Veränderungen motiviert, und welche Konsequenzen können sie haben? Dies soll an der ältesten erhaltenen Übersetzung der hebräischen Bibel am zentralen Problem der Übersetzbarkeit der Aussagen über Gott durchgespielt werden. Es geht um die sogenannte Septuaginta,[1] die der Tradition zufolge in 72 Tagen von

---

[1] Vgl. einführend *Tilly*, Griechische Bibelübersetzungen.

72 Gelehrten – die die 12 Stämme Israels repräsentieren – auf der Insel Pharos vor Alexandria übersetzt worden sein soll.[2] Nach allem, was wir wissen, hat es nie zuvor eine so umfangreiche Übersetzung eines religiösen Textes in eine andere Sprach- und Denkwelt gegeben. Die Überlieferung über die Anfänge der Septuaginta findet sich in verschiedenen Versionen; die älteste steht im sogenannten Aristeasbrief, der auf die Mitte des 2. vorchristlichen Jahrhunderts zu datieren ist.[3] In dieser Schrift wird die griechische Übersetzung der Tora auf die Zeit der Regentschaft des zweiten Ptolemäerkönigs (gest. 246 v. Chr.) datiert, also etwa die Mitte des 3. Jh. v. Chr. Dem stimmt die moderne Forschung im Wesentlichen zu; die Sprache der LXX entspricht der hellenistischen Koine, wie sie in zeitgenössischen Papyri bestimmt ist. Auch Alexandria als Ort der Übersetzung wird für die Tora akzeptiert, da sich an verschiedenen Stellen ägyptisches Lokalkolorit findet.[4] Dem Aristeasbrief geht es hinsichtlich der griechischen *Tora* – sie heißt nun *Nomos*, also »Gesetz« statt »Weisung« – vor allem darum, dass die »gut, fromm und völlig genau übersetzte«, von der Gemeinde akzeptierte Form nicht mehr verändert werden darf (§ 310). Was genau unter einer »genauen« oder »frommen« Übersetzung zu verstehen ist, wird in dieser Schrift nicht weiter qualifiziert.[5] Interessanterweise wird aber ein zentrales Übersetzungsproblem an einer ganz anderen Stelle genannt: Das narrative Konstrukt des Aristeasbriefes ist, dass Demetrius von Phaleron, der Leiter der berühmten Bibliothek, den König Ptolemaios II. dazu überredet, die Gesetze der Juden übersetzen zu lassen, da sie zur Vervollkommnung seiner Büchersammlung noch fehlen. Das nutzt Aristeas, um dem König zu erklären, um wen es sich bei den Juden handelt – der König scheint sie v.a. als Sklaven zu kennen –, und führt dazu aus (§ 16):

> »als Aufseher und Schöpfer von allem verehren sie nämlich Gott (θεός), den auch alle Menschen verehren. Wir, mein König, nennen ihn nur anders: Zeus.«[6]

---

[2] Dazu umfassend: *Wasserstein*, The Legend of the Septuagint.

[3] Text und Übersetzung sind leicht zugänglich bei *Brodersen*, Aristeas.

[4] Vgl. dazu den klassischen Aufsatz von *Morenz*, Ägyptische Spuren, und jüngst *Joosten*, Vocabulary, sowie *Pfeiffer*, Joseph in Ägypten.

[5] S. dazu meine Überlegungen in: *Rösel*, Der Brief des Aristeas.

[6] Zu ähnlichen Übersetzungen der Götternamen schon bei Herodot vgl. *Burkert*, Herodot, 166: »Die Ägypter nennen den Zeus Amun« (2, 42, 5), s. ebd. die weiteren Belege, etwa zu Apollon als Horos etc.; für Burkert gilt Herodot als »vorzüglichster Repräsentant« der *interpretatio Graeca*.

Aristeas, der sich stets als Nichtjude präsentiert, führt hier eine typische *interpretatio Graeca* vor: der Gott Israels lasse sich mit »Zeus« übersetzen. Allerdings sind die genannten Wesenszüge der Gottheit – ἐπόπτης »Aufseher« und κτίστης »Gründer/Schöpfer«– üblicherweise eher mit JHWH[7] als mit Zeus, dem Göttervater der Griechen, verbunden. Hinzu kommt, dass kurz vor der Abfassung des Aristeasbriefes einflussreiche Kreise in Israel genau diese Gleichsetzung durchsetzen wollten: Mit der Hilfe des seleukidischen Königs Antiochus IV. Epiphanes weihten sie den Tempel in Jerusalem dem Zeus – was bekanntermaßen als *status confessionis* galt und zum Makkabäeraufstand führte.

Dass die Offenheit des Aristeas gegenüber der universalen Übersetzbarkeit seines Gottes nicht ernst gemeint sein kann, zeigt sich wenig später in der Erzählung. Aristeas reist mit einer Delegation nach Jerusalem, um von dort Übersetzer für die hebräische *Tora* zu holen. Dabei befragt er den Jerusalemer Hohepriester Eleazar nach Besonderheiten der jüdischen Religion. Der antwortet ihm zunächst mit einem monotheistischen Bekenntnis (§ 132) und fährt dann fort, dass »alle übrigen Menschen außer uns« glauben, es gebe viele Götter (§ 134), darauf werden typische Elemente der israelitischen Götzenpolemik seit Deuterojesaja wiederholt. Das Ergebnis ist klar: »Es ist dumm und töricht, seinesgleichen [Bildstatuen] zu vergöttern« – auch wenn diese sich für die weisesten Griechen halten (§ 137). Noch dümmer seien dann die Ägypter, die sogar lebendige und tote Tiere verehren (§ 138). Israel dagegen trennt sich von anderen Völkern und verehrt nur den einzigen und mächtigen Gott (§ 139).[8]

Damit ist das Spannungsfeld umrissen: Im Gespräch nach außen besteht ein Bedarf, die Gottesvorstellung Israels kommunizierbar zu machen, sie in Kategorien und Vorstellungen der Umwelt zu übersetzen. Zugleich wird die Grenze der Übersetzbarkeit da markiert, wo das monotheistische Grundbekenntnis in Frage gestellt wird. Fremde Götter gibt es nicht, daher gibt es auch keinen Bedarf zur Übersetzung. Wir stehen hier im Horizont von Jan Assmanns Rede von der »Mosaischen Unterscheidung« zwischen Polytheismus

---

7 Beide Lexeme sind für die LXX eher untypisch; ἐπόπτης steht nur in Est 5,1; 2. Makk 3,39; 7,35; 3. Makk 2,21; κτίστης begegnet in 2. Sam 22,32 und ansonsten nur in apokryphen Büchern (z.B. Jud 9,12; 2. Makk 7,23 oder Sir 24,8). Als Attribute des Zeus begegnen m.W. beide Lexeme nicht.

8 Am Ende des Abschnitts stimmt Aristeas dem Gesagten dann eindeutig zu, so dass das von Eleazar durchgängig gebrauchte »wir« implizit auch ihn einschließt.

und Monotheismus.[9] Nach Assmann ist die wechselseitige Übersetzbarkeit ein Wesenszug polytheistischer Kulturen, da die Funktionen speziell der kosmischen Gottheiten in den jeweiligen Kulturkreisen äquivalent waren. Trotz aller Verschiedenheit hatten also die Polytheismen durch ihre gegenseitige Übersetzbarkeit eine gemeinsame Grundlage. Das zeige sich etwa an der Übersetzung von Gottesnamen, die seit dem 3. Jahrtausend belegt ist. Die »Mosaische Unterscheidung« zwischen wahrer und unwahrer Religion sprengte dieses System: »Während der Polytheismus [...] die verschiedenen Kulturen einander transparenter und kompatibel machte, blockierte die neue Gegenreligion interkulturelle Übersetzbarkeit. Unwahre Götter kann man nicht übersetzen.«[10]

Assmann leitet daraus eine prinzipielle Intoleranz monotheistischer gegenüber anderen Religionen ab, und tatsächlich finden sich in der Glaubenstradition von der hebräischen Bibel bis zum Koran entsprechende Ausschließlichkeitsformulierungen; Gerhard von Rad sprach gar von der »schneidenden Intoleranz« des JHWH-Kults.[11] Die Debatte darüber soll hier nicht geführt werden; es mag zunächst der Hinweis darauf genügen, dass es bereits in der Antike wechselseitige Vorwürfe von Unvernunft und Naivität bei Mono- wie Polytheisten gegeben hat.[12] Auch vorher schon sind etwa die Eroberungskriege im Namen der Götter Assur oder Marduk nicht durch besondere Toleranz gegenüber Andersgläubigen aufgefallen.[13]

Interessanterweise spielt nun das Thema der Übersetzbarkeit einer Gottesvorstellung gerade im Umfeld der griechischen Bibelübersetzung eine besondere Rolle: In der hellenistischen Neugründung Alexandria etabliert sich ab dem 3. Jh. die Gottheit Sarapis. Sie hat einerseits ägyptische Wurzeln; der

---

9 *Assmann*, Moses, 17–26, und verschiedene Folgepublikationen. Aus den vielen kritischen Stimmen zu diesem Ansatz sei hier nur verwiesen auf *Bloch*, Polytheismus. Auf die Kritik hat Assmann inzwischen so reagiert, dass er der Idee der »mosaischen Unterscheidung« die des »Monotheismus der Treue« an die Seite stellt, um so die befreienden Aspekte des Gottesbildes Israels zu betonen, vgl. *Assmann*, Exodus, 106–119.

10 *Assmann*, Moses, 20.

11 *Von Rad*, Theologie, 216. Nach von Rad sei diese Intoleranz dem JHWH-Kult von Anfang an eigen gewesen; dieses Bild der Religionsgeschichte Israels ist heute überholt.

12 Vgl. *Bloch*, Polytheismus, 19, und die dort wiedergegebene Passage aus Josephus, Contra Apionem 2, 240–243, die in dem Verdikt gipfelt: »Diejenigen, die sich durch Scharfsinn auszeichnen, halten solches [sc. den griechischen Götterglauben] mit Recht für tadelnswert.«

13 Dazu *Koch*, Monotheismus, s. auch *Bormann*, Monotheismusdebatte.

Name entsteht aus einer Kombination aus Osir(is) und Apis.[14] Andererseits wird die Gottheit auf typisch griechische Weise mit Attributen des Zeus oder des Helios dargestellt.[15] In großer Geschwindigkeit verbreitet sich diese neue Gottesvorstellung ab dem 3. vorchristlichen Jahrhundert zunächst im Mittelmeerraum, dann bis Britannien und Persien. Schon sehr bald führt der Kompositcharakter dieser Gottesvorstellung zu Fragen nach ihrer Vergleichbarkeit, so etwa bei Diodor (I, 25, 2), der die vielfältige Übersetzbarkeit von Isis, Osiris und Sarapis bemerkt:

> »Einige meinen, dass Osiris Sarapis ist, andere, dass er Dionysos oder Pluton oder Ammon, einige, dass er Zeus ist, viele, dass er Pan ist. Und einige sagen, dass Sarapis der Gott ist, der bei den Griechen Pluton [= Hades] heißt.«[16]

Wichtig ist dabei, dass es nicht einfach um eine Übersetzung oder Vergleichung von Namen geht, sondern auch um unterschiedliche Wesenszüge oder Funktionsbereiche der Gottheit, die zu solchen Übersetzungen oder Vergleichungen geführt hat. Daher dürfte es kein Zufall sein, dass der Name »Sarapis« gerade nicht ins Griechische übersetzt wurde.[17]

Vor diesem Hintergrund stellt sich die Frage, wie die ersten Übersetzer der Bibel mit dem Problem der Übersetzung der israelitischen Gottesvorstellung umgegangen sind, welche Lösungsstrategien sie angewendet haben. Dem will ich mich im Folgenden an einigen ausgewählten Beispielen nähern.

2. Übersetzung des wahren Gottes

Seit Beginn des Übersetzens der hebräischen Bibel in das Griechische wird der Gott Israels nicht mehr mit seinem Eigennamen JHWH bezeichnet. Stattdessen wird das Appellativum *kyrios* »Herr« zur Wiedergabe verwendet.[18] Die Bezeichnung Gottes als »Herr« war in der hebräischen Bibel vorbereitet worden: In der Entwicklung hin zu einer sich zunehmend monotheistisch

---

[14] Dazu einführend *Koch*, Geschichte, 490.

[15] *Merkelbach*, Isis; *Hornbostel*, Sarapis, 18.

[16] Τὸν δὲ Ὄσιριν οἱ μὲν Σάραπιν, οἱ δὲ Διόνυσον, οἱ δὲ Πλούτωνα, οἱ δὲ Ἄμμωνα, τινὲς δὲ Δία, πολλοὶ δὲ Πᾶνα τὸν αὐτὸν νενομίκασι· λέγουσι δέ τινες Σάραπιν εἶναι τὸν παρὰ τοῖς Ἕλλησι Πλούτωνα ὀνομαζόμενον. S. dazu auch *Bergmann*, Sarapis, 117.

[17] *Bergmann*, Sarapis, 119.

[18] *Rösel*, Adonaj, 5–7 mit weiterer Literatur.

verstehenden Religion war *adonaj* »mein Herr« zunehmend als Ersatzlesung für den Eigennamen verwendet worden. Dies hat sich dann in der alexandrinischen Diaspora durchgesetzt, so dass hier absolut gebrauchtes *kyrios* den Gottesnamen ersetzte. In der hebräischen Bibel war *adonaj* besonders in Visionsberichten verwendet worden, um die besondere Nähe des mächtigen Gottes auszudrücken. Zugleich konnte es als Gegenbegriff zu menschlichen Herrschaftsansprüchen verwendet werden; die Anrede »mein Herr« zeigte also eine Ambivalenz von persönlicher Nähe und herrscherlicher Macht Gottes. Diese Konnotationen von *adonaj* werden dann auf das griechische Äquivalent *kyrios* übertragen.

Ein weiteres geschah bei der ersten Übersetzung ins Griechische: Neben dem Eigennamen JHWH wird in der hebräischen Bibel auch das Appellativum *elohim/el* »Gott« verwendet. Das geschah oft auch im Parallelismus mit dem JHWH-Namen, so dass von einer weitgehenden semantischen Kongruenz der Begriffe auszugehen ist. Die Übersetzer haben dieses Nebeneinander offenkundig so verstanden, dass unterschiedliche Aspekte des Wesens Gottes ausgedrückt werden sollten. Daher haben sie in vielen Fällen nicht einfach konkordant übersetzt, also JHWH stets mit *kyrios* oder *elohim* mit *theos* wiedergegeben. Stattdessen haben sie *kyrios* offenbar als Ausdruck der dem Menschen zugewandten Seite Gottes gesehen; *theos* demgegenüber dann verwendet, wenn seine besondere Macht ausgedrückt werden sollte. So kommt es, dass *theos* etwa in der Geschichte von Kain und Abel in Gen 4, bei der Sintflut in Gen 6–9, bei der Zerstörung Sodoms in Gen 13,10 oder bei der Tötung Ers und Onans (Gen 38) an Stellen steht, an denen der hebräische Text das Tetragramm hat.[19]

Auch an anderen Stellen sind Modifikationen im Gottesbild zu beobachten; der Hinweis auf zwei besonders instruktive Phänomene mag zur Illustration genügen: In Ex 15,3 singen die Israeliten in ihrem Siegeslied: »JHWH ist ein Krieger, JHWH ist sein Name«. Die LXX hat die Aussage des Verses ins Gegenteil verkehrt: »*kyrios* ist einer, der Kriege zerschlägt; *kyrios* ist sein Name.«[20] Ein zweiter Aspekt ist, dass an einer Fülle von Stellen Anthropomorphismen oder Metaphern in der Rede von Gott vermieden werden. So

---

19 Dies wird ausführlicher begründet in: *Rösel*, Reading and Translation.

20 S. dazu die ausführlichen Hinweise von *Schaper*, in: *Karrer/Kraus*, Bd. 1, 292–294. Zur Rezeptionsgeschichte dieses Verses s. *Schmitz*, κύριος. Auf vergleichbarer Linie liegt Ps 7,12. Statt »Gott ist ein gerechter Richter, ein Gott, der täglich strafen kann« hat die LXX: »Gott ist ein gerechter, starker und langmütiger Richter, der nicht jeden Tag Zorn aufkommen lässt.« Dazu *Bons*, in: *Karrer/Kraus*, Bd. 2, 1513 f.

wird in den Psalmen die Rede gemieden, dass Gott »mein Fels« (צוּר) ist; stattdessen ist vom »Helfer« (βοηθός) die Rede,[21] möglicherweise, um die Vorstellung abzuwehren, dass Steine verehrt würden.[22] Aus dem bis heute schwer verständlichen *JHWH zebaot* »Herr der Heerscharen« wird in einigen Büchern wie in 2.+3. Reg »Herr der Mächte« (κύριος τῶν δυνάμεων).[23] In der griechischen Chronik, im Dodekapropheton und an manchen Stellen im 2. Reg steht »Allherrscher« (παντοκράτωρ). Dieses steht wiederum in Hiob 5,17; 33,4 für die hebräische Gottesbezeichnung *schaddaj*. Der Herrschaftsanspruch des Gottes Israels, der notwendig aus der monotheistischen Verehrungsweise resultiert, wird demnach in der Übersetzung pointiert zum Ausdruck gebracht.[24]

Auch bei dieser Frage lohnt sich die Außenperspektive: Die Benennung von Göttern als »Herr« und der allmählich Ersatz ihres Eigennamens sind in altorientalischen Religionen kein singuläres Phänomen, sondern vielfach belegt; am prominentesten beim Ersatz des Gottesnamens *Marduk* durch *Bel*. In Ägypten werden die Götter aber meist als Herr (*neb*) von oder über etwas angesprochen; der absolute Gebrauch ist demgegenüber zur Zeit der LXX-Übersetzung nicht belegt.[25] Erst nach Beginn der Übersetzung der LXX, vom 2. Jh. an, werden Isis und Sarapis als *kyria* bzw. *kyrios* bezeichnet; die Titel werden dann zu »zentralen Götterepitheta«.[26]

Vor diesem Hintergrund wird deutlich, dass die LXX-Übersetzung zum einen das Gottesbild der hebräischen Bibel interpretiert und akzentuiert hat, was als »zukunftsweisender Akt« und »wichtige Grundentscheidung« zu sehen ist.[27] Zugleich wird die so verstandene biblische Gottesanschauung stärker in eine Konkurrenz mit den Religionen der Umwelt gebracht, als das bisher der Fall war. In der LXX ist Gott nun der »Gott der ganzen bewohnten Erde« (vgl. Ps 23[24],1).[28] Die Übersetzer haben damit eine Tendenz zum

---

21 So in Ps 18(17),3.47, wo entweder »Helfer« oder schlicht »Gott« steht (so auch Ps 28[27],1 u.ö.).

22 So *Seeligmann*, Isaiah, 100. S. auch *Tov*, Exegesis, 268.

23 2. Reg 5,10; 6,2; 3. Reg 2,5; 18,15; Ps 24(23),10; 46(45),8.

24 *Siegert*, Septuaginta-Übersetzung, 297.

25 Vgl. *Rösel*, Adonaj, 36–55.

26 *Frenschkowski*, Kyrios, 766f.

27 Ebd., 760.

28 Vgl. die ähnliche, oft zitierte Formulierung von *Deissmann*, Hellenisierung, 174: »Die Bibel, deren Gott Jahveh heißt, ist die Bibel eines Volkes; die Bibel, deren Gott *kyrios* heißt, ist die Weltbibel.« Allerdings ist zu beachten, dass solche Aussagen nicht zur Begründung einer Abwertung der hebräischen Bibel verwendet werden sollten.

Universalismus verstärkt, die in der hebräischen Bibel zwar seit Deuterojesaja eindeutig greifbar ist,[29] dort aber bisher nicht die Mehrheit der Texte umgriffen und bestimmt hat, wie dies nun in der LXX der Fall ist.

3. Übersetzung der falschen Götter

Bisher war deutlich geworden, dass mit der Verwendung von absolut stehendem *kyrios* die theologische Aussage formuliert wird, dass der Gott Israels der absolute Herr ist. Er ist »Gott« (ὁ θεός) schlechthin, nicht etwa ein Gott unter Göttern.[30] Damit stellt sich als Anschlussfrage, wie die Übersetzer mit Texten umgingen, in denen andere Gottheiten genannt wurden. Dazu seien einige Beispiele angeführt, aus denen hervorgeht, dass die Übersetzer an einer Vielzahl von Stellen zwischen dem wahren Gott und fremden Göttern begrifflich differenziert haben.

Zunächst ist auf eine Besonderheit des Hebräischen hinzuweisen, die die Übersetzer zu Interpretation und theologischem Urteil nötigte: Das am häufigsten gebrauchte Appellativum für Gott wird meist in der Pluralform *elohim* (אֱלֹהִים) mit singularischer Bedeutung verwendet. Die grammatische Pluralform ist davon nicht zu unterscheiden, so dass die Übersetzer die korrekte Bedeutung aus dem Kontext abzuleiten hatten. In den meisten Fällen haben die Übersetzer *theos* zur Wiedergabe gewählt und dann zwischen Singular und Plural unterschieden; so etwa im 1. Gebot Ex 20,3: Du sollst keine anderen Götter (θεοὶ ἕτεροι) außer mir haben (vgl. schon Gen 35,2+4: »fremde Götter«, τοὺς θεοὺς τοὺς ἀλλοτρίους). Einen Schritt weiter ging der Übersetzer des Numeribuches. In Num 25,2 hat er *elohim* »Gott« an zwei Stellen mit »Götze« (εἴδωλον) übersetzt, weil hier den Göttern der Moabiter geopfert wird; ähnliches geschah auch im aramäischen Text von Dan 3,12.18 LXX (für לֵאלָהָיךְ). Auch die *Terafim*, die Rahel ihrem Vater gestohlen hatte, werden in Gen 31,19–35 als Götzen bezeichnet. Im Griechischen konnte »Götzenbild« (εἴδωλον) zur Übersetzung einer Vielzahl von hebräischen Lexemen benutzt werden.[31] Oft, und oft parallel zu *pseudos* stehend, hat es die Konnotationen des Trügerischen,[32] die fremden Götter werden demnach in der Übersetzung

---

29 Dazu *Albani*, Der eine Gott, 256–264, auch *Köckert*, Wandlungen, 32f.

30 Mit *Hanhart*, Bedeutung der Septuaginta, 75.

31 *Swete*, Introduction, 329.

32 *Büchsel*, εἴδωλον, 373f.

deutlicher als in der Vorlage als nicht existente Trugbilder abqualifiziert.[33] In der Folgezeit wird dann der Terminus εἴδωλον nahezu zum *terminus technicus* zur Kennzeichnung fremder Götter;[34] er wird für eine Vielzahl von hebräischen Lexemen für das Bedeutungsspektrum fremde Gottheit/Götterbild verwendet; vgl. das 2. Gebot in Ex 20,4: »du sollst Dir keinen Götzen machen« (οὐ ποιήσεις σεαυτῷ εἴδωλον). Ähnliches, wenn auch in geringerem Maße, gilt für das Adjektiv »handgemacht« (χειροποίητος), das von Lev 26,1 an für verschiedene hebräische Worte steht, um fremde Kultgegenstände abzuwerten.

Eine besonders subtile Abwertung fremder Gottheiten findet sich in verschiedenen historischen Büchern, besonders im Richterbuch, aber auch in den vier griechischen Königebüchern, in der Chronik und im Jeremiabuch. Hier spielt auch im hebräischen Text die Verehrung der *Ba'alim* eine besondere Rolle als Grund dafür, dass Gott die Israeliten ihren Feinden preisgibt. In Ri 2,13 heißt es im MT: »Sie verließen den Herrn und dienten dem Baal und den Astarten«. In der LXX (Text A) werden die Eigennamen der kanaanäischen Gottheiten zwar wiedergeben. Allerdings wird für Baal der weibliche Artikel verwendet; sie dienten *der* Baal (καὶ ἐγκατέλιπον τὸν κύριον καὶ ἐλάτρευσαν τῇ Βααλ καὶ ταῖς Ἀστάρταις). Im Hintergrund steht eine Konvention, die an verschiedenen Stellen des hebräischen Textes angewendet wurde: Statt den Namen des fremden Gottes Baal zu nennen, wird »Schande« (בֹּשֶׁת) verwendet, so etwa beim Namen des Sohnes König Sauls, der nach 2.Sam 2,8 *Isch-Boschet* »Mann der Schande« heißt, nach der parallelen Überlieferung in 1.Chr 8,33 aber *Esch-/Ischbaal* (אֶשְׁבָּעַל) »Mann des Baal«. In der griechischen Übersetzung hat ein ähnlicher Vorgang stattgefunden, wie an 3.Reg/1.Kön 18,19 abzulesen ist. Dort wurde der Ausdruck »die Propheten des Baal« (נְבִיאֵי הַבַּעַל) mit »Propheten der Schande« wiedergegeben (καὶ τοὺς προφήτας τῆς αἰσχύνης). Offenkundig war diese Vermeidungsstrategie für den anstößigen Baal-Namen bekannt, so dass allein die Verwendung des femininen Artikels ausreichte, um die Assoziation »Schande« zu evozieren.[35]

Auch das weibliche Pendant des Baal, die Göttin Aschera, wird beim Übersetzen abgewertet; statt ihres Namens wird an vielen Stellen »Hain« (ἄλσος) verwendet, das sonst für (heidnische) Steinmale und Kultbezirke stehen kann. So lautet die griechische Version von Ri 3,7: »Sie dienten den Baals-Schanden und den Götzen-Hainen.«

---

33 *Barnes Tatum*, LXX Version.

34 So schon *Seeligmann*, Isaiah, 99.

35 Dazu vgl. *Kreuzer*, Schrift, 90, und *ders.*, in: *Karrer/Kraus*, Bd. 1, 664.

Eine wieder andere Strategie zum Umgang mit fremden Göttern begegnet im griechischen Jesajabuch. Hier werden die Namen der heidnischen Gottheiten aktualisiert, so dass deutlich wird, dass die Prophezeiung in die Gegenwart spricht und vor zeitgenössischen Kulten warnt. Daher wird in 66,11 aus »Ihr aber, die ihr den Herrn verlassen, meinen heiligen Berg vergessen habt, die ihr dem Glück (לַגַּד) den Tisch bereitet und dem Schicksal (לַמְנִי) den Krug füllt« im griechischen Text: »[...] die ihr dem *Dämon* einen Tisch bereitet und der *Tyche* einen Mischtrank einfüllt«. Die im hebräischen Text genannten Schicksalsgötter *Meni* und *Gad* werden in den alexandrinischen Kontext eingepasst und mit den Stadtgöttern Agathos Daimon und Tyche identifiziert.[36] In ähnlicher Weise werden die Sirenen in den Bibeltext eingetragen, etwa in Jes 13,21: Statt der Strauße und Bocksgeister, die durch die Ruinen Babylons ziehen, sind es nun die Sirenen und Dämonen (ἀναπαύσονται ἐκεῖ σειρῆνες καὶ δαιμόνια ἐκεῖ ὀρχήσονται), die Erwähnung der hellenistischen Totengeister lässt den Untergang Babylons noch drastischer werden.[37]

Als letzter Aspekt soll die Abwehr der Herrschervergottung angesprochen werden, die in hellenistischer Zeit ein zunehmend wichtigeres Problem für jüdische Gemeinden wurde.[38] Im Text der hebräischen Bibel ist sie noch nicht sicher zu greifen, sieht man von etwas kryptischen Notizen in Daniel 11 ab, die sich gegen den Frevelkönig Antiochus IV. Epiphanes richten.[39] Interessanterweise hat der erste griechische Übersetzer des Danielbuches das Problem durch eine kleine Textänderung in seiner Version der Erzählung von Daniel in der Löwengrube angedeutet: Nach dem aramäischen Text ist es verboten, irgendetwas von einem Gott *oder Menschen* außer dem Großkönig Dareios zu erbitten. Wer sich darüber hinwegsetzt, werde mit dem Tode bestraft. Der griechische Text lautet etwas anders, denn in 6,5/6 wird gesagt, es dürfe niemand etwas von irgendeinem Gott [...] außer Dareios erbitten (ἀπὸ παντὸς θεοῦ [...] ἀλλ᾽ ἢ παρὰ Δαρείου). Die gleiche Formulierung wird in V. 7/8 vor dem König wiederholt, sie muss also bewusst gewählt worden sein. Die griechische Version geht demnach davon aus, dass Dareios als Gott

---

36 *Seeligmann*, Isaiah, 99.

37 *Kaupel*, Sirenen.

38 Nach *Feldmeier*, Allmachtsbekenntnis, 25, ist auch das oben angesprochene Gottesprädikat *pantokrator*, das sich in den später übersetzten Büchern der LXX häufig zur Wiedergabe verschiedener hebräischer Lexeme findet, als Reaktion auf das »Macht- und Überlegenheitsbewußtsein« der hellenistischen Herrscher zu verstehen.

39 Vgl. zum Folgenden: *Rösel*, Daniel.

angebetet werden soll, die Abwehr des prototypischen Frommen Daniel entspricht dem, was von der jüdischen Gemeinde zu erwarten ist. Die Erzählung endet mit einem Bekenntnis des Dareios zum Gott Israels, in dessen griechischer Version die Gegenüberstellung erneut pointiert wird, wenn der Erzähler/Übersetzer den König sagen lässt (6,28): »Die handgemachten Götzen können nicht retten (τὰ γὰρ εἴδωλα τὰ χειροποίητα οὐ δύνανται σῶσαι), wie Gott den Daniel erlöst hat.«[40]

Das Ergebnis dieses Teils ist deutlich. Im Rahmen dessen, was einer streng am Ausgangstext orientierten Übersetzung möglich ist, vertieft die Septuaginta den Gegensatz zwischen dem wahren Gott, dem Hüter Israels und Schöpfer der Welt, und den nichtswürdigen Gottesverehrungen der Umwelt. Nur ganz ausnahmsweise lässt sich etwas wie Toleranz oder Gelassenheit gegenüber anderen Gottesvorstellungen erkennen, wie sie eigentlich für ein universalistisches Konzept angebracht wäre. Der fragliche Text bildet den Titel dieses Beitrags: In Ex 22,27 wird gefordert, dass man Gott nicht schmähen solle – im Kontext ist damit der Gott Israels gemeint. In der griechischen Übersetzung wird hier der Plural gewählt: »Du sollst die Götter nicht schmähen«, was möglicherweise für religiöse Toleranz spricht, die es im frühen hellenistischen Alexandria durchaus gegeben haben kann.[41]

4. Schluss

Wo liegen die Grenzen der Übersetzbarkeit der Religion, welche Rolle kommt dabei den Übersetzern zu? Um solche Fragen war es in dem Symposion gegangen, für das diese Überlegungen skizziert wurden. Die Septuaginta war nicht die erste Übersetzung eines religiösen Textes, aber sie war die erste eines so umfangreichen, bereits in kanonischer Geltung stehenden Korpus. Und sie gehört sicher zu den wirkmächtigsten Übersetzungen überhaupt; viele Aussagen des Neuen Testaments und der christlichen Dogmengeschichte sind ohne sie nicht denkbar.

Die erste Grenze die hier zu nennen ist, besteht in der Bindung an den hebräischen Ausgangstext. Die Übersetzer sind in der Regel – es gibt eine gewisse Varianzbreite innerhalb der LXX – ihrer Vorlage sehr eng gefolgt, daher ist der Spielraum für Modifikationen und Änderungen begrenzt gewesen.

---

[40] Ähnlich die Einschätzung bei *Meadowcroft*, Daniel, 113: »The translator betrays his continuing interest in the issue of idolatry«; vgl. auch *Albertz*, Daniel 4–6, 89.

[41] Dazu *Goldenberg*, Ban, vgl. auch *Schaper*, in: *Karrer/Kraus*, Bd. 1, 307 f.

Hinzu kommt, dass die einzelnen Bücher offenkundig von unterschiedlichen Personen mit divergierenden Vorstellungen übersetzt worden sind. Es kann daher nicht erwartet werden, dass einheitliche Konzepte in der Übersetzung Niederschlag gefunden hätten; die LXX ist genauso vielfältig wie ihr Ausgangstext.[42]

Eine zweite Grenzziehung können wir nur vermuten, nicht aber methodisch sicher definieren: Es ist die Bindung an die jeweilige jüdische Gemeinde. Man kann annehmen, dass die Übersetzer ihren Ausgangstext so wiedergaben, dass es dem aktuellen Auslegungsstand der Gemeinde entspricht.[43] Aber offenbar hat es schon recht bald ablehnende Reaktionen gegeben, so dass die späteren Übersetzungen meist deutlich wörtlicher als ihre Vorgänger sind. Im Bereich der hebräischen Textüberlieferung setzt etwa gleichzeitig ein Zug zur Standardisierung der Textform ein.[44] Die Auslegung geschieht nun nicht mehr durch Fortschreibung vorhandener Texte bzw. durch eine freie Übersetzung, sondern durch neue Literaturformen wie die *rewritten Bibles* oder die Auslegungen jüdisch-hellenistischer Exegeten. Dabei ist es interessant festzustellen, dass die Abgrenzungstendenzen zu anderen Kulten, die wir in der LXX gesehen haben, in solchen, wenig später entstandenen Schriften noch deutlicher werden, vgl. etwa die Polemik im Brief Jeremias (= Baruch, Kap. 6) oder in der Weisheit Salomos 13–15.

Demgegenüber wäre positiv zu benennen, dass durch die LXX auch Grenzen überschritten werden. Das Judentum ist auf ganz neue Weise mit der hellenistischen Kultur in Kontakt gekommen. Dabei hat es sich griechischem Denken durchaus geöffnet und verschiedene neue Denkmuster in seine eigene Religiosität integriert; zu nennen wären etwa die Seelenvorstellung[45] oder eine veränderte Sicht auf die Unterwelt, die nun *Hades* oder *Abyssos* genannt werden kann. Zugleich entsteht aber auch eine Konkurrenzsituation, die es so in Israel-Palästina nicht gegeben hat: Während das Judentum das rettende Eingreifen Gottes (ausgerechnet beim Auszug aus Ägypten!) als Grundbekenntnis singt, häufen sich in der unmittelbaren Nachbarschaft Weihungen an Sarapis und Isis als »Rettergötter«. Darauf muss von beiden Seiten reagiert werden. Die Strategien der LXX-Übersetzung hinsichtlich der Gottesvorstellung habe ich eben vorgeführt: Einerseits wird die universale Herrschermacht Gottes betont, andererseits werden die fremden Gottheiten

---

42 Vgl. einführend *Rösel, graphe.*

43 Zur Problemanzeige s. *Aejmelaeus,* Tradition.

44 Dazu s. *Lange,* Standardization.

45 *Rösel,* Seele.

herabgewürdigt. Die Umwelt reagiert darauf, indem zur gleichen Zeit die Formulierung judenfeindlicher Erzählungen beginnt;[46] es mag der Hinweis auf die *Aegyptiaca* des Priesters Manetho genügen. Vor dem Hintergrund dieser Gegnerschaft ist es fast erstaunlich, dass in den späteren Übersetzungen des AT nicht mehr Polemik festzustellen ist.

Schließlich ist eine rezeptionsgeschichtliche Perspektive zu nennen: Nur durch die Übersetzung des Nationalgottes JHWH in den universal verstehbaren *kyrios* (flankiert durch die Entwicklung von tempelunabhängigen Kultformen in den Synagogen, die zuerst in Ägypten nachweisbar sind) war es möglich, dass sich die biblische Vorstellung von dem einen Gott im Mittelmeerraum ausbreitete und den Boden für die christliche Mission bereitete. Das ist, wie oben dargestellt, nicht allein Verdienst der LXX-Übersetzer, sondern Teil einer breiteren Bewegung zur Bewältigung der Diaspora-Situation im hellenistischen Umfeld. Doch ohne die Übersetzung der Schriften Israels in ein griechisches Buch wäre dies nicht denkbar gewesen. Insofern hat die LXX wie jede gute Übersetzung neue Horizonte geöffnet.

Literatur

A. Aejmelaeus: The Septuagint and Oral Tradition, in: *M. K. H. Peters* (ed.): XIV. Congress of the International Organization for Septuagint and Cognate Studies, Helsinki 2010 (SCSS 59), Atlanta 2013, 5–13.

M. Albani: Der eine Gott und die himmlischen Heerscharen. Zur Begründung des Monotheismus bei Deuterojesaja im Horizont der Astralisierung des Gottesverständnisses im Alten Orient (ABG 1), Leipzig 2000.

R. Albertz: Der Gott des Daniel. Untersuchungen zu Daniel 4–6 in der Septuagintafassung sowie zu Komposition und Theologie des aramäischen Danielbuches (SBS 131), Stuttgart 1988.

J. Assmann: Moses der Ägypter. Entzifferung einer Gedächtnisspur, München 1998.

J. Assmann: Exodus. Die Revolution der Alten Welt, München 2015.

W. Barnes Tatum: The LXX Version of the second Commandment (Ex 20,3–6 = Deut 5,7–10). A Polemic against Idols, not Images, JSJ 17 (1986), 177–195.

M. Bergmann: Sarapis im 3. Jahrhundert v. Chr., in: *G. Weber* (Hg.): Alexandreia und das ptolemäische Ägypten. Kulturbegegnungen in hellenistischer Zeit, Berlin 2010, 109–135.

R. Bloch: Polytheismus und Monotheismus in der Antike. Zu Jan Assmanns Monotheismus-Kritik, in: *ders., S. Haeberli, R. C. Schwinges* (Hg.): Fremdbilder – Selbstbilder. Imaginationen des Judentums von der Antike bis zur Neuzeit, Basel 2010, 5–24.

---

[46] *Bloch*, Polytheismus, 11.

L. Bormann: Die neuere Monotheismusdebatte aus theologischer Sicht, in: *ders.* (Hg.): Schöpfung, Monotheismus und fremde Religionen. Studien zu Inklusion und Exklusion in den biblischen Schöpfungsvorstellungen (BThSt 95), Neukirchen-Vluyn 2008, 1–35.

K. Brodersen (Hg.): Aristeas. Der König und die Bibel. Griechisch/Deutsch, Stuttgart 2008.

F. Büchsel: Art. εἴδωλον, ThWNT II (1935), 373 f.

W. Burkert: Herodot über die Namen der Götter: Polytheismus als historisches Problem, in: *ders.*: Kleine Schriften VII. Tragica et Historica, hg. von *W. Rösler* (Hypomnemata, Sup. 2,7), Göttingen 2007, 161–172.

A. Deissmann: Die Hellenisierung des semitischen Monotheismus (NJKA), Leipzig 1903.

R. Feldmeier: Nicht Übermacht noch Impotenz. Zum biblischen Ursprung des Allmachtsbekenntnisses, in: *W. H. Ritter* (Hg.): Der Allmächtige. Annäherung an ein umstrittenes Gottesprädikat (Biblisch-theologische Schwerpunkte 13), Göttingen [2]1997, 13–42.

M. Frenschkowski: Art. Kyrios, RAC 22 (2008), 754–794.

R. Goldenberg: The Septuagint Ban on Cursing the Gods, JSJ 28 (1997), 381–389.

R. Hanhart: Die Bedeutung der Septuaginta für die Definition des »Hellenistischen Judentums«, in: *ders.*: Studien zur Septuaginta und zum hellenistischen Judentum, hg. von *R. G. Kratz* (FAT 24), Tübingen 1999, 67–79.

W. Hornbostel: Sarapis. Studien zur Überlieferungsgeschichte, den Erscheinungsformen und Wandlungen der Gestalt eines Gottes, Leiden 1973.

J. Joosten: The Vocabulary of the Septuagint and its Historical Context, in: *ders., E. Bons* (eds.): Septuagint Vocabulary. Pre-History, Usage, Reception (SBL.SCSS 58), Atlanta 2011, 1–11.

M. Karrer, W. Kraus (Hg.): Septuaginta Deutsch. Erläuterungen und Kommentare (2 Bd.), Stuttgart 2011.

H. Kaupel: ›Sirenen‹ in der Septuaginta, BZ 23 (1935/36), 158–165.

K. Koch: Geschichte der ägyptischen Religion. Von den Pyramiden bis zu den Mysterien der Isis, Stuttgart/Berlin 1993.

K. Koch: Monotheismus als Sündenbock?, ThLZ 124 (1999), 873–884.

M. Köckert: Wandlungen Gottes im antiken Israel, BThZ 22 (2005), 3–36.

S. Kreuzer: Eine Schrift, zwei Fassungen: Das Beispiel des Richterbuches, BiKi 56 (2001), 88–91.

A. Lange: »They confirmed the Reading« (y. Ta'an. 4.68a). The Textual Standardization of Jewish Scriptures in the Second Temple Period, in: *ders., M. Weigold, J. Zsengellér* (eds.): From Qumran To Aleppo (FRLANT 230), Göttingen 2009, 29–80.

T. J. Meadowcroft: Aramaic Daniel and Greek Daniel. A Literary Comparison (JSOT.SS 198), Sheffield 1995.

R. Merkelbach: Isis regina – Zeus Sarapis. Die griechisch-ägyptische Religion nach den Quellen dargestellt, Berlin [2]2001.

S. Morenz: Ägyptische Spuren in den Septuaginta, in: *A. Stuiber* (Hg.): Mullus. FS Th. Klauser (JAC.E 1), Münster 1964, 250–258.

S. Pfeiffer: Joseph in Ägypten. Althistorische Beobachtungen zur griechischen Übersetzung und Rezeption von Gen 39–50, in: *M. Karrer, W. Kraus, M. Meiser* (Hg.): Die Septuaginta – Texte, Kontexte, Lebenswelten (WUNT 219), Tübingen 2008, 313–322.

G. von Rad: Theologie des Alten Testaments. Band 1. Die Theologie der geschichtlichen Überlieferungen Israels, München [8]1982.

M. Rösel: Adonaj – warum Gott »Herr« genannt wird (FAT 29), Tübingen 2000.

M. Rösel: Der Brief des Aristeas an Philokrates, der Tempel in Leontopolis und die Bedeutung der Religionsgeschichte Israels in hellenistischer Zeit, in: *F. Hartenstein, M. Pietsch* (Hg.): »Sieben Augen auf einem Stein« (Sach 3,9). Studien zur Literatur des Zweiten Tempels; FS I. Willi-Plein, Neukirchen-Vluyn 2007, 327–344.

M. Rösel: The Reading and Translation of the Divine Name in the Masoretic Tradition and the Greek Pentateuch, JSOT 31 (2007), 411–428.

M. Rösel: Die Geburt der Seele in der Übersetzung. Von der hebräischen *näfäsch* über die *psyche* der LXX zur deutschen Seele, in: *A. Wagner* (Hg.): Anthropologische Aufbrüche. Alttestamentliche und interdisziplinäre Zugänge zur historischen Anthropologie (FRLANT 232), Göttingen 2009, 151–170.

M. Rösel: Die *graphe* gewinnt Kontur. Der Stand der Septuaginta in der Theologiegeschichte des AT, ThLZ 135/6 (2010), 639–652.

M. Rösel: Der Herr des Daniel. Zur Übersetzung der Gottesnamen in der Daniel-LXX, in: *J. M. Robker, F. Ueberschaer, T. Wagner* (Hg.): Text – Textgeschichte – Textwirkung. FS S. Kreuzer (AOAT 419), Münster 2014, 399–411.

B. Schmitz: κύριος συντρίβων πολέμους »The Lord who crushes wars« (Exod 15:3LXX). The formative importance of the Song of the Sea (Exod 15:1–18LXX) for the Book of Judith, JSCS 47 (2014), 5–16.

I. L. Seeligmann: The Septuagint Version of Isaiah. A Discussion of its Problems (MEOL 9), Leiden 1948.

F. Siegert: Die Septuaginta-Übersetzung und Sprache der Theologie, in: *A. v. Dobbeler, K. Berger* (Hg.): Religionsgeschichte des Neuen Testaments. FS K. Berger, Tübingen 2000, 289–323.

H. B. Swete: An Introduction to the Old Testament in Greek, Cambridge 1914 = Peabody 1989.

M. Tilly: Griechische Bibelübersetzungen im antiken Judentum und im frühen Christentum, in: *ders.* (Hg.): Geschichte und Tradition. Aufsätze zum antiken Judentum und zum jüdischen Erbe des frühen Christentums, Berlin 2012, 9–28.

E. Tov: Theologically Motivated Exegesis Embedded in the Septuagint, in: *ders.*: The Greek and Hebrew Bible. Collected essays on the Septuagint (VT.S. 72), Leiden 1999, 257–269.

A. und D. Wasserstein: The Legend of the Septuagint: From Classical Antiquity to Today, Cambridge 2006.

»Der übersetzte Gott«

Anmerkungen zum Einfluss synodaler Beschlüsse auf die Bildkunst im Allgemeinen und die Darstellung Gottes im Besonderen in Spätantike und Mittelalter

Michael Altripp

Das Thema der Rostocker Tagung »Der übersetzte Gott« weckt verschiedene Assoziationen, wobei jene bezüglich der sprachlichen Übersetzung die scheinbar banalste ist. Andere Assoziationen betreffen die Herübernahme von Gottheiten oder religiösen Vorstellungen aus einem Kontext in einen anderen.[1]

In gewisser Hinsicht stellt sich das Phänomen für den Bereich der Archäologie und Kunstgeschichte zunächst sehr viel einfacher dar. Denn die Literatur hat bereits den ersten Übersetzungsschritt geleistet, indem sie die oft abstrakten religiösen Inhalte in Sprache gefasst hat. Dabei bedient sie sich häufig selbst schon Bildern, um komplexe Sachverhalte auf ein leicht fassbares Motiv herunterzubrechen, das seinerseits Assoziationen weckt, die ansonsten in komplizierten Formulierungen beschrieben werden müssten.

Der Gute Hirte ist ein solches Bild,[2] das bereits bei Joh 10,11.14 geboten wird, wo Jesus von sich selbst sagt, dass er der gute Hirte sei. Damit eröffnen sich eine Reihe von weiteren bildlichen Möglichkeiten: zunächst der Gute Hirte selbst, der als Ausdruck seiner Fürsorge das Schaf auf der Schulter trägt; oder jener Gute Hirte, der bei seiner Herde wacht; und zuletzt der Gute Hirte, der die guten und schlechten Tiere voneinander scheidet.

In diesen Fällen ist der Transfer-Prozess unproblematisch; der zugrunde liegende Text bietet bereits das Bild, das der Künstler nur in ein anderes

---

1 Hier sei beispielhaft verwiesen auf den spätantiken Sonnen-Kult; vgl. dazu *Wallraff*, Christus.

2 Vgl. *Bisconti*, Temi di iconografia.

Medium zu übertragen braucht, nämlich in die Buch-Malerei, in das Mosaik oder einen anderen Bild-Träger.

Schwieriger wird es, wenn eher abstrakte Begriffe wie »Licht« ins Bild übersetzt werden müssen.[3] Das gilt zumindest für den Menschen der frühchristlichen und mittelalterlichen Epoche. Der Künstler unserer Zeit dagegen könnte sich von allem Nebensächlichen befreien und würde z. B. lediglich ein Fenster aus dem im Übrigen völlig dunklen Hintergrund aufscheinen lassen, durch das ein Lichtstrahl fällt.[4]

Aber wie würde man darstellen wollen, dass der Heilige Geist nicht nur vom Vater, sondern auch vom Sohn ausgeht? Hier müsste der Künstler tatsächlich eine Übersetzungsleistung erbringen, die vom Text des Glaubensbekenntnisses nicht vorgegeben wird.

Insofern gibt es nicht die eine Art und Weise, in der man das vielfältige Reden und Schreiben von Gott in ein bildliches Darstellen übersetzen könnte.

Genauso klar ist es, dass alle christliche Malkunst letztlich Glaubensinhalte und so im Kern die Rede von Gott übersetzen möchte und muss. Christologische Zyklen in den Kirchen leisten genau dieses, wobei sie vor allem in ihrer Summe den Glauben zum Ausdruck bringen. Nicht das einzelne Bild transportiert den gesamten Glaubensinhalt, sondern das Bildprogramm in seiner Gesamtheit.

Insofern könnte man nun aus der christlichen Bilder-Welt relativ beliebig einzelne Themen auswählen und vorstellen. Dabei wird man allerdings feststellen, dass den meisten Darstellungen eine mehr oder weniger deskriptive Intention zugrunde liegt. Sie wollen erzählen und berichten von den Ereignissen vor und nach der Menschwerdung Gottes. Sie legen so Zeugnis ab von den Geschehnissen und ersetzen auf diese Weise mitunter sogar den schriftlichen Bericht.[5]

Das gilt durchaus auch für mindestens ein Beispiel, das ich im Folgenden vorstellen möchte. Trotzdem habe ich ein anderes Auswahlkriterium gewählt, um gerade auch den Aspekt des Übersetzens stärker in den Vordergrund rücken zu können. Ich habe fünf Konzils-Beschlüsse herausgesucht, die auf unterschiedliche Weise die Ikonographie beeinflusst haben. Diese Beschlüsse und die Bilder, die ich mit ihnen in Verbindung bringe, stelle ich in chronologischer Reihenfolge vor. Beginnen werde ich mit dem dritten Ökumenischen Konzil, das im Jahre 431 Maria zur *Theotokos* erklärte. Als

---

3 Vgl. *Simijonović*, Licht; *Hausammann*, Das lebensschaffende Licht.

4 Vgl. *Ćurčić*, Divine light.

5 *Lange*, Bild und Wort; *Nikolaou*, Die Kunst.

nächstes werde ich auf das Konzil von Toledo eingehen, das im Jahre 589 das *filioque* in das Glaubensbekenntnis eingefügt hat. Sodann werde ich das sogenannte Quinisextum behandeln, das die Darstellung des Lammes verboten hat, sowie auf jenes Konzil eingehen, das im Jahre 787 den Bilder-Streit – zumindest vorläufig – beendet hat. Zuletzt werde ich auf die Synode verweisen, die im Jahre 1351 die Lehre des Gregorios Palamas gebilligt hat.

Beginnen wir also mit dem dritten Ökumenischen Konzil,[6] das 431 in Ephesos – möglicherweise in der Marien-Kirche – stattgefunden hat. Dieses hat gegen Nestorios beschlossen, dass Maria als *Theotokos*[7] zu bezeichnen sei, da sie nicht nur die menschliche, sondern auch die göttliche Natur Christi geboren habe. Beide Naturen seien zwar nicht vermischt, aber untrennbar durch die Geburt verbunden worden. Erst hierdurch sei eine Erlösung des menschlichen Geschlechtes möglich geworden. Die Geburt durch Maria markiere allerdings keinen Anfang der göttlichen, wohl aber den Beginn der menschlichen Natur. Daraus folgt aber auch, dass Maria faktisch Gott – zumindest in seiner Hypostase als Sohn und in dessen Vereinigung mit der menschlichen Physis – geboren habe. Aus diesem Grund sei sie zu Recht als Gottesgebärerin, also *Theotokos*, bezeichnet worden.

Im Grundsatz bezweifelte Nestorios die christologischen Voraussetzungen des Konzilsbeschlusses von Ephesos nicht. Aber für ihn als Angehöriger der antiochenischen Schule bedeutete die Bezeichnung »*Theotokos*« eine zu starke Betonung der göttlichen Natur, obwohl doch die menschliche Natur die Voraussetzung für die Erlösungstat gewesen sei. Zudem wertet natürlich der *Theotokos*-Begriff Maria in besonderer Weise auf. Aus diesem Grund plädierte Nestorios für die Bezeichnung »*Christotokos*«.

Diese Nuance in der Titulatur gehört zu jenen Beispielen, die sich ikonographisch nicht umsetzen lassen. Allerdings finden wir in der Zeit nach dem Bilder-Streit den Titulus Μήτηρ Θεοῦ in seiner abgekürzten Form als Nomen sacrum in der Darstellung Mariens wieder.[8] Der Begriff »Gottesmutter« geht natürlich auf jenen der »Gottesgebärerin« zurück und wird fester Bestandteil der Ikonographie.

Die zeitliche Differenz zwischen dem Beschluss des Konzils bezüglich des *Theotokos*-Titels und seinem Auftreten in der Malerei hängt aber möglicherweise vor allem mit dem Verlust vieler Denkmäler aus dem 5. und 6. Jh. zusammen. Zudem muss in Betracht gezogen werden, dass in der

---

6 Vgl. *Camelot*, Ephesus und Chalcedon.

7 Vgl. *Gallaro*, The Theotokos in the Christian East and West; *Wellen*, Theotokos.

8 Vgl. *Kalavrezou*, Images of the Mother.

frühmittelalterlichen Zeit die dargestellten Personen nicht durchgehend mit Titeln gekennzeichnet wurden.

Es gibt aber ein anderes Denkmal, das man mit dem Beschluss von Ephesos in direkte Verbindung gebracht hat. Es handelt sich um die Kirche Santa Maria Maggiore,[9] die – wie am Triumphbogen zu lesen ist – von Papst Sixtus III. gestiftet worden ist, der das petrinische Amt in Rom zwischen den Jahren 432 und 440 innehatte. Unter seinem mittelalterlichen Nachfolger, Papst Nikolaus IV., der zwischen 1288 und 1292 Bischof von Rom gewesen ist, wurde die ursprüngliche Apsis niedergelegt und weiter östlich eine neue aufgezogen. Aus Quellen ist überliefert, dass in der Apsis der ersten Phase eine thronende Maria dargestellt gewesen ist. Auf diese muss sich das noch erhaltene Bildprogramm des Triumphbogens[10] beziehen, das allerdings hinsichtlich seiner Deutung einige Schwierigkeiten bereitet. Diese bestehen vor allem darin, dass hier zwei Frauen auftreten, von denen die eine in herrschaftlicher Gewandung wiedergegeben wird, während die zweite mit ihrem Maphorion eher der Maria-Typologie entspricht. Da aber die erste in jenem Bild begegnet, mit dem der Zyklus links oben beginnt und das als Verkündigung gedeutet worden ist, ergibt sich ein Deutungskonflikt, der nicht schlüssig geklärt werden kann. Dennoch dürfte Einigkeit darin bestehen, dass der Zyklus der Kindheit Jesu gewidmet ist. Damit korrespondiert dieser nicht nur mit der thronenden und ihr Kind haltenden Maria in der frühchristlichen Apsis, sondern findet zugleich seinen Anschluss in dem ebenfalls verlorenen Bild, mit dem der Abraham-Zyklus auf der Seite links der Apsis ehemals begonnen hat. Dieses zeigte nämlich die Bindung des Isaak und verweist damit einerseits auf das Opfer, das dem Jesus-Kind bevorsteht und andererseits auf das eucharistische Geschehen, das sich ursprünglich in unmittelbarer Nähe zu diesem Bild vor der Apsis abgespielt hat. Der Abraham-Zyklus findet schließlich seine Fortsetzung auf der gegenüberliegenden Seite mit der Geschichte des Moses.

Das gesamte Konzept, das somit in der Geburtsgeschichte Jesu seinen Höhepunkt findet, kann man daher mit einem gewissen Recht vor dem Hintergrund der Entscheidung des dritten Ökumenischen Konzils in Ephesos zugunsten der *Theotokos* interpretieren.

Kein konziliarer Beschluss hat im Laufe der Kirchengeschichte eine solche Bedeutung erlangt wie der dritte Kanon desjenigen Konzils, das im Jahre

---

9 Vgl. *Folgero*, The Sistine mosaics; *Deckers*, Der alttestamentliche Zyklus; *Brenk*, Die frühchristlichen Mosaiken.

10 Vgl. *Martin*, Der Weg zur Ewigkeit; *Steigerwald*, Neue Aspekte.

589 in Toledo abgehalten worden ist.[11] Anders als die Theotokos-Frage, die im ökumenischen Kontext der christologischen Auseinandersetzung der Zeit davor und danach zu sehen ist, geht das *filioque* auf regional und zeitlich begrenzte Ereignisse zurück. Aber auch sie haben letztlich mit der Christologie zu tun, denn es war dem westgotischen König Reccared ein wichtiges Anliegen, dass der Arianismus in seinem Reich ausgemerzt würde und die Christen seines Reiches in die rechtgläubige Tradition zurückkehrten. Aus diesem Grund betonte Reccared auch die Bedeutung der ersten vier Ökumenischen Konzilien, deren Beschlüsse er ausdrücklich anerkannte. Dass deren Horoi bekannt gewesen sein dürften, dafür sprechen nicht zuletzt die teils engen Verbindungen, die zwei der wichtigsten Teilnehmer des Konzils mit dem Osten gepflegt hatten: die beiden Äbte Leander von Sevilla und Eutropius. Dennoch taucht im Beschluss des dritten Konzils von Toledo das *filioque* an zwei Stellen auf: im *tomus regis*,[12] also den Ausführungen des Königs, sowie bei den Anathemata.[13]

Als Erklärung wurde in der Forschung angeführt, dass mit dem Zusatz im Glaubensbekenntnis, der zum Ausdruck bringt, dass der Heilige Geist nicht nur vom Vater, sondern auch vom Sohn ausgeht, dessen göttliche Person gestärkt werde, nachdem der Arianismus gelehrt hatte, dass der Sohn dem Vater nur wesensähnlich, aber nicht wesensidentisch sei.

Andererseits sind in letzter Zeit Zweifel aufgekommen, ob der *filioque*-Zusatz wirklich auf das Konzil von Toledo zurückginge, denn in einer Reihe von Handschriften mit den Beschlüssen dieses Konzils fehlt er.

Für die weitere Geschichte ist dieser Umstand allerdings unerheblich, denn das *filioque* lässt sich nicht nur für die Zeit vor dem Konzil im Jahre 589 nachweisen, sondern wurde in der Folgezeit ein fester Bestandteil der westlichen Christologie und Trinitätslehre.

Vielleicht hat gerade auch die darüber mit der Ostkirche mit großer Vehemenz geführte Debatte[14] bewirkt, dass die Idee des *filioque* schließlich auch Eingang in die Ikonographie gefunden hat. Gleichzeitig mag dies auch durch die Tatsache begünstigt gewesen sein, dass der Westen – anders als

---

11 Vgl. *Siecienski*, The filioque, 68 ff.; *Orlandis/Ramos-Lissón*, Die Synoden.

12 Kanon 3: »Spiritus aeque Sancti confitendus a nobis et praedicandus et a Patre et Filio procedere et cum Patre et Filio unius esse substantiae.« (*Vives*, Concilios, 109).

13 »III. Quiquumque Spiritum Sanctum non credet aut non crediderit a Patre et Filio procedere, eumque non dixerit coaeternum esse Patri et Filio et quoessentialem, anathema sit.« (Ebd., 118).

14 Vgl. *Gemeinhardt*, Die Filioque-Kontroverse.

der Osten – offenkundig kaum Bedenken gegen die Darstellung Gottes oder der Trinität hegte.[15] Tatsächlich lassen sich bereits in der frühchristlichen Kunst des Westens Beispiele dafür anführen.

Aus dem Ende des 4. Jh.s etwa stammt der sogenannte Brescia-Kasten,[16] der unter anderem auf einer Seite zwei Mal Mose im Gespräch mit Gott zeigt: Das eine Mal wird Gott durch eine rechte Hand, das andere Mal in anthropomorpher Gestalt wiedergegeben. Das gleiche Phänomen begegnet beim Mose-Zyklus in der Santa Maria Maggiore[17] aus der ersten Hälfte des 5. Jh.s.

Der sogenannte »Dogmatische Sarkophag« im Museo Pio Cristiano in Rom[18] geht, wenn die Deutung zutrifft, sogar noch einen Schritt weiter und gibt die drei Hypostasen bei der Erschaffung Evas wieder.

Vom ausgehenden 14. Jh. datiert wiederum die Darstellung der Trinität in der Kirche von Urschalling[19] in der Nähe des Chiemsees. Dort wird sie – wie dies in jener Zeit häufiger der Fall ist – in der Weise gezeigt, bei der die drei Personen zu einer Gestalt verschmelzen. Schon im 13. Jh. jedoch ist man dazu übergegangen, Vater und Sohn nebeneinander sitzend anzuordnen, wobei zwischen beiden die Taube des Heiligen Geistes platziert wird.

Diese Wiedergabe – besonders in der Brüsseler Handschrift Ms 470[20] aus der Zeit um 1200 – kann nur im Sinne des *filioque* verstanden werden, da die Flügel der Taube die Gesichter der beiden anderen Hypostasen umfangen, womit doch wohl zum Ausdruck gebracht werden soll, dass der Geist aus Vater und Sohn gleichermaßen ausgeht. Diese Interpretation wird durch die Tatsache gestützt, dass der Osten selten, aber doch in einigen Fällen Trinitäts-Bilder aus dem Westen übernommen hat, nie jedoch diese besondere Komposition, die der klaren Ablehnung der Ostkirche gegenüber dem *filioque* widersprochen hätte.

Während das *filioque* eine direkte und unzweideutige Übersetzung ins Bild erfahren hat, geschieht dies im Falle des Kanons 82 des Quinisextum[21] *ex negativo*. Dieses Konzil, das nicht als ökumenisch anerkannt ist und das – wie der Name bereits andeutet – das fünfte und sechste Konzil ergänzt,

---

15 Vgl. *Pillinger*, Anthropomorphe Darstellungen; *Altripp*, Der westliche Einfluß in Byzanz; *Boespflug*, Trinität.

16 *Brown Tkacz*, The Key, 92 ff. (Abb. ebd.).

17 Vgl. *Deckers*, Der alttestamentliche Zyklus, 180 ff. und 140 ff.

18 *Bovini/Brandenburg/Deichmann*, Repertorium, Kat. 43, 39 ff. und Taf. 14.

19 *Brugger/Bahnmüller*, Urschalling, Abb. S. 12.

20 *Braunfels*, Dreifaltigkeit, Abb. 35.

21 *Ohme*, Concilium quinisextum, 270 ff.

kam im Jahre 691/2 im Kuppel-Saal im Kaiser-Palast in Konstantinopel zusammen, weshalb die Synode auch als »Trullanum« bezeichnet wird. Der besagte 82. Kanon lautet: »Auf manchen Abbildungen der verehrungswürdigen Ikonen wird ein Lamm dargestellt, auf das der Vorläufer [...] mit dem Finger hinweist. Dieses Lamm wurde als Zeichen der Gnade übernommen, das uns durch das Gesetz das wahre Lamm, Christus unseren Gott, vorauserscheinen lässt. Obwohl wir nun die alten Zeichen und Schatten, die der Kirche überliefert wurden, als Symbole und Präfigurationen der Wahrheit durchaus hochschätzen, geben wir doch der Gnade und der Wahrheit den Vorzug, die wir als Erfüllung des Gesetzes empfangen haben. Damit nun das Vollkommene auch in den farbigen Bildnissen allen vor Augen gestellt wird, setzen wir fest, dass von jetzt an auch auf den Ikonen an Stelle des alten Lammes das Lamm, das die Sünden der Welt hinweg nimmt, Christus unser Gott, mit menschlichen Zügen dargestellt wird. Dadurch erfassen wir die Erhabenheit der Erniedrigung des Gott-Logos und werden zum Gedenken seines Wandels im Fleisch, seines Leidens und heilbringenden Todes und der dadurch der Welt zuteil gewordenen Erlösung geführt.«[22]

Das Lamm[23] wird hier auf das Passah-Lamm bezogen und somit als alttestamentlicher Typos aufgefasst, der durch die Parusie Christi obsolet geworden sei. Wenn demnach ein Substitut für die anthropomorphe Wiedergabe des Erlösers verwendet werden soll, dann musste man auf andere Motive zurückgreifen. Dafür bot sich in erster Linie das Kreuz an.

Sieht man sich den kunsthistorischen Bestand an, dann stellt man schnell fest, dass in der frühchristlichen Zeit das Lamm in der östlichen Reichshälfte ohnehin äußerst selten auftritt. Das kann allerdings auch damit zusammenhängen, dass Bild-Werke aus dieser Region und Zeit schlechter erhalten bzw. überliefert sind, so dass unser Blick auf den Befund sicher nicht frei von Verzerrungen ist. Andererseits weist bereits der erwähnte Beschluss des Quinisextum auf eine gewisse Zurückhaltung gegenüber dem Lamm als Bild-Motiv im Osten hin. Dabei ist deutlich zu unterscheiden zwischen diesem Motiv in der Malerei und in den schriftlichen Zeugnissen. Hier kam dem Lamm in der ostkirchlichen Tradition eine ganz eminente Bedeutung zu.

Die dem Ioannes Chrysostomos zugeschriebene Liturgie bezeichnet in ihrem frühesten Zeugnis aus der Zeit um 800, der Barberini-Handschrift aus Rom, Christus bereits als Αμνός.[24] Später wird die Proskomide, also der

22 Ebd.

23 Dazu kritisch: *Vogt*, Der Streit um das Lamm.

24 *Brightman*, Liturgies, 309.

vorbereitende Ritus, bei dem die Gaben zugerüstet werden, mit der σφραγή του Αμνού, also der Schlachtung des Lammes beginnen. In diesem Kontext wird dann Jes 53,7 zitiert, wo es heißt: »Wie ein Schaf wurde er zum Schlachten geführt. Und wie ein unschuldiges Lamm vor seinem Scherer verstummt, so tat es seinen Mund nicht auf.«[25] Wenig später zitiert der Priester Joh 1,29: »Geschlachtet wird das Lamm Gottes, das die Sünde der Welt hinweg nimmt, für das Leben und das Heil der Welt.«[26] Entsprechend wird die Merida, also das im Gedenken an Christus herausgeschnittene Brotstück »Amnos« genannt und nimmt die Mitte der Brotteilchen auf dem Diskos bzw. der Patene ein.

Über diesen liturgischen Zusammenhang hinaus kommt das Lamm allerdings auch im Osten eher selten vor, was in der Tradition des Passah-Lammes begründet sein dürfte, wodurch die Bedeutung dieses Motivs auf den eucharistischen Bezug hingelenkt wurde.

Am Triumphbogen der Kirche des Katharinen-Klosters[27] oberhalb des Apsis-Scheitelpunktes findet sich ein Medaillon mit eingezeichnetem Lamm, dem darunter in der Apsis zunächst ein Kreuz und darunter der verklärte Christus zugeordnet werden. Diese Darstellung aus justinianischer Zeit, d.h. aus der beginnenden zweiten Hälfte des 6. Jh.s, mag man hier auch in Beziehung zu dem darunter stehenden Altar sehen, allerdings dürfte das nicht die primäre Intention der Künstler gewesen sein.

Wenig früher datiert die Eufrasiana in Poreč[28] in Kroatien, wo das Lamm nun am Scheitelpunkt der Apsis zu sehen ist, während über ihm am Triumphbogen Christus auf dem Kosmos und in der Apsis darunter auf dem Schoß der Maria thront. Die Eufrasiana ist zwar stark oströmisch beeinflusst, doch wird man das Lamm hier nicht unbedingt als Beispiel für sein Auftreten in der östlichen Malerei interpretieren dürfen.

Das gilt sicher auch für die Darstellung des Lammes auf dem ravennatischen Sarkophag der Familie Bebi[29] aus der Zeit um vielleicht 500, der sich heute in Padua befindet. Dort wird das Lamm mittig in einem Clipeus präsentiert, während es von zwei weiteren gegenständigen Lämmern flankiert wird, die auf Sockeln stehen und von jeweils einem Kreuz hinterfangen sind.

---

25 *Kallis*, Die göttliche Liturgie, 20f.

26 Ebd., 22f.

27 *Müller*, Verklärungsmosaik, 30; *Forsyth*, Monastery, Abb. 35 u. 36.

28 *Maguire/Terry*, Dynamic Splendor, Abb. 2 und 67.

29 *Kollwitz/Herdejürgen*, Sarkophage, Kat.-Nr. B.24 u. Taf. 75.3.

Klassischer ist dagegen die Wiedergabe auf dem sog. Constantius-Sarkophag im Mausoleum der Galla Placidia in Ravenna,[30] der in das beginnende 6. Jh. datiert wird. Dort steht das mit einem Kreuz-Nimbus versehene Lamm auf dem Paradies-Hügel, aus dem die vier Flüsse hervorquellen. Wieder gegenständig sind zwei weitere Lämmer zugeordnet, während die Seiten mit je einer Palme abschließen.

Dieses Thema begegnet in der Apsis von Santi Cosma e Damiano in Rom,[31] die Papst Felix IV. während seiner Amtszeit zwischen 526 und 530 aus einer Audienzhalle zu einer Kirche hatte umbauen lassen. Dort allerdings werden je sechs Lämmer zu beiden Seiten dem Christus-Lamm zugeordnet. Das Motiv findet sich noch im 9. Jh. in der Apsis der Kirche San Marco in Rom.[32]

Das Lamm im Zentrum des Bildes kehrt nun in der romanischen Kunst häufig wieder. So in der Nord-Apsis der Kirche in der Burg von Hocheppan[33] in Südtirol aus der Zeit um 1210, wo es von Johannes dem Täufer und dem Evangelisten Johannes flankiert wird; oder in der Johannes-Kapelle in Pürgg[34] in Kärnten aus dem 12. Jh., wo es von den Evangelisten-Symbolen umgeben wird.

Diese Beispiele mögen genügen, um zu demonstrieren, dass der Beschluss des Quinisextum in der Logik der ostkirchlichen Tradition liegt und in der byzantinischen Kunst durch das Fehlen des Lammes seinen deutlichen Niederschlag gefunden hat, während er im Westen keine Beachtung erfahren hat. Die West-Kirche war allerdings bei dem Konzil auch nicht vertreten,[35] weshalb es von ihr auch nicht als ökumenisch angesehen wird.

Noch unmittelbarer mit der Bild-Kunst war das siebte Ökumenische Konzil verbunden. Mit dieser Synode, die im Jahre 787 in Nikaia[36] zusammentrat, wurde die erste Phase des seit 726 wütenden Bilder-Streites beendet. Das Problem war damit allerdings noch nicht gänzlich behoben; jedenfalls flammten die Auseinandersetzungen im Jahre 815 noch einmal auf und konnten erst 843 endgültig beigelegt werden.

---

30 Ebd., Kat.-Nr. B. 29 u. Taf. 81.3.

31 *Ihm*, Programme, Taf. XII, 2.

32 *Oakeshott*, Mosaiken, 226 ff. u. Taf. XXII; vgl. auch das Beispiel aus dem 12. Jh. in S. Clemente: ebd., Abb. 159.

33 *Stampfer/Steppan*, Burgkapelle, Abb. 19.

34 *Weiss*, Freskenzyklus, Abb. 36.

35 Es waren lediglich die Rom unterstehenden Bischöfe des östlichen Illyricums offenbar eingeladen gewesen, weshalb sechs Plätze für wohl deren Unterschrift freigelassen worden sind (vgl. *Ohme*, Concilium quinisextum, 24 f.)

36 Vgl. *Dumeige*, Geschichte; *Giakali*, Images; *Thümmel*, Konzilien.

Der Bilder-Streit war der letzte Akt im Kampf um das allgemein verbindliche Verständnis der christologischen Lehre, der mit Areios begonnen hatte. Damals tagte man bereits schon einmal in Nikaia,[37] um mit dem *homoousios* festzuschreiben, dass der Sohn dem Vater hinsichtlich seines Wesens identisch sei. Aus dieser Tatsache folgte für die Bilder-Feinde, dass Christus, wenn man ihn im Bilde wiedergab, gewissermaßen mit seiner göttlichen Natur in das Bild hineingezwungen würde. Dieser Auffassung widersprachen die Bilder-Freunde und legten dar, dass es lediglich der inkarnierte, d.h. Mensch gewordene Christus sei, den man darstelle. So wie man ihn in seiner menschlichen Natur sehen konnte, kann man ihn auch heute dieser Natur nach wiedergeben.

Im Westen hatte Karl der Große kein Interesse an dieser Debatte, während der Papst sehr wohl an ihr Anteil nahm und die Position der Bilder-Freunde vertrat.

In der Kunst gibt es letztlich wenige Spuren dieser Auseinandersetzung. Im Westen etwa könnte man das Apsis-Mosaik in der von Theodulf gestifteten Klosterkirche in Germigny-de-Prés[38] anführen, die im Jahre 806 geweiht worden ist. Es zeigt die Bundeslade mit ihren beiden Cherubim, die hier als gewöhnliche Engel dargestellt sind und die von zwei größeren Engeln begleitet werden. Dahinter steht möglicherweise der Versuch, die Gegenwart Gottes durch die Lade wiederzugeben, um so die anthropomorphe Abbildung zu vermeiden.

Im Osten mögen einige anikonische Malereien mit dem Bilder-Streit in Verbindung stehen, wobei der Zusammenhang zwischen beiden nicht zwingend ist. Stellvertretend sei hier das Kreuz in der mittleren Kuppel der Hagia Paraskeue in Geroskepos[39] auf Zypern genannt, das in die Zeit vor 843 datiert wird.

Auch die Spuren, die die stehende Maria mit Kind in der Apsis der Koimesis-Kirche in Nikaia[40] umgeben, weisen auf die frühere Darstellung eines Kreuzes hin, das nach 843 der Gottesmutter weichen musste.

Es gibt allerdings ein anderes Bild, das die Lehre von der Vereinbarkeit von Christus und Bild ikonographisch umsetzt. Dieses zeigt den sogenannten »Triumph der Orthodoxie«[41], d.h. das Fest, das gegen Ende des 9. Jh.s.

---

37 Vgl. *Bergmeier*, Nicäa; *Behr*, Nicene faith.

38 *Bloch*, Apsismosaik, Abb. 1; in diesem Zusammenhang: *Freemans*, Theodulf.

39 *Stylianou*, Painted Churches, 384.

40 *Schmit*, Koimesis-Kirche, Taf. XX.

41 *Buckton*, Byzantium, 129f. und Abb. 140.

aufkam und in der ersten Fasten-Woche gefeiert wurde. Damit kommt die große Bedeutung des Festes deutlich zum Ausdruck, denn Feiern waren in dieser Zeit des Kirchenjahres eigentlich verboten. Das Fest selbst wurde mit einer großen Prozession begangen, die von der Blachernen-Kirche im Norden Konstantinopels bis zur Hagia Sophia im Zentrum führte.[42] Dabei wurden Ikonen mitgeführt. Aus diesen Ereignissen muss sich im Laufe der Zeit ein eigenständiger Bild-Typus entwickelt haben, so wie daraus auch Hymnen und andere Texte hervorgegangen sind. Die Frage, für welchen Zeitpunkt die Entstehung des Bildes anzusetzen ist, müsste noch eingehender untersucht werden. Die bekannteste Ikone mit der Wiedergabe des »Triumphes der Orthodoxie« aus byzantinischer Zeit wird im British Museum[43] verwahrt und datiert aus der Zeit um 1400. Im Zentrum steht eine Ikone, die Maria vom Typ der Hodegetria zeigt. Sie wird flankiert von der Kaiserin Theodora links und vom Patriarchen Methodios rechts, die beide den endgültigen Sieg über die Bilder-Feinde besiegelten. Es ist ein wichtiges Bild, dessen Geschichte besonders für die mittelalterliche Zeit noch zu schreiben ist.

Wir haben bisher gesehen, dass synodale Beschlüsse auf verschiedene Weise die Ikonographie beeinflusst haben. Am konkretesten ließ sich dies bei der Darstellung der Trinität im Westen zeigen, die durch eine motivische Veränderung nicht mehr nur die Dreieinigkeit, sondern zudem die Lehre des *filioque* veranschaulicht.

Eine ähnliche Veränderung erfährt das Bild der Verklärung, nachdem sich der byzantinische Kaiser Ioannes Kantakouzenos für die Energien-Lehre des Gregorios Palamas einsetzte.[44] Wieder geht es auch um die christologischen Hintergründe: Wie ist die Emanation der göttlichen Energien zu denken? Von wem gehen sie aus? Welche Rolle spielen dabei die beiden Naturen Christi? Über diese Fragen geriet der Bischof von Thessalonike, Gregorios Palamas,[45] in Widerstreit mit seinem byzantinischen Landsmann Barlaam,[46] der im 14. Jh. als – dann der römischen Kirche angehörender – Bischof von Gerace in Kalabrien und als Gelehrter gewirkt hat. Für Barlaam war das Postulat des Palamas nicht hinnehmbar, dass von dem dreieinigen Gott vergöttlichende Energien[47] ausgehen sollten, ohne dass dadurch die Hypostase

---

42 *Moffatt/Tall*, Constantine Porphyrogennetos, 156–160.

43 Vgl. *Buckton*, Byzantium, 129 f. und Abb. 140.

44 Zu Ioannes Kantakuzenos vgl. *Nicol*, The reluctant emperor.

45 *Müller-Schauenburg*, Religiöse Erfahrung.

46 Zu Barlaam vgl. jüngst *Kakridis*, Barlaam; *Demetracopoulos*, Further evidence.

47 Vgl. *Hausammann*, Das lebensschaffende Licht.

in ihrem göttlichen Sein beeinträchtigt würde. Die Idee der Energien wiederum war die einzige Möglichkeit, die Theosis,[48] d.h. die Vergöttlichung des Menschen konkreter zu formulieren, als das bis dahin geschehen war. Palamas schließt mit seiner Lehre daher eine seit frühchristlicher Zeit bestehende Lücke. In ihm findet die für die Ostkirche so zentrale Idee der Deifikation ihren nun verbindlichen Ausdruck.

Nach mehreren Zusammenkünften versammelte sich daher am 27. Mai 1351 eine weitere Synode im Blachernen-Palast im Norden von Konstantinopel[49] unter dem Vorsitz des Kaisers Ioannes Kantakouzenos und bestätigte die Orthodoxie der palamitischen Energien-Lehre. Sie wird in der Folgezeit zur Grundlage des sogenannten Hesychiasmus, der besonders auf dem Athos praktiziert wird. Hierbei geht es darum, sich durch eine meditative Konzentration auf die Mitte hin frei und leer zu machen, um empfänglich für die göttlichen Energien zu werden.

Kein Bild bot sich besser dafür an, diese Idee des vergöttlichenden Lichtes und der palamatischen Energien wiederzugeben als die Darstellung der Verklärung, bei der ohnehin bereits seit frühchristlicher Zeit Strahlen das Tabor-Licht visualisieren. Ein frühes Beispiel bietet das bereits erwähnte Apsis-Mosaik in der Kirche des Katharinen-Klosters[50] auf dem Sinai. Es ist ein glücklicher Umstand, dass mit dem Parisinus graecus 1242[51] eine Handschrift aus der Zeit zwischen 1370 und 1375 mit den Werken des Ioannes Kantakouzenos erhalten ist, die auch eine zeitgenössische Darstellung der Verklärung bietet. Dadurch ist uns gewissermaßen ein Referenzstück überliefert, wie sich das Verklärungsbild unter dem Einfluss der palamitischen Lehre verändert hat. Die einzelnen Bildelemente sind zwar die gleichen; so finden sich die drei Jünger auf der Bildunterseite, während Mose und Elias Christus flankieren. Dieser aber ist anders als bei den früheren Darstellungen nicht von einer einfachen Mandorla bzw. Aureole umgeben, sondern die Aureole ist durch mehrere Blautöne abgestuft. Dabei gehen von ihrer Mitte Strahlen radial aus, während darüber eine Raute gelegt ist, deren Enden wiederum in Strahlen auslaufen. Eine zweite Raute ist versetzt zur ersten dazwischengefügt. Die Veränderung gegenüber den früheren Wiedergaben betreffen demnach die Zahl der Strahlen, die Ergänzung der Rauten sowie die farbliche Intensivierung der Aureole insgesamt. Damit soll nicht nur

---

48 *Mantzaridis*, Deification.

49 *Weiss*, Joannes Kantakuzenos, 123 ff.

50 *Müller*, Verklärungsmosaik, 30; *Forsyth*, Monastery, Abb. 35 u. 36.

51 *Drpić*, Art, 217–247 u. Fig. 3.

dem Tabor-Licht noch besser Geltung verschafft werden, sondern auch die Energien angedeutet werden. Dadurch erfährt der Bedeutungskontext des Verklärungsbildes eine Erweiterung, so dass es eben nicht mehr nur um die Transfiguration im Allgemeinen, sondern nun auch um die Lehre des Palamismus im Besonderen geht.

Diese Veränderung fällt in die Zeit der sogenannten Palaiologischen Renaissance, in der der Stil plastischer und körperlicher wird, wobei man mitunter Anklänge an antike Figürlichkeit beobachten kann. Mit den Farben werden jetzt nicht mehr nur Kontraste herausgearbeitet, sondern in zarten Abstufungen werden farbliche Nuancen realisiert, die der palaiologischen Malerei einen ganz besonderen Reiz verleihen. Dieses Phänomen lässt sich auch in dem Verklärungsbild des Parisinus Graecus 1241 beobachten. Mit seiner pastosen Ästhetik wird es einer plumpen Diesseitigkeit enthoben und unterstreicht damit auf kongeniale Weise den spirituellen Gedanken des Palamas, der hier zugrunde liegt.

Abschließen möchte ich meinen Überblick mit dem Verweis auf die sogenannte »Hundert-Kapitel-Synode«, die im Jahre 1551 in Moskau[52] stattgefunden hat und somit zeitlich außerhalb meines Rahmens liegt.

Ich hatte bereits auf die Trinitäts-Darstellung in Urschalling[53] hingewiesen. Sie gehört zur westlichen Tradition solcher Bilder, die in ganz unterschiedlichen Varianten die Dreieinigkeit wiedergeben. Zwei Typen davon sind auch in Byzanz übernommen worden: der sogenannte Paternitas-Typ[54], bei dem die drei Hypostasen sozusagen aufeinandersitzen, d. h. der Geist auf dem Sohn und der Sohn auf dem Vater; und der Synthronos-Typus[55], bei dem Vater und Sohn auf einem Thron sitzen und der Geist zwischen beiden schwebt.

Aus dem letzten Typus hat sich ganz offensichtlich jene Wiedergabe der Dreieinigkeit entwickelt, bei der die drei Gestalten zu einer verschmelzen,[56] auf der sich jedoch drei Köpfe befinden. Allerdings waren alle Darstellungen der drei Hypostasen oder des Vaters und des Geistes in anthropomorpher Form im Osten verboten.

---

52 *Kollmann*, Church Council.

53 Vgl. *Brugger/Bahnmüller*, Urschalling, Abb. S. 12.

54 *Gerstinger*, Herkunft, 59–85.

55 Ebd.

56 Vgl. die Troiza-Ikone im Belgrader Museum der orthodoxen Kirche aus dem 17. Jh.: *Müller*, Byzantinische Ikonen, Taf. 51.

Philoxenia, Andrej Rublëv, 1411.

Daher hat sich schon in byzantinischer Zeit das Motiv der drei Männer, die Abraham im Hain Mamre besuchten, um ihm und seiner Frau Sarah die Geburt des Isaak vorauszusagen, als das klassische Trinitätsbild herauskristallisiert. Das wurde letztlich durch den biblischen Text nahegelegt, demgemäß die drei Männer sowohl im Plural als auch im Singular von sich sprechen – ein interessantes Detail, das die Kirchenväter entsprechend auf die Trinität bezogen haben.

Mit der Zeit wurden dann diese drei Männer ohne die von der Erzählung bedingte Umgebung, d.h. auch ohne Abraham und Sarah an einem Tisch sitzend wiedergegeben. Dieses Bild erhielt dann die Bezeichnung »Philoxenia«[57] und spielt damit auf die Gastfreundschaft des Abraham an. Das berühmteste Bild dieses Themas stammt von Andrej Rublëv;[58] es datiert aus dem Jahre 1411 und befindet sich heute in der Tretjakov-Galerie in Moskau.

Auf diese Ikone bezieht sich die Hundert-Kapitel-Synode in ihrem Beschluss bezüglich der Dreieinigkeitsbilder, die sie allesamt verwirft und ausdrücklich nur die Philoxenia gelten lässt. Als Beispiel verweist sie auf die Troiza des Rublëv. Dieser Beschluss korrigiert somit eine ikonographische Entwicklung, die vor dem Hintergrund der ostkirchlichen Tradition als fehlerhaft bezeichnet werden muss. Das hat zwar wenig genützt, nachdem die westlichen Typen einmal Verbreitung gefunden hatten, aber dieses späte Beispiel eines synodalen Beschlusses verdeutlicht noch einmal sehr gut, dass die Ikonographie den durch Konzilien definierten Glauben mitunter sehr genau abbildet bzw. die Synoden ihrerseits versuchen, die Gestaltung der Bilder zu bestimmen und damit den Glauben ins Bild zu übersetzen.

Literatur

M. Altripp: Der westliche Einfluß in Byzanz am Beispiel neutestamentlicher Ikonographie, in: *A. Speer, Ph. Steinkrüger* (Hg.): Knotenpunkt Byzanz. Wissensformen und kulturelle Wechselbeziehungen, Berlin 2012, 793–798.

J. Behr: The Nicene faith. Part 1: True God of True God; Part 2: One of the Holy Trinity. Formation of Christian Theology, Cambridge 2004.

R. Bergmeier: Das Konzil von Nicäa (325) und Konstantin der Große: Wie Jesus zum Gott wurde, o.O. 2013.

F. Bisconti: Temi di iconografia paleocristiana. A cura e introduzione di Fabrizio Bisconti, Pontificio Istituto di Archeologia Cristiana, Città del Vaticano 2000.

P. Bloch: Das Apsismosaik von Germigny-des-Prés. Karl und der alte Bund, in: *W. Braunfels* (Hg.): Karl der Große. Lebenswerk und Nachleben (Bd. 3: Karolingische Kunst), Düsseldorf 1965, 234–261.

F. Boespflug: Trinität. Dreifaltigkeitsbilder im späten Mittelalter, Paderborn u.a. 2001.

G. Bovini, H. Brandenburg, F. W. Deichmann: Repertorium der Christlich-antiken Sarkophage, Bd. 1: Rom und Ostia, Mainz 1998.

W. Braunfels: Die Heilige Dreifaltigkeit, Düsseldorf 1954.

B. Brenk: Die frühchristlichen Mosaiken in S. Maria Maggiore zu Rom, Wiesbaden 1975.

---

57 *Thunberg*, Interpretations.

58 *Müller*, Dreifaltigkeitsikone.

F. E. Brightman: Liturgies Eastern and Western, I. Eastern Liturgies, Oxford 1896.
C. Brown Tkacz: The Key to the Brescia Casket: Typology and the Early Christian Imagination, Notre Dame/Paris 2002.
W. Brugger, L. Bahnmüller: Urschalling, Raubling 1996.
D. Buckton: Byzantium. Treasures of Byzantine Art and Culture from British Collections, London 1994.
P.-Th. Camelot: Ephesus und Chalcedon, Mainz 1963.
S. Ćurčić: Divine light: constructing the immaterial in Byzantine art and architecture, in: *B. D. Wescoat, R. G. Ousterhout* (eds.): Architecture of the sacred. Space, ritual, and experience from classical Greece to Byzantium, Cambridge 2012, 307–337.
J. G. Deckers: Der alttestamentliche Zyklus von S. Maria Maggiore in Rom. Studien zur Bildgeschichte, Bonn 1976.
J. A. Demetracopoulos: Further evidence on the ancient, patristic, and Byzantine sources of Barlaam the Calabrian's Contra Latinos, ByZ 96 (2003), 84–122.
I. Drpić: Art, hesychasm, and visual exegesis. Parisinus Graecus 1242 revisited, DOP 62 (2008), 217–247.
G. Dumeige: Geschichte der ökumenischen Konzilien. Bd. 4: Nizäa II, Mainz 1985.
P. O. Folgero: The Sistine mosaics of S. Maria Maggiore in Rome: Christology and Mariology in the interlude between the Councils of Ephesus and Chalcedon, AAAHP 21, N. S. 7 (2008), 33–64.
G. H. Forsyth: The Monastery of St. Catherine, DOP 22 (1968), 1–19.
A. Freemans: Theodulf of Orleans. Charlemagne's Spokesman Against the Second Council of Nicaea, Aldershot 2003.
G. D. Gallaro: The Theotokos in the Christian East and West, Nicolaus 33/2 (2006), 177–205.
P. Gemeinhardt: Die Filioque-Kontroverse zwischen Ost- und Westkirche im Frühmittelalter (AKG 82), Berlin/New York 2002.
H. Gerstinger: Über Herkunft und Entwicklung der anthropomorphen byzantinisch-slawischen Trinitätsdarstellung des sog. Synthronoi- und Paternitas-Typus, in: *G. Gsodam* (Hg.): FS W. Sas-Zaloziecky, Graz 1956, 59–85.
A. Giakali: Images of the divine. The theology of icons at the seventh Ecumenical Council (SHCT 54), Leiden 2005.
S. Hausammann: Das lebensschaffende Licht der unauflösbaren Dunkelheit: Eine Studie zum Verständnis von Wesen und Energien des Heiligen Geistes und der Schau des göttlichen Lichtes bei den Vätern der Orthodoxen Kirche von Origenes bis Gregor Palamas, Neukirchen-Vluyn 2011.
C. Ihm: Die Programme der christlichen Apsismalerei vom vierten Jahrhundert bis zur Mitte des achten Jahrhunderts, Stuttgart ^{2}1992.
Y. Kakridis: Barlaam von Kalabrien. Gegen die Lateiner, Hilandarski Zbornik 11 (2004), 181–226.
I. Kalavrezou: Images of the Mother: When the Virgin Mary Became Meter Theo, DOP 44 (1990), 165–172.
A. Kallis: Die göttliche Liturgie der orthodoxen Kirche, Mainz 1989.

J. Kollmann: The Moscow Stoglav (›Hundred Chapters‹) Church Council of 1551 (Ph. D. diss., University of Michigan, Ann Arbor, 1978) – war Vf. nicht zugänglich.

J. Kollwitz, H. Herdejürgen: Die ravennatischen Sarkophage, Berlin 1979.

G. Lange: Bild und Wort. Die katechetische Funktion des Bildes in der griechischen Theologie des 6. bis 9. Jh.s, Paderborn ²1999.

H. Maguire, A. Terry: Dynamic Splendor: The Wall Mosaics in the Cathedral of Eufrasius at Poreč (Bd. 2), University Park 2007.

G. I. Mantzaridis: The Deification of Man. St. Gregory Palamas and the Orthodox Tradition, Crestwood / New York 1984.

J. Martin: Der Weg zur Ewigkeit führt über Rom. Die Frühgeschichte des Papsttums und die Darstellung der neutestamentlichen Heilsgeschichte im Triumphbogenmosaik von Santa Maria Maggiore in Rom, Stuttgart 2010.

A. Moffatt, M. Tall (eds.): Constantine Porphyrogennetos, The Book of Ceremonies, Canberra 2012.

A. Müller: Das Verklärungsmosaik im Katharinenkloster. Zur Bedeutungsvielfalt religiöser Bilder, in: *M. Tamcke* (Hg.): Blicke gen Osten. FS F. Heyer (Studien zur orientalischen Kirchengeschichte 30), Münster 2004.

L. Müller: Die Dreifaltigkeitsikone des Andréj Rubljów, München 1990.

P. J. Müller: Byzantinische Ikonen, Genf 1978.

B. Müller-Schauenburg: Religiöse Erfahrung, Spiritualität und theologische Argumentation. Gotteslehre und Gottebenbildlichkeit bei Gregorios Palamas, Stuttgart 2011.

D. M. Nicol: The reluctant emperor. A biography of John Cantacuzene, Byzantine emperor and monk, c. 1295–1383, Cambridge 1996.

T. Nikolaou: Die Kunst und ihr erzieherischer Wert bei den Drei Hierarchen (Basileios dem Großen, Gregor von Nazianz und Johannes Chrysostomos), Θεολογία 49 (1979), 889–911.

W. Oakeshott: Die Mosaiken von Rom vom dritten bis vierzehnten Jahrhundert, Wien/ München ²1985.

H. Ohme: Concilium quinisextum – Das Konzil Quinisextum (FC 82), Turnhout 2006.

J. Orlandis, D. Ramos-Lissón: Die Synoden auf der Iberischen Halbinsel bis zum Einbruch des Islam (711), Paderborn u. a. 1981.

R. Pillinger: Anthropomorphe Darstellungen Gott-Vaters in alttestamentlichen Szenen der frühchristlichen Kunst, JbTh 13 (1998), 171–194.

T. Schmit: Die Koimesis-Kirche von Nikaia, Berlin 1927.

A. E. Siecienski: The filioque: history of a doctrinal controversy, New York 2010.

M. Simijonović: Das Licht in der byzantinischen Mystik und Malerei. Der Einfluss von Simeon dem Theologen und anderen Mystikern in der byzantinischen Ikonenmalerei, München 2004.

H. Stampfer, T. Steppan: Die Burgkapelle von Hocheppan, Bozen 1998.

G. Steigerwald: Neue Aspekte zum Verständnis der Mosaiken des Triumphbogens von S. Maria Maggiore in Rom, RQ 102 (2007), 161–203.

A. und J. A. Stylianou: The Painted Churches of Cyprus, Nicosia ²1997.

H. G. Thümmel: Die Konzilien zur Bilderfrage im 8. und 9. Jahrhundert. Das 7. ökumenische Konzil in Nikaia 787, Paderborn 2005.

L. Thunberg: Early Christian Interpretations of the Three Angel's in Gen. 18, StPatr 7 (1966), 560–570.

J. Vives (ed.): Concilios visigóticos e hispano-romanos, Barcelona/Madrid 1963.

H. J. Vogt: Der Streit um das Lamm. Das Trullanum und die Bilder, AHC 20 (1988), 135–149.

M. Wallraff: Christus Verus Sol. Sonnenverehrung und Christentum in der Spätantike, Münster 2001.

E. Weiss: Der Freskenzyklus der Johanneskirche in Pürgg, WJKG 22 (1968), 7–42.

G. Weiss: Joannes Kantakuzenos – Aristokrat, Staatsmann, Kaiser und Mönch – in der Gesellschaftsentwicklung von Byzanz im 14. Jahrhundert, Wiesbaden 1969.

G. A. Wellen: Theotokos. Eine ikonographische Abhandlung über das Gottesmutterbild in frühchristlicher Zeit, Utrecht 1961.

ABBILDUNG

Philoxenia, Andrej Rublëv, 1411, Moskau, Tretjakov-Galerie; Nachweis: Wikipedia; zur Verfügung gestellt von Directmedia Publishing GmbH (The Yorck Project: 10.000 Meisterwerke der Malerei).

»Wir waren Lehrer, bevor wir Schüler waren«

Das Ringen um die hebräische Sprache in Sebastian Münsters Übersetzung des »Sefer ha-Bachur« Elia Levitas

Melanie Lange

»Wer fremde Sprachen nicht kennt, weiß nichts von seiner eigenen«[1], so Johann Wolfgang von Goethe, der über Kenntnisse des Lateinischen, Französischen, Italienischen, Englischen und Altgriechischen verfügte. Sogar Grundkenntnisse des Hebräischen soll er sich angeeignet haben.[2]

Goethes Aphorismus soll diesem Beitrag in abgewandelter Form als roter Faden dienen, wenn auf den folgenden Seiten der Zusammenhang von Sprache und Religion am Beispiel der christlichen Aneignung der hebräischen Sprache zur Zeit des Renaissance-Humanismus verdeutlicht wird: »Wer fremde Sprachen nicht kennt, weiß nichts von seiner eigenen Religion.«

1. Die heilige Sprache zwischen Judentum und Christentum

Die Zeit des Renaissance-Humanismus und der Reformation ist geprägt durch den Kampf mit Worten um *das* Wort, die Heilige Schrift. Der humanistische Ruf *ad fontes* bedeutete auf diesem Hintergrund, zur Quelle des christlichen Glaubens vorzudringen, die Schriften der Bibel in den Worten ihrer ursprachlichen Fassung zu lesen und zu verstehen. Die Bedingung für dieses Lesen und Verstehen ist die Kenntnis der alten Sprachen, der sogenannten drei heiligen Sprachen Hebräisch, Griechisch und Latein. Im christlichen Bereich leitete man sie von der Inschrift an Jesu Kreuz (Joh 19, 20) ab. Wer

---

1 *Von Goethe,* Werke, 508.

2 *Von Wilpert,* Goethe, 25.

diese drei Sprachen beherrschte, durfte sich dem Idealziel des Humanismus zufolge als *homo trilinguis* bezeichnen.

Das Hebräische nahm dabei eine besondere Stellung ein. Der Auslegungstradition der urgeschichtlichen Erzählung vom Turmbau zu Babel und der damit einhergehenden »babylonischen Sprachverwirrung« zufolge galt Hebräisch als gemeinsame Ursprache aller Völker.[3] Kirchenväter wie Hieronymus, Origenes und Augustin waren entsprechend einer älteren jüdischen Auffassung der Überzeugung, dass das Hebräische die Mutter aller Sprachen sei.[4] Somit war die theologische Beschäftigung mit den Sprachen, die ein besseres Verständnis alter (Altes und Neues Testament) und neuerer Texte (wichtig hier v.a. die Kabbala) fördern sollte, gerechtfertigt. Die Formel einer *philologia sacra* entstand, die eine Verbindung »zwischen linguistischer Sprachkenntnis, Textorientiertheit und theologischer Einbettung«[5] herstellte. Daneben entwickelte sich aufgrund der von der Schöpfung herrührenden Basisfunktion des Hebräischen der Versuch einer *harmonia linguarum*.[6] Man vermutete, dass sich sämtliche Sprachen aus der hebräischen heraus entwickelt hätten. Nicht nur das Vokabular, auch die Grammatik jeder Sprache versuchte man, aus dem Hebräischen abzuleiten. Als Basis für diese These galt die Tatsache, dass das Hebräische nahezu alle Worte anhand von drei Wurzelbuchstaben definiert. Diese Dreiradikalität galt als sprachliche Abbildung der christlichen Trinitätslehre.[7]

Die Heiligkeit und Ursprünglichkeit der hebräischen Sprache verbanden die christlichen Lobredner des Hebräischen, so u.a. Georg Wicelius, Heinrich Moller, Robert Wakefield,[8] mit drei Prädikaten: *antiquitas* (Alter), *dignitas* (theologisch konstituierte Würde) und *facilitas* (Einfachheit).[9]

---

3 *Reiser*, Bibelkritik, 23 (Anm. 76).

4 So Hieronymus in seinen »Commentarii in prophetas minores – Naum, Abacuc, Sophoniam, Aggaeum, Zachariam, Malachiam« und Augustin in »De civitate Dei«; vgl. auch *Wakefield*, Languages, 72.

5 *Klein*, Wörter der Ursprache, 7.

6 Theodor Bibliander versuchte in seinem Werk »De ratione communi omniumlinguarum et literarum commentarius« (Zürich 1548) eine gemeinsame *ratio* aller Sprachen zu finden, indem er Wortsynopsen erstellte.

7 *Schmidt-Biggemann*, Kabbala, 30. Vgl. auch Elias Hutters »Cubus Hebraeo-Latinus: ubi non tantum Radicum Hebraicarum, secundum puncta diversa explicatur siginificatio, verum etiam illas colligendi monstratur ratio« (Hamburg ^{2}1588).

8 Vgl. *Klein*, Einheit der Sprachen, 37 f.

9 So im Titel der Antrittsrede Herrmann Rennechers 1594 in Heidelberg: Oratio de lingua Hebraea. In qua eius antiquitas, dignitas, facilitas, et ad scripturam propheticam

Trotz aller Erhöhung beinhaltet das Alte Testament keine Stelle, an der das Hebräische als heilige oder diejenige Sprache fixiert wäre, in der die Kommunikation zwischen Gott und Menschen zu geschehen habe. Doch impliziert der erste Schöpfungsbericht, dass das Schöpfungshandeln Gottes in Wort und Tat auf Hebräisch stattgefunden habe. Somit entwickelte sich im rabbinischen Judentum die Vorstellung des Hebräischen als »lashon ha-qodesh«.[10] Mystische Strömungen wie die Kabbala entwickelten daraufhin einen allegorischen Zugang zur Schrift mithilfe der hebräischen Sprache.[11]

Doch Hebräisch ist noch in einer anderen Hinsicht besonders: Es ist die Sprache des Judentums – und als solche ein Identitätsmarker des Volkes Israel. Hebräisches wurde als Jüdisches identifiziert – und Jüdisches galt gemeinhin im mehrheitlich christlichen Umfeld Europas im 16. Jahrhundert als häretisch.

Innerhalb dieses Spannungsfeldes zwischen Christentum und Judentum bildet sich in dieser Zeit eine eigenständige Disziplin im theologischen Fächerkanon heraus, durch die sich die Religion der Sprache auf neue Art und Weise bemächtigte: die christliche Hebraistik.

2. Bedeutung und Stand der Hebraistik zu Beginn des 16. Jahrhunderts

Dass sich das hebräische Sprachstudium mit dem beginnenden 16. Jahrhundert an den europäischen Universitäten als Teil des Curriculums etabliert, bedeutet jedoch keinesfalls, dass sich nicht auch schon in den vorhergehenden Jahrhunderten Christen mit der Sprache des Judentums befasst haben. Der Kirchenvater Hieronymus galt neben Origenes als einer der frühesten christlichen Hebraisten. Er misstraute der für das frühe Christentum maßgeblichen griechischen Übersetzung des Alten Testaments, der Septuaginta, und orientierte seine lateinische Bibelübersetzung stattdessen an der *Hebraica veritas*[12]. Seine Vulgata wurde zur Norm für die nächsten elf Jahrhunderte.

---

rectè intelligendam necessitas veris ac perspicuis argumentis asseritur, habita ab Hermanno rennechero. In academia Heidelbergensi anno dn. 1594. XXi. Octob. Cum professionem Hebraeae linguae auspicaretur, Heidelberg 1595.

[10] Vgl. z. B. Babylonischer Talmud, Avoda Zara 44 b.

[11] *Glinert*, Religion and Language, 368–370.

[12] Hieronymus prägte den Begriff der »Hebraica veritas« um 390 im Vorwort zu seinem Werk »Hebraicae quaestiones in libro Geneseos«.

Mit der zunehmenden Ausrichtung an den Ursprachen der biblischen Texte in der Reformationszeit lösten texttreuere Übersetzungen das Werk des Hieronymus ab.

Doch das Interesse am Lesen des Alten Testaments in seiner Ursprache bestand nicht allein im besseren Verständnis der eigenen Glaubensgrundlagen, sondern vor allem auch darin, »den Juden viel mehr bei[zu]kommen aus ihren eigenen Schriften«[13], wie Martin Luther es formuliert hatte, sprich: sie davon zu überzeugen, ihre Verleugnung Jesu als Messias widerspräche den alttestamentlichen Texten, und sie damit zum Christentum zu bekehren. Bereits ab 1254 gab es Sprachschulen innerhalb des Dominikanerordens, an denen Hebräisch mit eben diesem Ziel der Missionierung unterrichtet wurde.[14] Ebenso wurde auf dem Konzil von Vienne 1311/12 beschlossen, dass Lehrstühle für Hebräisch an den Universitäten von Paris, Bologna, Oxford und Salamanca errichtet werden sollen. Dieser Beschluss wurde 1434 auf dem Konzil von Basel und Ferrara erneuert, jedoch ohne Einbeziehung einer deutschen Universität. Kleriker sollten Hebräisch, Aramäisch und Arabisch zum Zweck der Judenmission lernen.

Doch war Hebräisch zur Zeit der Entstehung der christlichen Hebraistik keinesfalls mehr eine gesprochene Alltagssprache – weder das biblische noch das rabbinische Hebräisch. Es fand sich lediglich im synagogalen, religionsphilosophischen und juristischen Gebrauch und prägte nunmehr den Umgang jüdischer Gelehrter.

Die Zeit von der Mitte des 13. bis zu Beginn des 16. Jahrhunderts kann als Epoche der Stagnation für die hebräische Grammatikographie bezeichnet werden, da alle Werke, die aus hebraistischer Sicht in dieser Zeit entstanden sind, v. a. von den Ausführungen der Kimchiden beeinflusst sind. Die grammatischen Abhandlungen von Joseph, Mose und David Kimchi aus dem 12. Jahrhundert sind von großer Bedeutung, nicht zuletzt, weil sie auch zum Grundstock der christlichen Hebraistik wurden.

Während des 15. Jahrhunderts gab es eine kleine Minderheit im italienischen Renaissance-Humanismus, die sich für das Hebräische jenseits der kirchlichen Missionsbestrebungen interessierte. So wurde beispielsweise Pico della Mirandola von einem jüdischen Gelehrten unterrichtet.

Mit Johannes Reuchlin und seiner grammatischen Abhandlung unter dem Titel »De rudimentis Hebraicis«, erschienen 1506, beginnt eine neue

---

13 WA Tr 5, 414,9–12, Nr. 5975.

14 *Ragacs*, Zaum und Zügel, 10.

Epoche.[15] Wir befinden uns damit an der Schwelle zwischen jüdischer und christlicher Hebraistik: »Die fast 600 Jahre währende jüdisch-hebräische Linguistik wurde nun Teil der europäischen Kultur und durch die christliche Hebraistik der Renaissance abgelöst.«[16]

Doch dieser Prozess der Inkulturation des Hebräischen in das Christliche konnte nur durch jüdische Vermittler vonstattengehen, die der jungen Disziplin zur Verbesserung und Intensivierung ihrer Inhalte und Methoden verhelfen sollten. Eine solche Kooperation zwischen Juden und Christen wurde zwiegespalten betrachtet: Ein Teil der europäischen Hebraisten, u. a. Sebastian Münster, zu dem wir gleich kommen werden, befürwortete sie, ein anderer wehrte sich strikt dagegen. Umso prekärer in Anbetracht dieser christlichen Abhängigkeit von jüdischem Wissen ist der Umstand, dass Hebräisch nach wie vor zum Zweck der Judenmission gelehrt wurde.[17]

Hebräisch entwickelte sich also zunehmend zum Medium, ja zur Waffe für gegenseitige Polemik. Bis 1520 gab es 47 jüdische Verfasser von 65 polemischen Werken in hebräischer Sprache.[18] Man kann damit rechnen, dass die christlichen Hebraisten der Reformationszeit nur etwa ein Dutzend dieser Werke kannten und ihrerseits nutzten. Drei Gruppen von Werken lagen ihnen vor: jüdische Bibelkommentare, jüdische Übersetzungen der Evangelien und polemische Abhandlungen.[19] Juden selbst durften keine polemische Literatur gegen Christen besitzen, daher war es für Christen schwer, an solche Werke zu gelangen.[20]

Trotz der Gefahr, die eine Unterweisung von Christen im Hebräischen für Juden mit sich brachte, wurde diese jüdischerseits nicht verboten. Nicht

---

15 Konrad Pellikans »De modo legendi et intelligendi Hebraeum« (1503 verfasst, 1504 bei Johann Grüninger in Straßburg in der Enzyklopädie »Margarita philosophica« von G. Reisch unter dem Titel »Sequitur grammatica hebraea« erschienen) ist die erste gedruckte christliche Hebräisch-Grammatik, nicht, wie häufig angenommen, Reuchlins »De rudimentis Hebraicis« (1506), vgl. *Willi*, Hebraica Veritas, 375–377. Dennoch wirkte Reuchlins Werk stärker nach als Pellikans, weshalb es als epochemachend gilt.

16 *Kotjatko*, Geschichte, 232.

17 *Schreiner*, Luther, 70.

18 Bücher, Kommentare, Briefe etc. Die biblischen Kommentare Abraham ibn Ezras und Raschis blieben in dieser Untersuchung unberücksichtigt, vgl. dazu *Krauss*, Jewish Christian controversy.

19 *Burnett*, Spokesmen, 42 f.

20 Sebastian Münster beispielsweise konnte sich ein Exemplar des »Sefer Nizzahon« von Johannes Reuchlin kopieren, den dieser nach einer polizeilichen Untersuchung im Haus eines Mainzer Juden vom dortigen Bischof geschenkt bekommen hatte.

ungeachtet bleiben darf dabei der finanzielle Aspekt: Christen bezahlten ihre jüdischen Lehrer für den Hebräisch-Unterricht.[21] Dennoch gab es bereits seit Rabbinischer Zeit Auseinandersetzungen um die Unterweisung von Nichtjuden.[22] Aber lediglich die Toraüberlieferung wird verboten, nicht das Unterrichten in der hebräischen Sprache: »Denn die Weisen machen nur verbindlich, dass man Toraangelegenheiten einem Nichtjuden nicht anvertrauen solle; keineswegs haben sie gesagt, dass man nicht unterrichten dürfe. Ihre prinzipiellen Aussagen gelten für Angelegenheiten, bei denen die (vertrauliche) Überlieferung dazugehöre, wie z. B. das Schöpfungswerk, die Sache mit dem (göttlichen) Thronwagen sowie das Buch Jezira, dessen Inhalt man nur an demütige, weise und mit der Materie vertraute Männer aus den Reihen der Söhne Israels weitergeben darf. Und so (verhält es sich mit Spr 26,8) ›wie ein Schnürbeutel mit Edelsteinen im Steinhaufen‹, welches sie auf einen unwürdigen Schüler beziehen [...] – all das aber haben sie nur in Bezug auf einen Israeliten gesagt, nicht auf einen Christen oder Moslem.«[23]

Eine große didaktische Herausforderung für christliche Hebraisten bestand darin, dass die hebräische Grammatik sich sehr von der ihnen vertrauten lateinischen unterschied. Sie besitzt ein völlig anderes Flexionssystem und eine ganz andere Syntax. Zudem werden die Tempora nicht durch unterschiedliche Zeitformen der Verben, sondern mit Hilfe von zwei Zeitaspekten wiedergegeben.

Hinderlich für eine Weiterentwicklung der hebraistischen Methodik war der Umstand, dass es in der ersten Hälfte des 16. Jahrhunderts nur wenige Hebräischlehrer gab. So kam es durchaus vor, dass christliche Hebraisten der zweiten Generation von der gleichen Person unterrichtet worden waren.[24] Doch im Laufe der Zeit, bis etwa zur Mitte des 16. Jahrhunderts, war die christliche Hebraistik so weit gediehen, dass sie auf jüdische Lehrer weitestgehend verzichten konnte – und wollte. Man hat lange Zeit von ihnen

---

[21] So verdiente z. B. Elia Levita bei Egidio da Viterbo Geld, um für die Aussteuer seiner Töchter sorgen zu können.

[22] Vgl. Mischna, Chagiga II,1; Babylonischer Talmud, Chag 13 a.

[23] *Levita*, Einleitung zu Massoret ha-Massoret, 98 f.

[24] Z. B. Sebastian Münster, Wolfgang Capito und Konrad Pellikan, die von Matthäus Adriani, oder Johannes Böschenstein, Johann Forster und Philipp Melanchthon, die allesamt von Johannes Reuchlin unterrichtet worden waren, vgl. *Burnett*, Christian Hebraism, 52. Levita kann ebenfalls als ein Lehrer von Vielen in Italien gelten; durch seinen Kontakt zu Münster und dessen Veröffentlichung seiner Werke wirkte er zudem bis in die Regionen nördlich der Alpen als Lehrer.

profitiert, doch die enge Bindung wurde stets auch argwöhnisch beobachtet und kritisiert.

Mit Leiden, Pforzheim, Basel, Straßburg, Paris, Tübingen und Wittenberg entwickelten sich die maßgeblichen Zentren der europäischen Hebraistik. Viele Absolventen beispielsweise der Wittenberger Universität, wo Hebräisch seit 1518 unterrichtet worden war, lehrten später als Hebräischdozenten in Deutschland und Nordeuropa. Die Zugehörigkeit zu den sich entwickelnden Konfessionen (Katholizismus, Protestantismus) spielte im Übrigen kaum eine Rolle bei der Beschäftigung mit der hebräischen Sprache. Sie war wichtig, wenn man eine Professur in einer bestimmten Region in Deutschland anstrebte, sofern sich der Landesherr zu einer Konfession bekannt hat. Doch in der wissenschaftlichen Auseinandersetzung mit philologisch Mitinteressierten war dies nicht von Belang.[25]

3. Elia Levita und Sebastian Münster – eine interreligiöse Begegnung

Venedig, 1531. Irgendwo in einem kleinen Zimmer im Stadtteil Cannaregio, auf einer Insel, die man »Ghetto Nuovo«[26] nennt, sitzt ein Mann von gut 60 Jahren. Seit vier Jahren lebt er dort – seit er im Zuge des *Sacco di Roma* aus Rom fliehen und fast seine gesamte Habe, darunter viele Manuskripte, zurücklassen musste. Es war nicht das erste Mal, dass er gewaltsam aus seiner Heimat vertrieben worden war. Fast sein gesamtes Leben war geprägt von Verfolgung und Vertreibung. Neustadt an der Aisch in Franken, wo er 1469 geboren war, musste er früh verlassen. Er ging nach Venedig, Padua, Rom. In der Ewigen Stadt konnte er fast 20 Jahre lang mit seiner Familie in Frieden leben, im Haus des Kardinals Egidio da Viterbo. Dank seiner Fähigkeiten als Lehrer der hebräischen Sprache profitierten sie beide von dieser Bekanntschaft. In dieser Zeit schrieb er viele Werke – hebräische Lehrbücher, Lexika, Poesie – und unterrichtete die Sprache seiner Väter. Seine Schüler waren meist Christen.

Nun lebt er wieder in Venedig und verdient seinen Unterhalt als Korrektor in der christlichen Offizin Daniel Bombergs. Am 5. März 1531 sitzt er an

[25] Münster und sein katholischer Schüler Erasmus Oswald Schreckenfuchs sind ein gutes Beispiel für die gelungene Verständigung.

[26] Der venezianische Senat gründete 1516 ein abgegrenztes Stadtgebiet, in dem Juden separiert worden sind.

seinem Tisch und schreibt, wie so oft, einen Brief: »Ich wünschte, ich könnte eine oder zwei Wochen bei Dir sein und von Mund zu Mund mich mit Dir besprechen.«[27]

Was für unsere Ohren fast romantisch, um nicht zu sagen wie ein Liebesbrief klingt, ist die verzweifelte Äußerung eines jüdischen Gelehrten an den christlichen Übersetzer seiner Werke. Der Gelehrte, der bedeutendste des Judentums im 16. Jahrhundert, heißt Elijah ben Ascher ha Levi ha Aschkenasi oder auch Elia Levita. Der Adressat seines Schreibens ist Sebastian Münster, ein 1488 in Ingelheim am Rhein geborener Christ.

Münsters Werdegang ist nicht herausragend für sein Zeit: 1507 tritt er in den Franziskanerorden ein – nicht zuletzt aus Gründen der Finanzierung seines Studiums. Fünf Jahre später folgt seine Priesterweihe und schließlich 1529 der Austritt aus dem Orden und die Konversion zum Protestantismus. Heidelberg, Leuwen, Freiburg, Rufach und Pforzheim sind Orte, an denen Münster Philosophie, Theologie, Mathematik, Geographie, Astronomie und Hebräisch studierte. Von 1524 bis 1527 war er Professor für Hebräisch an der Universität Heidelberg, wo er auch Simon Grynaeus, den dortigen Gräzisten kennen und schätzen lernte. 1529 erlangte er die Hebräisch-Professur in Basel, die zuvor sein Lehrer und enger Freund Konrad Pellikan innegehabt hatte, der seinerseits an die Universität Zürich wechselte. Münsters Vorlesungen erfreuten sich großer Beliebtheit bei den Studenten in Basel – und in ganz Europa. Sogar Studenten aus Siebenbürgen und Johannes Calvin persönlich kamen nach Basel, um Hebräisch bei ihm zu lernen. Auch durch seine immense Produktivität als Autor, Übersetzer und Editor hebraistischer Werke machte er Basel zu *dem* Zentrum der protestantischen Hebraistik. Niemand sonst veröffentlichte so viele Hebraica während der Reformationszeit.[28]

In dem bereits erwähnten Brief nun schildert Elia Levita seine Ängste, die ihm der schwer zu kontrollierende Umgang mit seinen Werken verursachte. Sie seien nicht fehlerfrei, es wäre ihm lieber, er könnte mit Sebastian Münster im Detail über seine Fehler sprechen und dessen Übersetzungsprobleme anders als in brieflicher Form kommunizieren. Ein intensiver Briefwechsel zwischen Münster und Levita ist belegt, Münster wollte ihn, gemeinsam mit einigen anderen Korrespondenzen mit jüdischen Gelehrten, auch veröffentlichen,[29] es kam jedoch nie dazu, da Münster den wissenschaftlichen Wert für seine Schüler an einem solchen Werk anzweifelte. Diese Korrespondenzen

---

27 *Peritz,* Brief, 265 f.

28 Vgl. *Burnett,* Christian Hebraism, 57 und 205.

29 *Münster,* Amos, praef. (s. p.).

wären von unschätzbarem Wert für die Erforschung der frühen christlichen Hebraistik gewesen. Der einzige Brief von Elia Levita, der uns überliefert ist, findet sich in Münsters Amos-Kommentar von 1531.

Zu einem persönlichen Treffen der beiden ist es nie gekommen. Und das, obwohl beide sich gegenseitig viel zu verdanken hatten. So gelangte Levita erst zu überregionaler Bekanntheit, nachdem Münster seine Werke ins Lateinische – die Sprache des gelehrten Christentums – übersetzt hatte. Doch auch Münster hätte ohne die Vorarbeit Levitas für die frühe christliche Hebraistik kaum eine Rolle gespielt.

4. Sebastian Münsters Arbeit als Übersetzer

Im Dienste der sich entwickelnden philologischen Wissenschaft auf hebraistischem Gebiet, der Verbesserung von Inhalt und Methodik, war eine Zusammenarbeit zwischen Christen und Juden unumgänglich. Sebastian Münster, der damit in einer Linie mit seinen großen Vorgängern Johannes Reuchlin und Konrad Pellikan stand, befürwortete diese Zusammenarbeit und scheute den Kontakt zu Juden nicht – im Gegensatz zu anderen Hebraisten, die in einer derartigen Form der Sympathisanz eine Gefahr für das Christentum sahen. Münsters Vorteil war, dass Juden in seiner unmittelbaren Nachbarschaft lebten, sowohl in Ingelheim, als auch in den bedeutenden jüdischen Gemeinden von Speyer, Worms und Mainz.[30] Wichtige Orte für Münsters hebraistische Studien waren Synagogen – dort besuchte er auch Gottesdienste – und jüdische Friedhöfe. Die persönliche Erfahrung jüdischer Religiosität, des Kultes und Ritus, war ihm wichtig. Dieses humanistische Grundprinzip des *oculariter videre*, des Sehens mit den eigenen Augen, gilt auch als Maxime in der Übersetzungsarbeit Münsters. Er muss als »Nicht-Muttersprachler« beim Übersetzen auf das Wissen von Anhängern einer ihm fremden Religion zurückgreifen. Einerseits geht er deshalb ein Abhängigkeitsverhältnis zu Elia Levita ein, negiert als Christ jedoch gleichzeitig die jüdische Interpretation der Hebräischen Bibel grundsätzlich. Auf der anderen Seite muss auch Levita sich in seiner Umwelt dem Vorwurf der »Proselytenmacherei« stellen, da er Christen in der dem Judentum eigentümlichen Sprache unterrichtet.

30 Martin Luther zum Beispiel, der aufs Schlimmste in seinen sogenannten »Judenschriften« gegen Juden wetterte, hielt sich zeit seines Lebens an Orten auf, an denen auf Grund von Verfolgung und Vertreibung keine Juden mehr lebten.

Karl Heinz Burmeister, der wichtigste Biograph Sebastian Münsters, sieht dessen »Hebraica Biblia« von 1534/35 als »Krönung seines hebraistischen Schaffens« an, er bezeichnet es als sein »bedeutendstes hebraistisches Einzelwerk«, da es »am unmittelbarsten der Theologie diente und somit dem Sinn seiner hebraistischen Arbeiten die größte Erfüllung gab.«[31] Münster hatte insgeheim schon länger den Wunsch einer Bibelausgabe mit revidiertem lateinischem Text gehegt, da er häufig an dem vom Hebräischen abweichenden Text der Vulgata Anstoß nahm. Deshalb war ihm bewusst, dass sich seine lateinische Fassung des Alten Testaments sehr stark am hebräischen Text orientieren musste.[32]

Auch inhaltlich folgte Münster in seinen Kommentaren weitgehend der rabbinischen Auslegung – zumindest dort, wo sie nicht der christlichen widersprach.[33] Zweck der Kommentare ist die Aufhellung der an manchen Stellen kryptischen Wort-für-Wort-Übersetzung. Teilweise liest man auch Polemik gegenüber den Juden heraus, so z. B. in der Messianologie des Prophetenkommentares. Andererseits fließt seine Maxime *ocularitervidere* direkt in seine Übersetzung ein: Neben der Einfügung von Paraschot und Haftarot in seiner »Hebraica Biblia« und jüdischer musikalischer Akzente in seinem hebräischen Psalter fügt Münster Kommentare an Stellen seiner Bibelausgabe ein, an denen er das Verständnis jüdischer Gebräuche fördern will. So erklärt er das Wort ציצת (»Zotten des Gewandes«) und fordert seine Studenten auf: »adeat Judaeos« [34] – »Geht zu den Juden!«

Doch Münster war sich der Gefahr bewusst, die ihm drohte, wenn er sich zu sehr dem Judentum zuneigte: »[Er] kannte die kritischen Punkte seines einseitigen Editionsprinzips genau. In seiner Vorrede gibt er sich größte Mühe, zukünftigen Angriffen vorzubeugen. In der Verteidigung seiner wörtlichen Übersetzung gesteht er zunächst zu, dass es Aufgabe des Übersetzers sei, den Sinn herauszustellen, nicht einfach Worte wiederzugeben. Aber, so wendet er ein, der Sinn ist eben nur durch Worte zu erkennen. [...] Soweit es mit der lateinischen Sprache vereinbar war, gab es gegen eine wörtliche

---

31 *Burmeister*, Sebastian Münster, 86 f.

32 Zu Münsters »Hebraica Biblia« im Vergleich zu Martin Luthers Bibelübersetzung vgl. auch meine Überlegungen in: *Lange*, Zwischen Theologie und Philologie.

33 Neben Rabbinica nutzte Münster zur Kommentierung auch Martin Luther, Johannes Oekolampad, Santes Pagnino, die er positiv anführte, da sie ein ähnliches Übersetzungsverständnis vertraten, und Augustin Steuchus, den er als Verteidiger der Vulgata kritisierte.

34 *Münster*, Hebraica Biblia, Bl. 141 v. Hieronymus Froben, der Drucker dieser Bibelausgabe, entschuldigte sich dafür bei den christlichen Lesern.

Übersetzung nichts einzuwenden. Schwierigkeiten ergaben sich erst bei der Übersetzung von Idiotismen, obwohl Münster auch hier noch in einer verhältnismäßig günstigen Lage war, weil durch die Vulgata bereits zahlreiche Hebraismen in die abendländische Sprechweise eingedrungen waren, die von der Masse der Lateinsprechenden nicht als ungewöhnlich empfunden wurden. Aber Münster geht in der Übernahme der hebräischen Idiotismen ins Lateinische viel weiter als die Vulgata, wobei er ohne weiteres zugibt, gegen die ›Latinitatis elegantia‹ zu verstoßen oder gar schlechtes Latein zu schreiben. Gelegentlich scheut er sogar vor lateinischen Wortbildungen nicht zurück. Aber Münster vermeidet es doch nach Möglichkeit, über gewisse Grenzen hinauszugehen.«[35]

Der Begriff der »Grenzen«, der hier von Burmeister aufgeworfen wird, liegt nicht allein in der Frage nach der Übersetzbarkeit von hebräischen Idiotismen ins Lateinische. Er lässt sich vielmehr mit der Frage verbinden, inwiefern und in welchem Maße Münster Hebräisches, oder besser: Jüdisches ins Lateinisch-Christliche übersetzen konnte und wollte. Bei der Konfrontation zweier Absolutheitsansprüche, des christlichen und des jüdischen, war es für ihn aufgrund seiner soziohistorischen Situation nicht möglich, das Fremde fremd sein zu lassen. Er konnte nicht auf das Judentum Bezug nehmen, ohne Stellung zu beziehen. Übersetzen ist somit gleichbedeutend mit einem Vorgang der Inkulturation: »Übersetzen wurde nicht wie heute noch vielfach als Wiedergabe eines bestimmten Ausgangstexts allein verstanden, sondern als dessen Einpassung in eine neue (Ziel-)Situation – um nicht zu sagen Kultur [...].«[36]

Deutlich wird die Schwierigkeit dieser Einpassung an Münsters häufigen Rückgriffen auf die rabbinische Literatur, wenn ihm Worte oder Wendungen im Ausgangstext unverständlich waren: »His position was ambivalent: from a scientific point of view he extensively drew upon the rabbinic texts; from a theological point of view, however, he was constantly trying to prove that the Christian doctrines were to be read in the Old Testament. In Münster's opinion, the only reason why the Jews refused to recognize Christ as the Messiah was that they did not read their own texts – i.e. the Old Testament – correctly. Whenever Münster quoted a lengthy passage from the Midrash, he would apologize for doing so, and justify himself from a linguistic point of view, writing that he had to read such texts in order to master the Hebrew

35 *Burmeister*, Sebastian Münster, 90.

36 *Vermeer*, Übersetzen, 44.

language. In addition, he never failed to remark upon the absurdity of the Jewish interpretations.«[37]

Trotz allem steckt Münster in einer Zwickmühle: Sein hebraistisches Wissen und seine Fähigkeiten als Übersetzer sind abhängig von jüdischer Gelehrsamkeit. Seine Vorreden und ergänzenden Kapitel zu seinen Editionen spiegeln diesen Zwiespalt wieder. So findet sich in seiner »Hebraica Biblia« eine ausführliche Rechtfertigung seines literarischen Handelns, die er bezeichnenderweise unter die Überschrift »Hebraeorum commentarii non contemnendi«, »Die Kommentare der Juden dürfen nicht verachtet werden« stellt.

Dass das Vorhaben Münsters, jüdische hebraistische Literatur zu übersetzen, um sie Christen als Handwerkszeug zur Verfügung zu stellen, für viele seiner Zeitgenossen eine religiöse Grenzüberschreitung darstellt, steht außer Frage. Im Zentrum der Auseinandersetzungen zwischen Christentum und Judentum steht besonders die Frage nach Wahrheit, nach der Wahrhaftigkeit Jesu als Messias, die zweifellos auch in den Übersetzungen und Editionen Münsters eine bedeutende Rolle spielt.[38] »Die Aktualisierung der Wahrheit [...] als Übersetzungsstrategie wird in alten Texten nicht thematisiert. Sie scheint mir aber eine logische Konsequenz aus dem realen Verhalten von Übersetzern zu sein. Würden diese nämlich nicht aufrichtig handeln, dann müssten wir sie doch des Betrugs bezichtigen. Dazu gibt es aber keinen Anlass. Es ist vielmehr so, dass ein in einem Ausgangs- oder sonstigen Text zunächst einmal festgeschriebener Sachverhalt ständig geupdatet werden kann. Die alten Schreiber und Übersetzer waren also durchaus moderne Relativisten. Da sie zudem Textstellen veränderten, wenn sie einer anderen Wahrheit als der in der Vorlage vertretenen anhingen [...], praktizierten sie auf ihre Weise bereits die relativistische Perspektivität, von der die Renaissance in Kunst und Philosophie und Foucault gegen Ende des 20. Jh.s sprechen. Es ist *kein* Widerspruch gegen die Übersetzer›treue‹, wenn Übersetzer immer wieder Stellen aus anderen Quellen als ihrem Ausgangstext in eine Übersetzung einarbeiten. Beim literarisch sein sollenden Übersetzen schon gar nicht. Beim wissenschaftlichen insofern auch nicht, als diese Einarbeitung nur insoweit einem *übersetzerischem* Anliegen entspringt, als sie der Aktualisierung und Interpretation (Glossierung, Kommentierung) des

---

37 *Kessler Mesguich*, Early Christian Hebraists, 271.

38 Aus diesem Grund hat Münster sein apologetisches Hauptwerk unter dem Titel »Messias Christianorum et Judaeorum« (Hebräisch-Lateinisch, Basel 1539) veröffentlicht.

Ausgangstexts, eventuell auch dem Nachweis der eigenen Belesenheit und vielleicht einigem mehr dienen soll.«[39]

Dass Münster aktualisierend und interpretierend in seine Vorlagen eingegriffen hat und durch seine Eingriffe versuchte, den Ausgangstext noch zu übertreffen, wird an seiner Arbeit an Elia Levitas »Sefer ha-Bachur« deutlich. Münster feilt an diesem grammatischen Lehrwerk der hebräischen Sprache wie ein Bildhauer, um seine Edition zu perfektionieren. Heraus kommt ein Werk, dass er aus voller Überzeugung mit »Grammatica Hebraica Absolutissima« betitelt. Im Folgenden sollen einige Beispiele aus der Übersetzung und Edition dieser Hebräisch-Grammatik das bislang konturenhaft gezeichnete Bild des Übersetzers Münster kolorieren.

5. Die »Grammatica Hebraica Absolutissima«

Die »Grammatica Hebraica Absolutissima« wurde erstmals 1525 in Basel publiziert, acht Jahre, nachdem Elia Levita seine Vorlage in Rom verfasst hatte. Es gehört zu den bedeutendsten Lehrbüchern reformatorischer Exegese.[40]

Von Beginn an war diese Grammatik der hebräischen Sprache Zeugnis für die Begegnung von Christentum und Judentum. Levita schrieb sie auf Wunsch seines Gönners Egidio da Viterbo, dem das Werk auch gewidmet ist. Gleichzeitig ist es das erste Buch, das eine jüdische Approbation seitens des römischen Rabbiner-Kollegiums enthält.[41]

Zur Zeit des Humanismus – und eben auch am Beispiel Sebastian Münsters – ist ein allgemeiner Wandel im Bild des Übersetzers zu beobachten: »[D]er Übersetzer tritt deutlicher als früher als Person hervor, weil er in den üblich gewordenen Vorreden und Widmungsbriefen mehr über sich und sein Vorhaben spricht, als dies seine Vorgänger zu tun pflegten […].«[42] Dies wird auch am Beispiel von Münsters Übersetzung und Edition des »Sefer ha-Bachur« deutlich. Wie er in seiner Vorrede schildert, hatte Münster bereits seit geraumer Zeit geplant, eine Hebräisch-Grammatik zu publizieren, die seinen Ansprüchen genügte. Dem Rat seines Kollegen, des Gräzisten Simon Grynaeus, folgend, richtete er seine Aufmerksamkeit auf Levitas »Sefer

---

39 *Vermeer*, Übersetzen, 42.

40 Weitere Auflagen folgten 1532, 1537, 1543, 1552.

41 *Levi*, Levita, 10.

42 *Vermeer*, Übersetzen, 91.

ha-Bachur«, der zu diesem Zeitpunkt im deutschsprachigen Bereich weitgehend unbekannt war.

Der Name »Sefer ha-Bachur« kann auf zwei unterschiedliche Weisen übersetzt werden: zum einen als »Buch des Jünglings« (als Genitivsubjekt oder -objekt), zum anderen als »Das erlesene Buch«. Münster entschied sich für die zweite Variante und übersetzte »Sefer ha-Bachur« mit »Liber electus«, wobei er sich nach folgender Erklärung Levitas in Bezug auf den Namen richtete: »Und siehe, ich habe diesem Buch den Namen ›Sefer ha-Bachur‹ gegeben, und dies aus drei Gründen: erstens, weil dieses Buch erlesen und gut und ganz rein ist, nichts Entweihendes ist in ihm; zweitens, weil es für jeden Jüngling geschrieben wurde, damit er mit ihm lerne in den Tagen seiner Jugend, und es seinem Herzen gut tun wird in seinen letzten; drittens, weil der Name mein eigenartiger Beiname ist, und mit dem Namen ›Bachur‹ werde ich genannt.«[43] Dass eine Übersetzung die autorintendierte Offenheit eines Textes unterschlagen kann, wird deutlich, wenn Münster die Wahl des Namens – mit Sicherheit unfreiwillig auf Grund der Sprachbarriere – schmälert. Nachdem er die ersten beiden Erklärungen Levitas korrekt wiedergibt, schreibt er hinsichtlich der dritten: »[...] damit der Name vielseitig ist, deswegen gebe ich ihm den Beinamen ›erlesen‹.« Der Bezug zu Levitas Spitznamen geht hier verloren, da Münster das Homonym »Bachur« nicht adäquat wiedergeben kann.

Der Titel, den Münster seiner Edition gibt, zeugt von seiner hohen Meinung gegenüber Levita: »Vollkommenste Hebräisch-Grammatik Elia Levitas des Deutschen: unlängst durch Sebastian Münster nahe am Hebräischen ins Lateinische übersetzt, nach dieser wird der Leser eine andere kaum begehren. Grundlegende Einführung in die hebräische Sprache durch den Verfasser Sebast. Münster selbst.«

Der Anspruch der *grammatica absoluta* macht Münsters Programm deutlich: Seine Edition der Grammatik soll perfekt sein und alle Regeln zum Erlernen der hebräischen Sprache in leicht verständlicher Form beinhalten. Sein großes Interesse an der Lexikographie des Hebräischen fördert diesen Anspruch durch eine klare Struktur und Übersichtlichkeit.[44]

Das Lob für seinen hebräischen Lehrmeister zieht sich auch durch Münsters Vorrede, in der er schildert, wie es zu seiner Entscheidung für die Übersetzung und Herausgabe des »Sefer ha-Bachur« kam. Er würdigt Levitas Leistungen, nachdem er von anderen Grammatiken bitter enttäuscht wurde: »Ich allerdings gestehe offen (und ich schäme mich auch nicht, es zu sagen),

---

43 *Levita*, Vorrede [Übersetzung S. Münster], in: *Münster*, Grammatica, s. p.

44 Vgl. auch *Burmeister*, Sebastian Münster, 43.

[obwohl] ich mich lieber als diesen Elia lesen würde, dass ich in grammatischen Dingen zu wenig weiß, vieles aber gewiss größtenteils den Nachtarbeiten dessen verdanke.«[45] Mit dem darauffolgenden Satz wird deutlich, wie groß die wissenschaftliche Abhängigkeit Münsters von Levita, vielleicht sogar die der Christen von den Juden auf dem Gebiet der Hebraistik war. Kurz nachdem Münster auf den Lehrstuhl für Hebraistik in Heidelberg berufen worden war, schreibt er im Bewusstsein der Unzulänglichkeit der bisherigen christlichen Hebraistik: »Wir waren Lehrer, bevor wir Schüler waren.«[46]

Doch neben dieser anerkennenden Hervorhebung Levitas äußert Münster harsche Kritik an den traditionellen jüdischen Methoden des Hebräischunterrichts: »Dazu kommt noch, dass die Juden die Grammatik für völlig verachtenswert halten. Denn nicht aus Regeln, sondern aus ununterbrochener Lektüre der Bibel bauen sie den Kenntniserwerb ihrer Sprache auf, gleich als ob bei uns Cicero und Virgilius oder bei den Griechen Lucianus und Homerus den Kindern regelmäßig zum Lernen vorgelegt würde, nicht grammatische Regeln. Aber wir lassen die Narrenpossen des jüdischen Volkes fahren.«[47]

Aus diesem Grund fügte Münster seiner Edition der Grammatik drei Traktate hinzu: eine grundlegende Einführung in die hebräische Sprache, eine Übersicht über die Akzentzeichen des Hebräischen und eine Konjugations- und Deklinationstabelle. Ich möchte auch diese Ergänzungen seiner Übersetzung der Grammatik Levitas bei der Untersuchung seiner Vorgehensweise des Übersetzens mit berücksichtigen, da Übersetzung und Edition, besonders wenn beide von ein und derselben Person stammen, m. E. nicht voneinander getrennt werden sollten.

Sein Übersetzungsprinzip nennt Münster selbst in der Vorrede: »Du, aufrichtiger Leser, sei mit unseren Studien, durch die wir nützen wollten, und mit dieser Version hier zufrieden, in der wir nicht so abergläubisch davon Gebrauch gemacht haben, dafür zu sorgen, dass ein Wort immer ein Wort wiedergibt [*verbum reddere verbo*], denn dies nährt die Trägheit der Lernenden; aber wenn jemand aufmerksam sein will, dann wird er in sehr vielem eine Stütze erhalten.«[48] Münster strebt also eine Übersetzung an, die sich am Ausgangstext orientiert, jedoch auch auf die Bedürfnisse der Leser eingeht und Langeweile vermeiden soll. Zudem greift er an manchen Stellen in den

---

45 *Münster*, Vorrede, in: *ders.*, Grammatica, s. p.

46 Ebd.

47 Ebd.

48 Ebd.

Text ein, wo er es aus Verständnisgründen für geraten hält. Häufig lassen sich daher kommunikative Einschübe wie Marginalien finden, die den Text zum einen gliedern und auf wichtige Stellen verweisen, zum anderen aber auch deuten. So übersetzt Münster beispielsweise Levitas Angabe des Entstehungsjahrs des »Sefer ha-Bachur«, das Jahr der Schöpfung 5277, mit »Das ist das Jahr Christi 1518« – ein erstes Beispiel nicht nur für die rein sprachliche Übertragung aus dem Hebräischen ins Lateinische, sondern auch für die Übersetzung jüdischer Aspekte in christliche.

Bemerkenswert ist der Umgang mit hebräischen »Fremdworten«, der auf Münsters Kenntnisse des Judentums hinweist. Begriffe wie »Halacha« (wörtl. »gehen«, »wandeln«, aber auch »Lebenswandel«, »Verhalten«) übersetzt er beispielsweise folgerichtig mit »iudicium« (»Gerichtsbarkeit«, »Urteil«). Andere wie »Perakim« (»Abschnitte«) transkribiert er und behandelt sie wie Fachbegriffe. Zudem behält er die Fremdbezeichnung »Nazarener« für Christen bei. Hingegen überträgt er die Namen der biblischen Bücher in ihre christlichen Bezeichnungen (z. B. »Bereschit« in »Genesis«) und notiert bei der von der christlichen Zählung der alttestamentlichen Büchern erwähnten Zahl 24: »Die Juden nennen 24 Bücher für die Bibel.« Auch den Begriff »Masoreten« erläutert Münster in einer Definition am Rand.

An einer Stelle, an der Levita erwähnt, dass er zu dem gerade besprochenen Thema ein eigenes kleines Buch verfassen möchte, schreibt Münster für seine Leser an den Rand: »Diesem Buch habe ich mich noch nicht zugewandt.« Diese kleine, werbeblockhafte Notiz klingt wie ein Versprechen, er werde es noch tun, er werde kontinuierlich versuchen, die Hebraistik voranzutreiben – und dies mit Hilfe der Werke Levitas. Dass sein wissenschaftliches Bestreben nicht immer gleichermaßen von Interesse begleitet war, sieht man daran, dass Münster an manchen Stellen schlichtweg keine Lust mehr hatte, die Reihe der Beispiele, die Levita bietet, zu übersetzen. Stattdessen beendet er sie nach drei Exempeln und ergänzt »etc.«.

Die eingangs von mir genannte Bemächtigung des Hebräischen seitens der christlichen Hebraisten für ihre eigenen, auch theologisch intendierten Zwecke wird besonders in Münsters »Elementaria Institutio« deutlich.[49] Dort bietet er zur Veranschaulichung sprachlicher Phänomene Beispiele aus dem gesamten Alten Testament. So zitiert er z. B. in einer seiner Erklärungen das

[49] *Münster*, Elementaria Institutio, in: *ders.*, Grammatica, s. p. Alle im Folgenden dargebotenen Beispiele entstammen, sofern nicht anders vermerkt, der »Elementaria Institutio«. Da es keine Seitenzählung in diesem Werk gibt, wird auf eine jeweilige detaillierte Quellenangabe verzichtet.

Hapaxlegomenon aus Ez 21,20 אבחת חרב (»das Schlachten des Schwertes«). Dieser Begriff stammt aus den Unheilsworten des Propheten, denen zufolge Gott sein alles verheerendes Schwert gegen die Fürsten Israels und das ganze Volk richten wird – ein auffälliges Beispiel im Hinblick auf den christlichen Übersetzer einer jüdischen Grammatik. Israel wird in diesem entkontextualisierten Beispiel zwar nicht genannt, doch da Münster eine freie Auswahl an Beispielen gehabt hätte, liegt die Vermutung einer antijüdischen Haltung seinerseits dahinter nahe.

Daneben findet sich ein weiteres Beispiel, das aufmerken lässt: חטאת העם bzw. »peccatum populi« (»die Sünde des Volkes«). Die hebräische Form kommt im Alten Testament nicht vor, während der Terminus »peccatum populi« häufiger in der Vulgata[50] zu finden ist. In Bezug auf die christliche Idee einer kollektiven Schuld am Kreuzigungstod Jesu seitens »der Juden« und der damit verbundenen Vorstellung des Deizid[51] oder Gottesmordes, ist es wahrscheinlich, dass auch Münster durch seine Edition dieser propädeutischen Einführung die unter den Christen seiner Zeit weit verbreitete Beschuldigung gegenüber Juden geteilt hat.[52]

Diese beiden Beispiele sind ernst zu nehmen, obwohl berücksichtigt werden muss, dass sie gänzlich aus ihrem biblischen Kontext herausgerissen sind. Ebenso hat der Autor sie völlig unkommentiert in Bezug auf ihre religiösen Inhalte gelassen. An keiner Stelle innerhalb der Grammatik wird gesagt, dass sich das »Schlachten des Schwertes« gegen Israel richtet, genauso wenig wird die Identifikation von העם bzw. »populus« mit Israel offenbar. Hinzu kommt, dass die übrigen Beispiele im Kontext der Grammatik keine besondere Bedeutung für ihren Inhalt haben. Dennoch kann ein theologischer Sub-Text nicht ausgeschlossen werden – er ist vielmehr wahrscheinlich, wenn wir einen genaueren Blick auf die folgenden Beispiele werfen.

Dass sie sich trotz des Rückgriffs auf Worte und Phrasen aus dem Alten Testament eindeutig in christlichem Kontext bewegen, wird beispielsweise deutlich, wenn אשה בבתליה bzw. »mulier in virginitatibus suis« (»eine Frau in

---

50 So in Num 14,19; 1. Kön 8,34; Hos 4,8 und Dan 9,20 (vgl. auch Jes 1,4). In Bezug auf das hebräische Beispiel gibt es ähnliche Konstruktionen in Hos 4,8; 10,8; Jer 17,1.

51 Dieser Terminus begegnet erstmals explizit bei Melito von Sardes im späten 2. Jh., vgl. *de Lange*, Antisemitismus, 130.

52 Bekannte Personen aus der Zeit des Autors, die ihren Vorwurf des »Gottesmordes« öffentlich und in aller Härte gegen Juden geäußert haben, sind Martin Luther (»Von den Jüden und ihren Lügen«, 1543) und Johannes Reuchlin (»Tütsch Missiue. Warumb die Juden so lang im Ellend sind«, 1505) – um nur zwei einer ganzen Reihe von Beispielen zu nennen.

ihrer Jungfräulichkeit«, Lev 21,13) angeführt wird oder מי יעלה השמימה bzw. »quis ascendet in coelum« (»wer wird in den Himmel aufsteigen«, Dtn 30,12), was einen direkten Bezug zur Himmelfahrt Jesu[53] herstellt. Das Beispiel לחמנו, welches das Suffix der 1. Person Plural illustriert, kommt nur vier Mal in der Hebräischen Bibel vor, seine lateinische Übersetzung »panis noster« (»unser Brot«) hingegen ist ein prominenter Bestandteil des Vaterunsers[54].

Auch das Zitat aus Ps 22,2, למה עזבתני bzw. »quare de reliquisti me« (»warum hast du mich verlassen«)[55], ist ein Verweis auf dessen breite christliche Wirkungsgeschichte – Jesu letzte Worte am Kreuz sind ebenfalls die letzten Worte des propädeutischen Einleitungsteils zu Levitas »Sefer ha-Bachur«.

Die Christianitas der Beispiele gipfelt jedoch in einem Bekenntnis: »Af Ben Ruah Kadosch, El Aehad« (»Vater, Sohn, Heiliger Geist, ein Gott«). Das gesamte Sprachstudium mittels dieser Übersetzung einer ursprünglich jüdischen Hebräisch-Grammatik wird also von vornherein, mit dieser linguistischen Einleitung, in christliches Licht gerückt.

Dahingegen ist auffällig, dass Levita einen großen Teil seiner Beispiele im »Sefer ha-Bachur« der Tora, dem religiösen Kernbestand des Judentums, entnimmt. Dies könnte dem oben erwähnten Verbot der Unterweisung von Christen in der Toraüberlieferung widersprechen. Doch intendiert Levitas Grammatik m.E. von vornherein – auch wenn sie einem christlichen Kardinal gewidmet ist – eine jüdische Leserschaft, die mindestens über Grundkenntnisse des Hebräischen, wie das Alphabet, verfügte, ansonsten hätte Münster für die christlichen Adressaten seiner Edition keine propädeutische Einleitung hinzufügen müssen.

Um abschließend noch einmal das oben erwähnte Kernproblem der Messianologie aufzugreifen: Es wird innerhalb dieser Hebräisch-Grammatik nicht eigens diskutiert. Zahlreiche alttestamentliche Stellen, die aus christlicher Sicht auf das Kommen Jesu hindeuten, unterliegen der Komplexität des hebräischen Tempussystems. Levita schreibt dazu, »dass es Gewohnheit der Schrift ist, Futur für Vergangenheit zu setzen [...] Du sollst auch wissen, dass es Gewohnheit der Schrift ist, etwas in der Vergangenheit anstelle von Futur zu sagen, und das häufig in Worten der Propheten, weil das Wort vor Gott klar ist, so, als ob es schon geschehen wäre; wenn man die Worte der Handlung aber überdenkt, findet man es nicht.«[56] Womöglich schneidet Levita

---

53 Vgl. Lk 24,51; Apg 1,10f.

54 Vgl. Mt 6,11; Lk 11,3.

55 Vgl. Mk 15,34; Mt 27,46.

56 *Levita*, Sefer ha-Bachur, 1. Rede, 4. Grundsatz, Punkt 6f., in: *Münster*, Grammatica, s.p.

hier das Problem der *vaticinia ex eventu* an, der Weissagungen aus bereits vergangenen Ereignissen heraus. Doch auch bei der Frage nach dem künftigen Kommen oder Bereits-Gekommen-Sein des Messias ist die Deutung der Tempora des Hebräischen von großer Bedeutung. Auf dieses Grundproblem, das neben der Übersetzung auch die Exegese entsprechender Bibelstellen seitens Juden und Christen maßgeblich beeinflusst, weist Levita hin, wenn er schreibt: »[...] wisse, dass es in den Sprachen der Gojim eine dreifache Vergangenheit gibt, nämlich eine abgeschlossene Vergangenheit [Perfekt], eine nicht-abgeschlossene Vergangenheit [Imperfekt] und eine Vergangenheit, die schon vollendet ist [Plusquamperfekt]. Aber in der heiligen Sprache kommen diese drei in einer Form vor.«[57] Dass Münster selbst auch noch Probleme bei der Einordnung der hebräischen Zeitaspekte in die lateinische Zeitstruktur hatte, wird in seiner Übersetzung der Grammatik an einigen Stellen deutlich, worauf hier nicht im Einzelnen eingegangen werden kann.

Neben einer christlich-dogmatisch integren Interpretation der Beispiele liegt Münster selbstverständlich auch die philologische Korrektheit der Texte am Herzen. Anders ist dies bei den großen reformatorischen Theologen wie Martin Luther, der eine substanziell theologische Intention verfolgt. So kann dieser seine messianische Übersetzung des Alten Testaments u. a. damit rechtfertigen, dass die masoretische Punktation, die Vokalisierung des hebräischen Konsonantenbestandes, die die Lesarten vereindeutigt, »Menschenwerk« sei und man ihr nicht so strikt folgen müsse: »Mit dieser weise kuend man der Jueden verstand inn der Biblia fein schwechen, Und ist das vorteil da, das Mose und die Propheten nicht haben mit puncten geschrieben, welchs ein new menschen fuendlin, nach ihrer zeit auffbracht, Darumb nicht not ist, dieselben so steiff zu halten, als die Jueden gern wolten, Sonderlich, wo sie dem newen Testament zu wider gebraucht werden.«[58]

6. Schluss

Bei der Betrachtung der frühen christlichen Hebraistik ist vor allem das Zusammenspiel – oder in manchen Fällen auch das Gegeneinander – von Christen und Juden maßgeblich. Ein Grundproblem der Zeit ist, dass die christliche Hebraistik versucht, die hebräische Sprache in ein abendländisches Grammatikkorsett zu stecken, dabei aber immer noch abhängig ist von jüdischen

---

57 Ebd., 1. Rede, 4. Grundsatz, Punkt 12.

58 WA 53, S. 647.29–32 (»Vom Schem Hamphoras und vom Geschlecht Christi«, 1543).

Lehrmeistern. Die frühen christlichen Hebraisten versuchten, zwischen der ihnen vertrauten lateinischen Grammatik und der fremden hebräischen zu vermitteln.

Die neue christliche Disziplin der Hebraistik zu Beginn des 16. Jahrhunderts steckte noch zu sehr in den Kinderschuhen - zugegeben: diese drückten schon sehr. Wie ein pubertierendes Kind war sie einerseits noch von den jüdischen Sprachgelehrtenvätern abhängig, andererseits drängte es sie sehr zu den eigenen Interessen hin.

Diese gegenseitige Beeinflussung, dieses Wechselspiel von Religion und Sprache, von Sprache und Religion ist markant für die Entstehung der christlichen Hebraistik. Religion konstituiert sich vor allem durch Sprache. Um es abschließend noch einmal mit dem eingangs transformierten Zitat von Johann Wolfgang von Goethe zu betonen, denn auch in unserer Gegenwart büßt es an Aktualität nichts ein: »Wer fremde Sprachen nicht kennt, weiß nichts von seiner eigenen Religion.«

Literatur

K. H. Burmeister: Sebastian Münster. Versuch eines biographischen Gesamtbildes, Basel/Stuttgart 1963.

S. G. Burnett: »Spokesmen for Judaism«. Medieval Jewish Polemicists and their Christian Readers in the Reformation Era, in: *P. Schäfer, I. Wandrey* (Hg.): Reuchlin und seine Erben. Forscher, Denker, Ideologen und Spinner, Ostfildern 2005, 41–51.

S. G. Burnett: Christian Hebraism in the Reformation era (1500–1660). Authors, books, and the transmission of Jewish learning, Leiden/Boston 2012.

N. R. M. de Lange: Art. Antisemitismus IV, TRE 3 (1978), 128–137.

L. Glinert: Art. Religion and Language, in: *Geoffrey Khan* (ed.): Encyclopedia of Hebrew Language and Linguistics (Vol. 3), Leiden/Boston 2013, 368–373.

J. W. von Goethe: Werke. Maximen und Reflexionen (Hamburger Ausgabe Bd. 12), München [9]1981.

S. Kessler Mesguich: Early Christian Hebraists, in: *M. Sæbø* (ed.): Hebrew Bible/Old Testament: The History of Its Interpretation. From the Renaissance to the Enlightenment, Göttingen 2008, 254–275.

W. P. Klein: Die ursprüngliche Einheit der Sprachen in der philologisch-grammatischen Sicht der Neuzeit, in: *A. Coudert* (ed.): The Language of Adam. Die Sprache Adams, Wiesbaden 1999, 25–56.

W. P. Klein: Was wurde aus den Wörtern der hebräischen Ursprache? Zur Entstehung der komparativen Linguistik aus dem Geist etymologischer Spekulation, in: *G. Veltri, G. Necker* (Hg.): Gottes Sprache in der philologischen Werkstatt. Hebraistik vom 15. bis 19. Jahrhundert, Leiden 2004, 3–23.

J. Kotjatko: Geschichte der hebräischen Grammatik vom 10. bis zum 16. Jahrhundert, in: *G. Veltri, G. Necker* (Hg.): Gottes Sprache in der philologischen Werkstatt. Hebraistik vom 15. bis 19. Jahrhundert, Leiden 2004, 215–232.

S. Krauss: The Jewish Christian controversy from the earliest times to 1789 (Vol. 1: History), Tübingen ²2008.

M. Lange: Zwischen Theologie und Philologie. Zum Übersetzungsverständnis von Sebastian Münster und Martin Luther, in: *M. Lange, M. Rösel* (Hg.): »Was Dolmetschen für Kunst und Arbeit sei«. Die Lutherbibel und andere deutsche Bibelübersetzungen, Stuttgart/Leipzig 2014, 59–82.

J. Levi: Elia Levita und seine Leistungen als Grammatiker, Breslau 1888.

E. Levita: Dritte (historische) Einleitung zu Massoret ha-Massoret, in: *C. D. Ginsburg* (ed.): The Massoreth Ha-Massoreth of Elias Levita, being an exposition of the Massoretic notes on the Hebrew Bible, or the ancient critical apparatus of the Old Testament; in Hebrew, with an English translation, and critical and explanatory notes, London 1867 = New York 1968.

S. Münster: Sefer ha-Diqduq/Grammatica Hebraica Absolutissima, Basel 1525.

S. Münster: Amos [hebräischer Text und hebräischer Kommentar des David Kimchi], Basel 1531.

S. Münster: Hebraica Biblia, Basel 1534/35.

M. Peritz: Ein Brief Elijah Levitas an Sebastian Münster, MGWJ 2 (1894), 252–267.

U. Ragacs: »Mit Zaum und Zügel muss man ihr Ungestüm bändigen« Ps 32,9. Ein Beitrag zur christlichen Hebraistik und antijüdischen Polemik im Mittelalter, Frankfurt a. M./ New York 1997.

M. Reiser: Bibelkritik und Auslegung der Heiligen Schrift (WUNT 217), Tübingen 2007.

W. Schmidt-Biggemann: Geschichte der christlichen Kabbala: 1600–1850 (Clavis Pansophiae 10,3), Stuttgart/Bad Cannstatt 2013.

S. Schreiner: Was Luther vom Judentum wissen konnte, in: *H. Kremers* (Hg.), Die Juden und Martin Luther, Martin Luther und die Juden. Geschichte, Wirkungsgeschichte, Herausforderung, Neukirchen-Vluyn 1985, 58–71.

H. J. Vermeer: Das Übersetzen in Renaissance und Humanismus (15. und 16. Jahrhundert). Band 1: Westeuropa, Heidelberg 2000.

R. Wakefield: On the Three Languages, hg. von *G. L. Jones*, Binghamton 1989.

T. Willi: Hebraica Veritas in Basel. Christliche Hebraistik aus jüdischen Quellen, in: *A. Lemaire* (ed.): Congress Volume Basel 2001 (VT.S 92), Leiden/Boston 2002, 375–398.

G. von Wilpert: Die 101 wichtigsten Fragen: Goethe, München 2007.

Aus eins mach drei

Die Pessach-Haggada (Venedig, 1609) in Ladino, Italienisch und Jiddisch

Rafael Arnold

I. Einleitung

Die Notwendigkeit, Bücher religiösen Inhalts zu übersetzen, ergab sich wie von selbst aus der Exilsituation des jüdischen Volkes. Schon seit dem Babylonischen Exil zeigte sich eine Tendenz, die sich im ersten vor- und in den beiden ersten nachchristlichen Jahrhunderten als Auswirkung der politisch-militärischen Kalamitäten noch verstärkte, nämlich die, dass das Hebräische als Alltagssprache immer mehr zurückging.[1] Die Zerstreuung (hebr. *gerush*) in anderssprachige Länder hatte schnell dazu geführt, dass die Sprachkenntnisse des Hebräischen (bzw. Aramäischen) immer weniger wurden, und große Teile der jüdischen Gemeinschaft nur noch die jeweilige Landessprache beherrschten. Dementsprechend musste es den Familienvätern immer schwerer fallen, ihre Söhne in der Tora zu unterweisen, wie es das religiöse Gebot verlangte. Um diesem Missstand zu begegnen, begannen die jüdischen Gemeinden, einen Schulunterricht für Jungen zu organisieren, in dem »zunächst das Alphabet und das Syllabieren sowie einige (biblische und nachbiblische) Grundgebete beigebracht wurden«, wie Erika Timm schreibt.[2] Hauptbestandteil dieses Unterrichts wurde, insofern das Hebräische nicht mehr Muttersprache war, das sukzessive Übersetzen aus dem Hebräischen in die neue Muttersprache. Es konnte vorkommen, dass die Schüler im Laufe

---

1 Zum allmählichen Verschwinden des Hebräischen als Sprache des Alltags siehe *Kutscher*, History, 115–119 und *Strack/Stemberger*, Einleitung, 104–106. Heinrich Loewe bezeichnete das sogenannte »Judenaramäische« als erste besondere (nichthebräische) Judensprache (*Loewe*, Sprachen, 17).

2 *Timm*, Bibelübersetzungssprache, 9.

der ersten Jahre die ganze Tora durcharbeiteten. Daran schloss sich im Alter von etwa zehn Jahren noch das Studium der Mischna – und in historisch späterer Zeit auch das Studium der Gemara – an.

Es blieb nicht bei den *ad-hoc*-Übersetzungen im Schulunterricht. Allmählich verfestigten sich beispielhafte Übersetzungen und wurden wohl auch schon schriftlich festgehalten, zunächst vielleicht nur in Form vereinzelter Glossen. Heutzutage nimmt man an, dass die ins Aramäische übersetzten Texte der Bibel bereits ab dem 1. Jahrhundert aufgeschrieben wurden. Die hebräische Bezeichnung *targum* (»Übersetzung«) wurde dann im Verlauf der Zeit gleichbedeutend mit »Übersetzung ins Aramäische« und schließlich sogar eine Bezeichnung für die Übersetzungssprache selbst. Berühmt ist der Targum des Onkelos (Tg O), eine Übersetzung der Tora aus dem 2. Jahrhundert, daneben gab es aber noch eine ganze Reihe anderer Übersetzer (*meturgemanim*).[3] Der Brauch, nicht nur den hebräischen Originaltext zu lesen, sondern auch die dazugehörige Übersetzung, also den Targum, ist zur Vorschrift bei der Vorbereitung des synagogalen Wochenabschnitts geworden, wie man im Talmud lesen kann (Berachot 8a).[4]

Bevor im Folgenden auf die Pessach-Haggada aus Venedig und ihre Besonderheiten eingegangen wird, kann also festgehalten werden, dass es Anfang des 17. Jahrhunderts nicht an Übersetzungsvorbildern mangelte. Es stellte nichts Ungewöhnliches dar, wenn ein religiöser Text in Übersetzung erschien. Die Übersetzungen des Haggada-Textes in drei Sprachen, wie sie im Jahr 1609 in Venedig gedruckt wurden, lassen sich als jüdische Übersetzungen bezeichnen. Damit soll zum Ausdruck gebracht werden, dass nicht nur der Inhalt des Buches, der unlösbar mit dem jüdischen Pessachfest verknüpft ist, sondern auch die Übersetzer, wie man vermuten darf, und mit Sicherheit das Zielpublikum der gleichen Religion und Kultur angehörten. Und nicht zuletzt hat sich die Art und Weise des Übersetzens, die wie gezeigt auf eine alte Tradition zurückgeht und auf die weiter unten noch genau eingegangen wird, zu einer jüdischen Übersetzungsmethode entwickelt. Blondheim, der etwa 25 Bibeln, Übersetzungen, Glossare und Zusammenstellungen von Glossen untersucht hat, konnte zeigen, wie sehr sich die Übersetzungsmethoden

3 Vgl. *Stemberger*, Geschichte, 80–83.

4 Diese Praxis ist bekannt unter der Bezeichnung »shenayim mikra ve-echad targum« (»zweimal die Schrift und einmal den Targum«). Sie wird auch im Shulchan Arukh von Joseph Karo, einer der wichtigsten Zusammenfassungen religiöser Vorschriften aus dem 16. Jahrhundert, erwähnt (Orach Chayim 285).

bei den Juden verschiedener romanischer Länder ähnelten.[5] Dass mit dieser jüdisch-romanischen auch die jiddische Bibelübersetzungstradition zusammenhängt, hat bereits 1973 Max Weinreich gezeigt.[6] Zwar lassen sich die Übersetzungen grundsätzlich und richtig auch als interlinguale Übersetzungen bezeichnen, aber es scheint in diesem Zusammenhang wichtig zu sein, sich klarzumachen, dass bei der Haggada ein jüdischer Text »nach innen«, für die Juden, die in Venedig lebten, übersetzt wurde.

2. Die venezianische Haggada

Die im Jahr 1609 in Venedig gedruckte *Haggada* kann aufgrund ihrer künstlerischen und typographischen Qualität zu den schönsten hebräischen Druckerzeugnissen ihrer Zeit gezählt werden.[7] Sie zeichnet sich nicht nur durch ein innovatives Layout, das sich von den vorangegangenen Drucken unterscheidet, und die außerordentlich schönen Holzschnitt-Illustrationen aus, sondern auch dadurch, dass sie, wie bereits erwähnt, in drei verschiedenen Versionen gedruckt wurde. Jede dieser drei Versionen enthält den hebräischen (bzw. aramäischen) Text, der aber jeweils durch Übersetzungen in verschiedene Sprachen flankiert ist. Auf den Titelblättern ist angegeben, dass der Text in der heiligen Sprache *(lashon ha-qodesh)*, also dem Hebräischen, gedruckt sei, daran schließt sich aber die Angabe der jeweiligen Sprache, in die übersetzt wurde, an. Die erste Version enthält eine (juden-)italienische, die zweite eine jiddische und die dritte eine Übersetzung ins Judenspanische (Ladino).[8] An-

---

5 *Blondheim*, Les parlers.

6 *Weinreich*, Geshikhte, § 94 und 119.1–5 bzw. *ders.*, History, 6.7 und 7.23.1–5.

7 *Steinschneider* verzeichnet in seinem Catalogus Librorum Hebraeorum in Bibliotheca Bodleiana (Berlin 1852–60) nur eine Haggada »with Yiddish transl., Venezia 1609« (St. 2689); eine ausführliche Bibliographie verfasste *Wiener*, wo unter Nr. 26–28 die venezianischen Versionen aufgeführt sind; *Cowley*, Catalogue, 559; *Yaari*, Bibliography; und schließlich die Ausgabe von *Narkiss*, Seder Haggadah, die aber leider einen gravierenden Mangel hat: Als Kunstwissenschaftler legte Narkiss keinen Wert auf die Übersetzungssprachen und mischte Blätter aus verschiedenen Versionen (ital. und judenspan.) miteinander, ohne dies anzuzeigen.

8 Während es in Bezug auf das Jiddische keinen Zweifel gibt, dass es sich um eine Sprache handelt, ist die Frage, ob es das »Juden-Italienische« überhaupt gegeben habe, und wenn ja, wie es korrekt zu bezeichnen sei, eine *vexata quaestio* (vgl. *Fortis*, La parlata, 49–68). – Die Sprachbezeichnungen für das Judenspanische und ihre Alternativen, zu denen es in der Forschungsliteratur kontroverse Meinungen gibt, können hier nicht eingehend

zumerken ist, dass auch die Übersetzungen in hebräischer Schrift gedruckt wurden, was zu dem äußerst harmonischen Gesamtbild der Drucke beiträgt.

Die sprachliche Vielfalt verdankt sich der historischen Situation in Venedig, wo zu Beginn des 17. Jahrhunderts verschiedene sogenannte *Nationi* die jüdische Gemeinde oder *universitas hebraeorum*, wie sie in den behördlichen Schriftstücken genannt wurde, bildeten. Es lebten im dortigen Ghetto italienische Juden, die auch *Italkim* (oder *italqim*) genannt wurden, neben aschkenazischen Juden, die aus dem deutschen Sprachgebiet (*Aschkenaz*) zugewandert waren und Jiddisch sprachen, sowie schließlich spanischsprachigen sephardischen Juden (hebr. *sfaradim*), die zu der Gruppe der 1492 aus Spanien bzw. kurz darauf auch aus Portugal vertriebenen Juden gehörten. Diese drei Gruppen unterschieden sich aber nicht nur durch ihre Herkunft und Sprache, sondern auch hinsichtlich der religiösen Bräuche (hebr. *minhagim*) und bildeten jeweils eigene Synagogengemeinden, wovon die noch heute zu besichtigenden fünf Synagogen in Venedig Zeugnis geben.[9]

Bibliographische Untersuchungen haben ergeben, dass bereits im 16. Jahrhundert vermehrt Übersetzungen von jüdischen Büchern religiösen Inhalts gedruckt wurden. In der Geschichte der judenspanischen Literatur spielen gedruckte Gebetbücher eine besonders große Rolle, denn vermutlich gehen diese zeitlich den Bibelübersetzungen voraus. Bekannt ist, dass Gebetbücher spätestens 1552 in Ladino-Übersetzungen erschienen sind.[10] Aber nicht nur die sephardischen Juden übersetzten Bücher religiösen Inhaltes aus dem Hebräischen, etwa zeitgleich begann man auch, Gebetbücher ins Jiddische und Italienische zu übersetzen.[11]

---

diskutiert werden, es möge der Hinweis genügen, dass hier »Ladino« und »Judenspanisch« als sprachliche Varietäten der sephardischen Juden synonym verwendet werden, während besonders *Sephiha*, Le Ladino, die Bezeichnung »Ladino« ausschließlich für die in den Übersetzungen religiöser Texte auftauchende Sprachform (Calque) verwendet. Im engeren Sinne handelt es sich ihm zufolge bei »Ladino« um eine rein schriftsprachliche Varietät des Judenspanischen mit den untenstehend beschriebenen Besonderheiten.

9 *Cozzi*, Gli Ebrei, und *Arnold*, Laboratorio.

10 Siehe dazu *Arnold*, Gebetbuch. *Offenberg*, Libri sefarditi, 147, ist der Auffassung, dass es bereits im 15. Jahrhundert gedruckte Übersetzungen von Gebetbüchern gegeben hat und beruft sich auf eine Anklage, die 1485 gegen einen gewissen Juan de Lucena erhoben wurde. Ihm wurde von der Inquisition angelastet, »un cituri [sidur = Gebetbuch] de oraciones de judios en romance« gedruckt zu haben.

11 Das erste jüdische Gebetbuch in italienischer Sprache (in hebräischer Schrift), das unter dem Namen »Tefillot Latini« bekannt ist, wurde 1538 in Bologna gedruckt (s. *Amram*, The makers, 233). Dann folgten Drucke in Venedig 1547 und Mantua 1561. – Im Jahr

Die Unterschiedlichkeit der religiösen Riten wirkte sich naturgemäß, wenn auch in geringem Maße, auf die drei Ausgaben der *Haggada* aus, die sich beispielsweise in der Anordnung der traditionellen *Vier Fragen* (*ma nishtana?* – Was unterscheidet diese Nacht ...?) bezüglich des Umfangs und folglich auch der Seitenzahl unterscheiden.[12] Die Tatsache, dass derselbe Übersetzungstext in drei verschiedenen Übersetzungssprachen vorliegt, bietet eine einmalige Chance zum Vergleich, bei dem die jeweiligen Besonderheiten der Übersetzungsmethode herausgestellt werden können.[13]

3. Der Inhalt der Pessach-Haggada und die Konstituierung des Textes

Im Mittelpunkt des jährlichen Pessachfestes steht die Erinnerung an die Knechtschaft in Ägypten und an die Befreiung des jüdischen Volkes aus der Sklaverei durch Gottes Hilfe. Beides sind eminent wichtige Ereignisse der Geschichte des jüdischen Volks, über deren identitätsstiftende Wirkung keine Zweifel bestehen. Das hebräische Wort Haggada (»Erzählung«) bezeichnet zunächst das erinnernde Wiedererzählen dieser Ereignisse. Die Pessach-Haggada enthält außer dem Bericht vom Auszug aus Ägypten (Exodus) auch eine Beschreibung des festlichen Essens, des Sedermahles, das – gemäß Mischna Pes. 10 – aus diesem Anlass stattfindet, einschließlich des genauen Festablaufes. Das Mahl umfasst im Wesentlichen das Essen des Opfertieres

1544 erschienen die beiden ersten jiddischen Übersetzungen des Pentateuch. Im selben Jahr erschien auch das erste jiddische Gebetbuch im Druck (vgl. *Stemberger*, Geschichte, 146–148), anderer Auffassung ist *Eisenstein*, Prayer-Books, 172b, demzufolge das erste jiddische Gebetbuch erst 1562 in Mantua gedruckt wurde. Und schließlich erschien 1589 in Venedig zum ersten Mal die jiddische Übersetzung eines Buchs zu Ritus und Gebräuchen, das ein gewisser Simon Ginzburg unter dem Titel »Minhogim« angefertigt hatte. Nebenbei bemerkt erschienen im ersten Drittel des 16. Jahrhunderts auch christliche Übersetzungen der Bibel in Druck. Als Beispiel sei die Übersetzung von Francesco Brucioli angeführt, die 1532 in Venedig gedruckt wurde, zwei Jahre bevor Martin Luthers berühmte Übersetzung als Ganze vorlag.

[12] Die judenspanische Version zählt nur 22 Seiten, zwei weniger als die anderen, weil in ihr die Piyyutim (vgl. Anm. 16) fehlen, obwohl sie auf dem Titelblatt angekündigt werden.

[13] Für die judenspanische Version vgl. besonders *Schwarzwald*, La Haggada, und *Arnold*, Spracharkaden, worauf im Folgenden immer wieder zurückgegriffen wurde. – Die jiddische und die (juden-)italienische Version der venezianischen Haggada sind meines Wissens bislang noch nicht eingehend linguistisch analysiert worden.

Abb. 1

Abb.2

Abb. 3

Die italienische (Abb. 1), jiddische (Abb. 2) und (juden-)spanische (Abb. 3) Version.

(*pesach*), des ungesäuerten Brotes (*mazza*), der bitteren Kräuter (*maror*) und schließlich das Trinken von vier Gläsern Wein (*arba kosot*).

Der Text der Haggada wurde im Laufe der Zeit aus vielen Versatzstücken kompiliert und stellt somit keine literarische Komposition im eigentlichen Sinne dar. Seine Entstehungsgeschichte führte zu einer großen Uneinheitlichkeit des hebräischen Haggada-Textes, bei dem sich zwanzig Komponenten unterscheiden lassen.[14] Daneben sind manche Passagen in aramäischer Sprache abgefasst. Die Uneinheitlichkeit, die der Heterogenität der Quellen (Bibel, Mischna, Midraschim[15], Piyyutim[16]) geschuldet ist, geht an manchen Stellen soweit, dass zwischen den einzelnen Textkomponenten keine logische Kohärenz mehr erkennbar ist.

Da es sich bei der Pessach-Haggada um einen Text handelt, der im familiären Kontext gelesen wurde, konnte es auch dazu kommen, dass der Text bebildert wurde. Aus dem Mittelalter sind eine ganze Reihe von Haggada-Handschriften erhalten, welche künstlerisch gestaltete Illuminationen enthalten, die ausgewählte Stationen der Exodus-Geschichte darstellen, wie den Bau der Städte Ramses und Pitom, die Brüder Moses und Aaron vor dem Pharao oder den Durchzug durch das Schilfmeer.[17]

Die erste gedruckte Haggada, die aber noch keine Illustration enthielt, entstand um 1482 im spanischen Guadalajara. Die erste mit Holzschnitten illustrierte Ausgabe wurde 1515 in Konstantinopel gedruckt. Besondere Bedeutung aber sollte die Prager Ausgabe von 1526 erlangen, da sie großen Einfluss im aschkenazischen Raum zeitigte. Ihr Text wurde später auch zum Vorbild für einen in Mantua zuerst 1560 und dann 1568 verlegten Druck.[18]

Die 1609 in Venedig gedruckte Haggada stellt aufgrund ihrer künstlerischen Gestaltung und ihres neuartigen Bildprogramms eine Innovation im Rahmen illustrierter Haggadot (so die hebr. Pluralform) dar. Sie wirkte sowohl in Italien als auch in anderen europäischen Ländern über Jahrhunderte hinweg als Vorbild und wurde oft kopiert.

Der Text des Titelblatts wird von sechs Bildfeldern umrahmt, in denen die Herstellung des ungesäuerten Brotes dargestellt ist. Das Blatt trägt den Druckvermerk in hebräischer Schrift. Dieser umfasst den vollständigen Titel

---

14 *Goldschmidt*, Haggadah Passover.

15 Hebr. »Legenden, Märchen«.

16 Piyyutim ist die hebräische Bezeichnung für religiöse Poesie, speziell für diejenige, die für die synagogale Liturgie bestimmt ist.

17 *Metzger*, La Haggada.

18 Für bibliographische Angaben siehe Anm. 7.

(*seder hagada shel pesach*), den Namen des Druckers (Zoane di Gara), die Jahresangabe in hebräischer Zählung (die dem christlichen Jahr 1609 entspricht) und den Druckort (Venezia). Außerdem ist die obligate Druckerlaubnis durch die Behörden in lateinischen Buchstaben angegeben: »con licentia de' superiori«. Diese war nach der päpstlichen Zensur im Jahr 1554 für alle hebräischen Bücher notwendig geworden.[19] Bei Zoane di Gara handelt es sich um den christlichen Drucker Giovanni di Gara.[20] Die Zusammenarbeit mit christlichen Druckern war nach dem Druckverbot für Juden üblich geworden, wenn man nicht unter falschem (christlichen) Namen drucken wollte. Giovanni di Gara hatte mit Daniel Bomberg, dem wohl berühmtesten Drucker hebräischer Bücher, zusammengearbeitet und war nach dessen Tod in den Besitz seiner Drucktypen gekommen. Mit Stolz bezeichnete er sich selbst als dessen Erbe.[21] Der Herausgeber dieser Haggada, Israel Zifroni, hatte nicht nur in Venedig und Basel gearbeitet, wo er an der Talmudausgabe von 1581 beteiligt war, sondern auch in Mantua. Sein Sohn befand sich zu dem Zeitpunkt, als die venezianische Haggada gedruckt wurde, immer noch dort. Durch diese direkte Verbindung lässt sich der gestalterische Einfluss der Mantuaner Ausgaben auf die venezianische erklären.[22]

Hauptgestaltungsmerkmal der venezianischen Haggada ist das architektonische Element eines Portals mit dekoriertem Giebel und flankierenden Säulen. Auf fast allen Blättern dient es zur Einteilung der Seiten in Text- und Bildfelder.[23] Ausgenommen davon sind die Seiten mit den Abbildungen der verschiedenen Stationen im Verlauf des Sedermahls, den so genannten »Sederzeichen« und die Darstellung der Zehn Plagen – auf die später noch eingegangen wird.

Die Säulen dienen sowohl als dekorative Begrenzung des hebräischen Haupttextes im Mittelfeld als auch als eigenständige Kolumnen, in denen die Übersetzungstexte gedruckt stehen. Hierdurch wurde eine große Übersichtlichkeit erreicht, die es den Lesern leicht macht, gegebenenfalls vom hebräischen Text zur Übersetzung und zurück zu springen. Dazu dienen

---

19 Papst Julius III. hatte diese Zensur im Jahr 1554 befohlen.

20 *Habermann*, Ha-Madpisim; *Cioni*, Di Gara, und *Yoli Zorattini*, Giovanni di Gara.

21 *Habermann*, Ha-Madpisim, 10, und bereits *Steinschneider/Cassel*, Typographie, 43 (Anm. 30).

22 Vgl. dazu *Arnold/Graf*, Text-Bild-Bezug.

23 Eine Ausnahme bilden die Seiten mit den Abbildungen der verschiedenen Stationen im Verlauf des Sedermahls (Sederzeichen) und die Darstellung der Zehn Plagen (vgl. dazu ebd., 165).

auch Initialwörter und die in jüdischen Handschriften eher unüblichen Initialbuchstaben, die sowohl im Originaltext als in der Übersetzung vergrößert dargestellt sind und dadurch Orientierungspunkte bilden.

4. Die Übersetzungstexte der Haggada

An dieser Stelle soll ein Ausschnitt aus der judenspanischen Übersetzung in vereinfachter Transliteration folgen.[24] Die Namen von Personen und Orten wurden nicht übersetzt, sondern in ihrer hebräischen Form übernommen, was hier durch Kursivsetzung verdeutlicht wurde. Im Anschluss soll eine möglichst wortgetreue Übertragung des Textes ins Deutsche den Charakter der Übersetzung nachvollziehbar machen, bevor einige Charakteristika der judenspanischen Übersetzung im Einzelnen analysiert werden. Der Text in der rechten Kolumne (Abb. 3) lautet wie folgt:

> I tome a vuestro / padre *avraham* / de parte del rio / i lyeve ael por / toda la tyera de *kna'an* / i moğigue a su / semen i di ael a / *yizchaq* i di a *yizchaq* / a *y'acov* i a *e'sav* / i di a *e'sav* a / monte de *se'ir* por / eridar ael i / *y'aqcov* i sus fiğos / desendyeron a *agifto* [vgl. Jos 24,3–4] / *barukh*

Die Übersetzungsmethode, die in diesen Passagen Anwendung findet, wird als Calque-Übersetzung oder Calque-Methode bezeichnet, bei der das Original möglichst genau in der Zielsprache wiedergegeben wird. Das hängt mit der Wertschätzung für den Ausgangstext und dessen Heiligkeit zusammen. Sicher ist, dass auch den Übersetzungen besonderer Respekt von den Gläubigen entgegengebracht wurde, die dieser Sprachform womöglich eine gewisse sekundäre Heiligkeit beimaßen. Alvar spricht deshalb im Zusammenhang

---

24 Dasselbe gilt für alle Texte in hebräischem Alphabet, die hier transliteriert wurden. Dabei wurde auf die Verwendung von Sonderzeichen weitgehend verzichtet. Ausführlich zur Transliteration judenspanischer Texte, siehe *Foulché-Delbosc*, Transcription. Zu der hier abgedruckten Passage siehe auch *Arnold*, Spracharkaden, 129 f. In diesem Kontext wurde einzig das Sonderzeichen <ğ> für den post-alveolaren stimmhaften Frikativlaut [ʒ] und seine affrizierte Variante [dʒ] (dem in der Haggada der hebräische Buchstabe Gimel mit Raphe <גֿ> entspricht) verwendet, während der stimmlose post-alveolare Frikativlaut [ʃ] mit der im Englischen üblichen Schreibweise <sh> wiedergegeben wurde (dem in der Haggada der hebräische Buchstabe Shin (üblicherweise nicht punktiert) <ש> entspricht). – Die Verwendung des Buchstabens <k> für den Okklusiv [k], z. B. <kon> statt span. <con>, bei der Transliteration jüdisch-romanischer Texte stellt eine Konvention dar.

mit den judenspanischen Bibelübersetzungen sogar von einer »geheiligten Sprache« (»lengua sacralizada«).[25] – Bezüglich der Calque-Methode ist auch von Wort-für-Wort-Übersetzung die Rede oder von *verbum e verbo,* wobei gleich gezeigt werden kann, dass sich bei diesem Verfahren die Wörtlichkeit nicht nur auf die Bedeutung oder Semantik des zu übersetzenden Wortes bezieht, sondern auch auf sein Genus, Numerus oder im Falle von Derivationen auch auf die Morphologie und schließlich auch die Syntax geachtet wird, so dass die Satzbauregeln der Zielsprache zugunsten einer Imitation der originalen Syntax »verbogen« werden. Selbstverständlich kann die Calque-Methode in dieser kurzen Darstellung nicht im Detail dargestellt werden. Vielmehr sollen die ausgewählten Textpassagen exemplarisch einen Eindruck dieser Methode vermitteln.[26]
Die wörtliche Übersetzung des obenstehenden Textes ins Deutsche lautet:

> Da nahm ich Euren Vater *Abraham* von der Gegend des Stromes und brachte ihn ins ganze Land *Kanaan* und mehrte seinen Samen und gab ihm *Isaak* und *Isaak* gab ich *Jakob* und *Esau* und *Esau* gab ich das Gebirge *Seir* zum Besitz und *Jakob* und seine Söhne zogen hinab nach Ägypten. *Gepriesen sei* [...]

Die Beschreibung der linguistischen Besonderheiten soll in aller Kürze geschehen:[27]

Zunächst fällt auf, dass der Übersetzer das hebr. מעבר הנהר (*me'ever hanahar*), das an dieser Stelle eigentlich »von jenseits des Flusses« bedeutet durch »de parte del rio« (»von der Gegend des Flusses«) wiedergibt ohne darauf hinzuweisen, dass es sich um Gegend auf der anderen Seite des Flusses (hier ist wohl die Gegend östlich des Euphrat gemeint) handelt.

Das Verb *moğiguar* (im Text in der 1. Pers. der Vergangenheit) verdient hervorgehoben zu werden, weil es ein typisches Wort der Calque-Übersetzungen ist. Es kommt sonst in spanischen Texten nicht vor und dient hier dazu, das hebr. רבה (»zahlreich, groß sein, werden«) genau abzubilden, indem es analog zur Originalsprache eine deadjektivische Verbform darstellt.[28] Die Übersetzung sollte hier also wurzelidentisch sein.

---

25 *Alvar,* El ladino, 43.

26 Die Forschungsliteratur zu diesem Thema ist inzwischen immens. Immer noch bieten *Sephiha,* Le Ladino, und *Alvar,* El ladino, einen sehr nützlichen Einstieg.

27 Eine ausführliche Analyse dieser Textpassage in *Arnold,* Spracharkaden, 135–137.

28 Vgl. *Sephiha,* Le Ladino, 465, s. v. moğiguar, und *Alvar,* El ladino, 161, s. v. muchiguar.

Eine weitere Besonderheit stellt das Bewegungsverb »desendyeron« dar, das die vertikale Richtung des hebräischen *jardu* (»hinuntergehen, -ziehen«) genau übersetzt, wörtlich also: »sie zogen hinunter [nach Ägypten]«. Die Namensform »ağifto« für Ägypten (hebr. *mitsraim*) ist ebenfalls typisch für die judenspanischen Übersetzungen. Daneben taucht in der Haggada auch die eher der gesprochenen Sprache angehörige Form »ayifto« vor.[29]

Die möglichst wörtliche Übersetzung der linken Spalte[30] soll ohne den judenspanischen Text folgen. Um das Verständnis zu erleichtern, wurden allerdings in eckigen Klammern Ergänzungen beigegeben:

> Gepriesen [der] hält sein Versprechen gegenüber Israel gepriesen er [der] berechnet das Ende, um zu tun, was er Abraham, unserem Vater, gesagt hat zwischen den Teilen, so wie es der *pasuq*[31] sagt: und er sagte zu Abraham Wissen wissen sollst du, dass Fremdling wird sein dein Samen in [einem] Land, das nicht ihnen [gehört] und knechten werden sie sie und bedrücken sie vierhundert Jahre.

Deutlicher als im ersten Beispiel wird hier das Übersetzungsverfahren, bei dem die Wörtlichkeit zuweilen auf Kosten der Verständlichkeit geht.

Auch hier soll nur kurz auf linguistische Besonderheiten eingegangen werden:

Die Verwendung der (apokopierten) Partizipformen »guardan« und »kontan« gehört zu den markanten Charakteristika dieser Calque- oder Ladino-Texte.[32] Im neuzeitlichen Spanisch wird diese Verbform nicht mehr verwendet und galt schon im 17. Jahrhundert als archaisch.

Die Verbform »disho«, mit einem Palatallaut, blieb auch im gesprochenen Judenspanischen erhalten, während das Spanische zu Beginn des 17. Jahrhunderts diesen Laut durch einen Velarlaut ersetzte.

Die Unverständlichkeit gewisser Textstellen ist nur zum Teil der Tatsache geschuldet, dass hier das Calque-Prinzip angewendet wurde. So gibt die

---

29 *Nehama*, Dictionnaire, 16c, s. v. Aífto.

30 Die linke Spalte beginnt mit dem Wort bendiğo, das das hebräische barukh übersetzt, mit dem die rechte Spalte endet. Größerer Schriftgrad und Fettdruck erleichtern das Finden desjenigen Abschnitts, der mit dem hebräischen Text im Mittelfeld korrespondiert, welcher durch den quadratischen Initialbuchstaben ב (Bet) optisch besonders hervorgehoben wurde. Man beachte die kleinen Unterschiede der Textanordnung in den drei Übersetzungsversionen (s. Abb. 1–3).

31 Hebr. »Abschnitt, Vers« der hebräischen Bibel. Hier handelt es sich um die Stelle Gen 15,13.

32 Vgl. *Sephiha*, Le Ladino, 51–54.

zunächst unverständliche Übersetzung »entre los espartimyentos« (»zwischen den Teilen«) wörtlich das Hebräische (*ben ha-btarim*) wieder, das im Zusammenhang mit den Fleischstücken steht, die Abraham opfert und zwischen denen er hindurchschreitet (Jer 34,18), und gibt damit nur direkten Einblick in eine Originalstelle, die selbst nicht ohne weiteres verständlich ist, und gewährt somit »Diaphanie«.[33] Die Übersetzung glättet also nicht, indem sie etwa eine Erläuterung einfügen würde.[34] Das aber gehört zu den Grundprinzipien der judenspanischen Bibelübersetzungstraditionen, dass sie auch die »dunklen« Stellen des Originals respektiert und gerade durch diese mimetische Wiedergabe den Weg zur Interpretation nicht verstellt.[35]

Die scheinbare Redundanz »saber sabras« (»Wissen wissen sollst du«) ist die exakte Wiedergabe der für die semitischen Sprachen typischen Form der *figura etymologica* oder des *infinitivus constructus*.

Der folgende Satz stellt eine syntaktische Calque-Form dar: »ke pelegrino sera tu semen en tyera ke non a elyos« (wörtlich übertragen: »dass Fremdling wird sein dein Samen in Land, das nicht ihnen«), spiegelt also, man möchte sagen, ohne Rücksicht auf Verluste, den Satzbau des Originals – und auch das Besitzverhältnis, das im Hebräischen mittels der Präposition (*le*) ausgedrückt wird, im Spanischen aber nach einem verbalen Ausdruck verlangt.

Die Verbform »soğiguarlosan« mit der Bedeutung »jmd. unterjochen«[36] zeigt hier die Zwischenstellung des direkten Objektpronomens (-los-) im Futurum, was als Archaismus anzusehen ist, in den Ladino-Texten aber noch häufig angetroffen wird.

Schließlich sei noch das Verb »afreir« (»bedrücken, erniedrigen«)[37] erwähnt, das im Text in der Form »afreiran« verwendet wird und das ebenfalls zum Bestand des Ladino-Wortschatzes gehört.[38]

---

33 Siehe zu diesem Begriff und zu den übersetzungstheoretischen Implikationen *Arnold*, Spracharkaden, 110–115: 112f.

34 Darin unterscheidet sich die judenspanische Übersetzung beispielsweise von der italienischen Übersetzung (siehe weiter unten im Text).

35 Dazu ausführlich *Arnold*, Ladino.

36 Siehe *Sephiha*, Le Ladino, 540, s.v. soğiguar.

37 Siehe ebd., 248, s.v. afreir. Vgl. auch *Corominas*, Diccionario, 65b–66a, s.v. afligir: »una variante semipopular afreír se halla en las biblias judías de Ferrara y Constantinopla. Esta última trae también afreición ›aflicción‹.«

38 Auf dem ersten Textblatt der Haggada, wo vom »Brot der Bedrängnis« (*ha-lachma 'anya*) die Rede ist, steht in der judenspanischen Übersetzung »pan de la afreyson«. – Man beachte die Nominalphrase ohne das Verb »ser« (»este el pan de la afreyson«), wie sie typisch für das Hebräische ist.

In der italienischen Version, auf die hier nur kurz eingegangen wird, beginnt der Text in der rechten Kolumne (Abb. 2) mit den Worten: »E pigliai il padre vostro Avraham dal passo del fiume [...]« Anders als in der judenspanischen Übersetzung entschied sich der Übersetzer, *me'ever* folgendermaßen wiederzugeben: »dal passo del fiume« (also: »von der Furt«), wohl analog zu Jos 4, 22, wo die Rede davon ist, dass das Volk den Fluss überquerte (*'avar*) und zwar heißt es dort ausdrücklich, dass sie es »im Trockenen« oder »trockenen Fußes« (*ba-yabashah*) taten. – An dieser Stelle lässt sich ablesen, dass die Übersetzungstexte offenbar unabhängig voneinander entstanden sind.

Das hebr. רבה übersetzte er mit »moltiplicai«. Das ist korrekt, wenngleich weniger wörtlich. Zwar ist es semantisch ein Äquivalent (»vervielfältigen«), allerdings bildet das italienische Lexem in seiner Wortgebildetheit (eigentlich ein Kompositum) das Original nicht so genau ab wie das judenspanische Derivat »moğigue« (wörtlich: »ich vervielte«), das genau wie hebr. *rabah* von einem Adjektiv deriviert wurde.

In der italienischen Übersetzung wird diese Stelle, an der Abraham durch die Fleischstücke schreitet (Jer 34, 18), durch den Zusatz »patto« (»Pakt« oder »Versprechen«) intrasentenziell glossiert, was das Verständnis erleichtern dürfte, allerdings bleibt der »patto tra le parti« – also wörtlich »der Pakt zwischen den Teilen« in seiner Gesamtheit ohne genaues Bibelverständnis weiterhin opak.

Zuletzt sei hier noch die Übersetzung der *figura etymologica* (»Wissen wissen sollst du«) erwähnt. Diese findet sich ebenfalls in der italienischen Übersetzung, wobei hier nicht mittels Infinitiv, sondern mit einer Gerundiumform versucht wird, äquivalent zu übersetzen (»Sapendo saperai«). Zusammengefasst ließe sich die Übersetzungsmethode in der italienischen Version als weniger streng wörtlich bezeichnen, da sie sich auch Freiheiten, wie erläuternde Zusätze, erlaubt.

Das Calque-Verfahren kommt im Vergleich zu den beiden anderen Versionen (der italienischen und der jiddischen) in der judenspanischen Ausgabe am häufigsten vor. Aber auch in diesen wird es, wie bereits gezeigt, angewendet. Man vergleiche die Übersetzungen des hebräischen Syntagmas *le-shanah ha-ba'a* (»Im kommenden Jahr«):

In der judenspanischen Version steht: »ael anyo el vinyen«. Die Wiederholung des Artikels *el* entspricht dem hebräischen (*ha*) und gewährleistet, dass kein Wort des Originals verloren geht (quantitativer Aspekt). Die zu diesem Zeitpunkt in der spanischen Sprache nicht mehr gebräuchliche Verbform *vinyen* (apokopiertes Partizip < viniente) soll die Verlaufsform des Verbs, im qualitativen Sinn, wiedergeben. In der italienischen Version heißt es: »l' anno che viene (nella terra de Israel gente liberi)« und in der jiddischen: »das jor das da komt (sin mir wils got kinder freje)«. An diesem Beispiel sieht man aber zugleich, dass die Calque-Methode in beiden Fällen nicht so konsequent und ausgefeilt verwendet wird.[39]

Während die jiddische und die italienische Version in einer herkömmlichen Übersetzungstradition stehen, die schon im Targum Onkelos (2. Jahrhundert) begann, folgt die judenspanische Version ganz offensichtlich einer präziseren Calque-Tradition, die ab der zweiten Hälfte des 16. Jahrhunderts in den Ladino-Übersetzungen der Bibel und anderer Bücher religiösen bzw. liturgischen Inhalts zu erkennen ist, und welche die bis dahin gepflegten Übersetzungsmethoden radikalisierte.

Daran zeigt sich, dass die verschiedenen *Nationi*, die im venezianischen Ghetto wohnten, neben vielen anderen, auch in ihren Übersetzungsmethoden voneinander abwichen. Die Mitglieder der sephardischen Gemeinde werden mehrheitlich Kenntnis gehabt haben von der Ladino-Übersetzung der Bibel, die 1553 im oberitalienischen Ferrara nach der Calque-Methode übersetzt und gedruckt worden war und heute unter dem Namen »Ferrara-Bibel« bekannt ist. Seit deren Erscheinen war, als die Haggada gedruckt wurde, ja bereits über ein halbes Jahrhundert vergangen. Ganz zu schweigen von den übrigen Übersetzungen, die in der Zwischenzeit von liturgischen Büchern angefertigt und gedruckt worden waren. Man kann wohl annehmen, dass sich durch diese Übersetzungen ein bestimmter Standard herausgebildet hatte, dem neu angefertigte Übersetzungen zu genügen hatten. Noch hatte sich kein Widerstand gegen die Calque-Übersetzungen geregt; Anfang des 17. Jahrhunderts dürften sie noch unangefochtenes Ansehen genossen haben. Erst manche der späteren Neuausgaben dieser Ladino-Übersetzungen tragen im Vorwort den Hinweis, dass der Text modernisiert worden sei, weil man ihn für unverständlich gehalten habe.[40]

---

39 So wird beispielsweise die Partizipform in italienischen Übersetzungen nicht verwendet: »[...] en judéo-italien calque où on n'utilise ni le participe présent plein ni le participe présent apocopé. [...] en judéo-italien calque kuesto ano qua, lano ke viene nela tera de Israel« (*Sephiha*, Le Ladino, 52).

40 Vgl. dazu *Arnold*, Spracharkaden, 110–115.

5. Dreierlei Sprachstile

Das bisher Gesagte gilt nicht für alle Texte, die in der Haggada abgedruckt sind. Die Calque-Methode, die in allen drei Versionen – wenn auch in unterschiedlichem Grade – erkennbar war, zeigt sich dort nicht, wo es sich beim Original nicht um biblische Texte handelt, sondern um solche Texte, deren Übersetzung offensichtlich mehr Spielraum ließ. Insgesamt lassen sich drei verschiedene Sprachstile unterscheiden, die sich hinsichtlich der Lexik und Syntax unterscheiden lassen und zugleich drei Textsorten zuzuordnen sind:

1. Übersetzungen des hebräischen bzw. aramäischen Texts.
2. Anweisungen zum Ablauf des Sederabends. Neben kurzen Anleitungen, was an der jeweiligen Stelle zu tun sei, sind es vor allem die Texte zu den sogenannten Sederzeichen und zu der Darstellung der Zehn Plagen, die große Freiheit boten.
3. Bildlegenden zu den Holzschnitten.

Die Übersetzungen (1) lehnen sich sehr eng an das Original an und lassen sich nach den Kategorien, die typisch für das Calque-Verfahren sind, beschreiben. Anders verhält es sich mit den Anweisungen zum Ablauf des Sederabends und vor allem der Zehn Plagen (2), denen kein exakter hebräischer Text zugrunde gelegt wurde. Häufig stehen sie in gereimter Form. Und schließlich zeigt sich ein »freier« Stil in den Bildlegenden (3), die die Holzschnitte erläutern: Ihr Sprachstil ist weder an eine zu übersetzende Vorlage gebunden noch einem Reimzwang unterworfen (außer in der der italienischen Version).

(1) Die Calque-Übersetzung
Beispiele für diese *Calque*-Übersetzungen wurden bereits dargestellt. Sie repräsentieren eine Sprachform, die im Falle der judenspanischen Übersetzungen auch als *Ladino* oder *judéo-espagnole calque* bezeichnet wird.[41]

(2) Anweisungen zu den Sederzeichen und Erläuterung der *Zehn Plagen*
Die Anweisungen in nichthebräischer Sprache übersetzen nicht, sondern paraphrasieren die hebräischen Anweisungen zu den jeweiligen Handlungen, die in kleinen Bildszenen dargestellt sind. Jeweils fünf solcher Szenen sind untereinander in zwei Registern angeordnet. Dabei unterscheiden sich die

---

[41] *Sephiha*, Le Ladino, und *ders.*, »Christianismes«, 73–88.

drei Versionen der Haggada noch einmal: Die Vorschriften der judenspanischen Version sind in ihrem Ton sehr nüchtern. So heißt es beispielsweise neben dem Bild, das einen Weinkelch für den Segen zeigt:

> hinchira el bazo de vino i dira *kiduš* [*Segensspruch*].
> [*Fülle den Weinbecher und sage den Segen*]

oder an der Stelle, wo die Hände gewaschen werden sollen:

> labara[42] las manos i no dira *'al netilat yadayim.*[43]
> [*Wasche die Hände und sage nicht den (sonst üblichen) Segensspruch zum Händewaschen*]

Die Zehn Plagen in der italienischen Version der Pessach-Haggada (Venedig 1609)

---

42 Die Graphie der Labiallaute schwankt im Text <laba-> ~ <lava-> an anderer Stelle.

43 Gebet, das gewöhnlich beim Händewaschen gesprochen wird.

In der italienischen und in der jiddischen Version sind die Vorschriften dagegen meist gereimt:

Empi il bikiero[!]
ben pieno di vino
e di *qidush* [*Segensspruch*] laude
al signor divino

bzw. jiddisch:

vor allen sachen
sollstu
qidush machen.

Diese Reime richten sich, wie überhaupt auch die Illustrationen, besonders an die Kinder, die eine besondere Rolle am Pessachfest spielen. Ihnen gilt die besondere Aufmerksamkeit des Familienvaters, dem nach Ex 13,8 geboten ist, ihnen von der ägyptischen Fron und der wundersamen Befreiung zu erzählen. Die versifizierten Sätze haben also mnemotechnische Funktion und sollen sich als Merksätze den Kindern einprägen.

Die *Zehn Plagen* (hebr. *makot*), mit denen die Ägypter bestraft wurden, sind in zwei Reihen zu je fünf Bildern übereinander dargestellt (s. Abb. 4). Die Anordnung der Plagen weicht von dem Schema, das bei den Sederzeichen angewendet wurde, ab. Die Plagen sind zwar ebenfalls in zwei Registern mit jeweils fünf Bildszenen übereinander angeordnet, aber sie sind paarweise nebeneinander gesetzt. Oben rechts steht die erste, links daneben die zweite Plage. Darunter wieder rechts die dritte und links daneben die vierte Plage. Diese Anordnung entspricht der Leserichtung des Hebräischen und macht noch einmal deutlich, dass die Holzschnitte speziell für dieses (jüdische) Buch angefertigt worden sind. Von den Fröschen (hebr. *tzfardeah*) heißt es im judenspanischen Text:

las ranas ke en ayifto ub'yeron
sobre las personas sub'yeron.
[*Die Frösche, die es in Ägypten gab, krochen auf die Menschen.*]

Anders als im Übersetzungstext, wo Ägypten mit dem hebräischen *mizraim* bezeichnet wurde, wird hier die in der gesprochenen Sprache übliche Bezeichnung *ayifto* verwendet.[44] Von dem Ungeziefer (hebr. *arov*) heißt es:

> Manyas[45] malas i serpentes en mestura
> ke en ayifto fue kontra natura.
> [*Böse Tiere und Lindwürmer durcheinander,*
> *was in Ägypten gegen die Natur war.*][46]

Der Reim fordert hier Abweichungen von der üblichen Satzstellung. Die Verse passen im Übrigen nicht zu dem im Holzschnitt Dargestellten. Außer diesen beiden Beispielen gibt es auf demselben Blatt in der judenspanischen Version noch zwei weitere gereimte Merksätze. In der italienischen und in der jiddischen Version sind alle zehn Plagen mit solchen Reimen versehen.

Der Text, den die italienische Version zur Froschplage bietet, geht über den (Bild-)Inhalt hinaus:

> ranokie
> per la gran kuantita di rane
> non si dorme ne impasta
> ne coce il pane.
> [*Frösche: Wegen der großen Menge Frösche kann man nicht schlafen,*
> *noch Teig herstellen oder Brot backen.*]

Zu der vierten Plage, dem Ungeziefer, liest man:

> mescuglio
> lupi orsi tigri leoni
> erano in mizraim in tutti i cantoni.
> [*Durcheinander: Wölfe, Bären, Tiger, Löwen waren in Ägypten in jeder Ecke.*]

Wobei die aufgezählten Tiere wenigstens zum Teil im Holzschnitt auftauchen. Die Entfernung zum hebräischen Text, der von der Plage erzählt, ist

---

44 Vgl. auch oben »ağifto« und Anm. 29.

45 Hier ist alimanyas (< animalias »[wilde] Tiere«) gemeint. (vgl. *Nehama*, Dictionnaire, 27a, s. v. alimáña). Das hebräische Wort arov bezeichnet wahrscheinlich »Hundsfliegen« oder sonst »Geschmeiß«.

46 Alternativ könnte man auch übersetzen: »weil es in Ägypten gegen die Natur (zu)ging«.

dennoch groß. Als Letztes sei noch der Text zur achten Plage, den Heuschrecken (hebr. *arbeh*), zitiert:

> grillo
> una gran kuantità
> di cavallette
> che divorava la verdura
> de li alberi e le erbetti.
> [*Grille: eine große Menge Heuschrecken, die fraß das Grün der Bäume und die Kräuter.*]

Die jiddische Version schlägt einen burlesken Ton an, besonders in Bezug auf die Frösche sieht der Dichter mehr, als aus den Holzschnitten ersichtlich wird:

> di froisch sijn se
> oiber al gekrochn
> bis in di derm fun menschn
> haben si geschtochn.

(3) Bildlegenden:
Viele der Holzschnitte werden durch einen kleinen Textzusatz erläutert. In der judenspanischen Version beginnt die Bildlegende manchmal ausdrücklich mit dem Wort »denota« (»das bedeutet, meint«). Andere nennen ausschließlich den Namen des Dargestellten (z.B. Moses oder Aaron). Es gibt jedoch auch ausführlichere Bildlegenden. So steht beispielsweise unter einem Holzschnitt, auf dem eine Gruppe von Männern zu sehen ist:

> lo ke akontesyo a ribi ‘el’azar i sus kompanyero[*s*]
> [*Was Rabbi Eliezar und seinen Begleitern geschah*]

Über einem anderen Bild, das ein Zelt mit mehreren davorstehenden Personen zeigt (s. Abb. 1–3), steht gedruckt:

> la tyenda de *qetura* i sus fiğos
> [*Das Zelt von Ketura und ihren Söhnen (vgl. Gen 25, 1–4)*]

Der Sprachstil dieser Sätze lässt sich wohl mit der Umgangssprache der sephardischen Juden gleichsetzen. Die italienische Version zeigt in der Graphie ebenfalls Hinweise auf sprechsprachliche Varianten (z.B. »il bikiero«

anstelle von »bicchiere«) und sogar auf venezianischen Dialekt.[47] In der folgenden Bildlegende ist der Stil wiederum recht knapp:

> Los ermanos de *yosef* kwando disheron a par'o [*Pharao*] por pelegrinar en la tyera venimos.
> [*Josefs Brüder, als sie zum Pharao sagten: um zu siedeln in diesem Land kamen wir.*]

Allerdings ist hier zu beachten, dass der zweite Teil des Satzes wiederum ein biblisches Zitat (Gen 47,4) enthält, das mit dem Verb »disheron« angekündigt wird. Die Wortstellung folgt exakt derjenigen des Originals (*lagur ba'arets banu*), d.h. die zweite Satzhälfte ist gemäß den Prinzipien des Calque-Verfahrens übersetzt worden. Es stellt sich in diesem Zusammenhang die Frage, ob das altspanische Verb *pelegrinar* überhaupt die Bedeutung »siedeln, wohnen« hatte[48] oder ob es als Äquivalent des hebr. *lagur*, mit dem es eine lautliche Ähnlichkeit (Paronomasie) verbindet, eine semantische Erweiterung erfahren hat, die aber nur mit Kenntnis des Originals zu erschließen ist. Für diese Art von interlingualer Paronomasie gibt es einige Beispiele speziell in den judenspanischen Übersetzungen. Hier wurde versucht, ein Übersetzungswort zu finden, das auch lautlich demjenigen im Ausgangstext nahesteht. Der Bezug ist in der Regel ein pseudo-etymologischer.[49]

Dieses Beispiel zeigt, dass die analysierten drei Sprachstile nicht nur einzeln, sondern auch in Kombination verwendet werden. Sie kommen nicht zwangsläufig und durchgängig in allen Textsorten vor, häufen sich aber jeweils in den drei benannten. Es erscheinen eben durchaus auch Reime in den Bildlegenden, wie beispielsweise die Erläuterung zu einem Holzschnitt, auf dem die geplagten jüdischen Sklaven dargestellt sind, beweist:

> los misriyim [›*Ägypter*‹] las vidas de los ǧudyos amargaron
> ke kon baro i kon adobes bien los kargaron.
> [*Die Ägypter erschwerten den Juden das Leben, indem sie sie mit Balken und Ziegeln beluden.*]

---

47 Auf die venezianische Schreibweise des Druckers Giovanni (Zuane) di Gara wiesen schon *Steinschneider/Cassel*, Typographie, 43b, hin.

48 Vgl. *Alonso*, Enciclopedia, 322a, s.v. peregrina: »1. s. XV–XX, ›Andar uno por tierras extrañas‹; 2. s. XVI–XX, ›Ir en romería a un santuario por devoción o por voto‹.«

49 Auch *Blondheim* erwähnt dieses Phänomen mehrfach (Les parlers, CVII–CXII und 145–149).

Die ungewöhnliche Satzstellung lässt sich als durch den Reim bedingt erklären. Die Pluralform »vidas« (»Leben«), die im Spanischen nicht üblich ist, erweist sich als eine Calque-Übersetzung des hebräischen Plurale tantum *chayyim*, womit hier gewissermaßen alle drei »Stile« miteinander verbunden vorkommen.

6. Zusammenfassung

Wie bereits festgestellt, lassen sich in den drei Versionen der Haggada unterschiedliche Grade der Nähe zum Originaltext feststellen. Das Spektrum reicht von »extremer« Treue zum Original, wie sie das Calque-Verfahren anstrebt, über Paraphrasierungen bei den Sederzeichen und den *Zehn Plagen*, die darüber hinaus zum Teil zu mnemotechnischen Zwecken versifiziert wurden, bis hin zu freien Sätzen in den Bildlegenden, die gar keiner hebräischen Vorlage folgen und Phänomene aufweisen, die in Richtung der gesprochenen Sprache weisen.

Dabei sind Unterschiede in Art und Häufigkeit der Anwendung des Calque-Verfahrens zwischen den drei Haggada-Versionen festzustellen, wobei die judenspanische davon am stärksten geprägt ist.[50] Dass es von der Haggada-Ausgabe von 1609 drei verschiedene Versionen gibt, bietet die seltene Möglichkeit, die Unterschiede der Übersetzungstraditionen und des »Literaturgeschmacks« der verschiedenen *Nationi* im damaligen Venedig zu untersuchen. Die hohe Übereinstimmung der drei Versionen verdankt sich vor allem dem ökonomischen Vorteil, dass die Druckstöcke (Originaltext, Bildszenen, Rahmenwerk und Dekor) wiederverwendet werden konnten, und nur die Textfelder mit den jeweiligen Übersetzungen auszutauschen brauchte. Allerdings durfte man dabei nur die Bildlegenden nicht vergessen. Aber gerade dies passierte, als man das Frontispiz der italienischen für die judenspanische Version übernahm, jedoch nur die nicht-hebräischen Teile des Haupttextfeldes austauschte, die Bildlegenden hingegen in italienischer Sprache stehen ließ. Außerdem kündigt der hebräische Text *Piyyutim* an, die aber in der judenspanischen Version nicht enthalten sind. Dieser kleine

50 Eine ausführliche Geschichte der breitgefächerten Übersetzungen, die von sephardischen Juden und Marranen in Italien angefertigt wurden und die sich vor allem auf Venedig, Ferrara und Livorno konzentrierten, stellt immer noch ein Desiderat dar, wie Laura Minervini schon vor zwei Jahrzehnten in ihrem Überblicksaufsatz zu Recht bemerkt hatte (*Minervini*, L'attività, 229).

Irrtum erlaubt uns, die Reihenfolge des Erscheinens zu rekonstruieren. Obwohl alle drei Ausgaben die Jahreszahl 1609 tragen, kann man aufgrund der oben angestellten Beobachtung behaupten, dass zunächst die italienische und anschließend die judenspanische Version aus der Druckpresse erstanden sind.[51]

Vergleicht man die italienische und die judenspanische Version mit der jiddischen unter ästhetischen Gesichtspunkten, fallen Qualitätsunterschiede hinsichtlich des verwendeten Materials (Druckstöcke, -typen, Papier) auf. Auch hier dürften wieder hauptsächlich ökonomische Gesichtspunkte eine Rolle gespielt haben. Leider muss man feststellen, dass auch die übrigen jiddischen Drucke, seien es nun die aus Venedig oder aus anderen Druckorten Oberitaliens, hinsichtlich ihrer materiellen und künstlerischen Beschaffenheit in der Regel nicht mit den anderen jüdischen und hebräischen Drucken konkurrieren können.

Im Jahr 1629, also zwanzig Jahre nach dem Erscheinen dieser einmaligen dreifältigen Ausgabe, wurde in Venedig eine weitere *Haggada*-Ausgabe mit spanischer Übersetzung verlegt, diesmal jedoch wurde der spanische Text in lateinischen Buchstaben gedruckt. Offensichtlich richtete sich diese Ausgabe an ein Publikum, das nicht mehr oder nur mit großer Mühe – und also wohl nicht gerne – Hebräisch las. Eine Analyse dieses Textes steht noch aus. Es wäre lohnend zu vergleichen, ob diese Ausgabe eine Neuübersetzung darstellt, oder ob es sich nur um eine Transliteration handelt. In diesem Falle wäre zu untersuchen, nach welchen Kriterien transliteriert wurde.

In Bezug auf die Holzschnitte und die Anordnung der Sederzeichen und *Zehn Plagen* blieb aber die *Haggada* von 1609 über Jahrhunderte hinweg vorbildhaft. Sie wurde »das Vorbild aller Drucke aus Venedig, Livorno und Pisa, deren Stiche zwar neu angefertigt wurden, niemals aber auf die künstlerische Höhe des Originals gelangten.«[52] Die Tatsache, dass hier der Text buchstäblich ins Bild gesetzt wurde, stellt einen weiteren Übersetzungsvorgang dar, der in diesem Aufsatz nur hier und da gestreift werden konnte. Für den beschriebenen Einfluss auf spätere Haggada-Ausgaben dürfte nicht zuletzt ihre große Verbreitung ausschlaggebend gewesen sein. Obwohl genaue Angaben zur Auflagenhöhe nicht nachgewiesen sind, kann ein Vergleich mit anderen

---

[51] Eine größere Schwierigkeit besteht darin, zu entscheiden, wann die jiddische Version gedruckt wurde, ob sie zwischen oder nach den beiden anderen erschienen ist (vgl. dazu *Schwarzwald*, La Haggada). Der abgenutzte Eindruck, den die Druckplatten hier geben, spricht allerdings dafür, dass die jiddische Version als letzte gedruckt worden ist.

[52] *Roth*, Kunst, 231.

hebräischen Büchern, die in jener Zeit in Venedig gedruckt wurden, eine ungefähre Vorstellung geben. Die Auflagenzahlen anderer bei Di Gara verlegter hebräischer Bücher bewegten sich um die 2.000 Exemplare. Ein Gebetbuch gemäß sephardischem Ritus erfuhr sogar eine Auflage von 3.000 Exemplaren.[53] Darüber hinaus kann angenommen werden, dass ein derart populäres Buch, das zudem für den Hausgebrauch gedacht war, eine überdurchschnittlich hohe Auflage gehabt haben wird.

Der Erfolg dieser Haggada zeigt zugleich, welche Bedeutung die Übersetzung auch sakraler oder semi-sakraler Texte für die jüdische Gemeinschaft längst hatte. Wie die erwähnten zweisprachigen Gebetbücher, so unterstreicht auch die venezianische Pessach-Haggada mit ihren Übersetzungen, dass diese Praxis sich längst etabliert hatte. Die Tatsache aber, dass in der Ausgabe von 1609 die Paralleltexte nicht nur gut lesbar nebeneinander abgedruckt sind, sondern dass den Übersetzungstexten jeweils ein ebenfalls prominenter Platz eingeräumt wurde, verleiht diesen drei Parallel-Ausgaben einen besonderen Stellenwert auch innerhalb der Übersetzungsgeschichte religiöser Texte im Judentum.

Literatur

M. Alonso: Enciclopedia del Idioma, Madrid ²1982.

M. Alvar: El ladino, judeo-español calco, Madrid 2000.

D. W. Amram: The makers of Hebrew books, Philadelphia 1909.

R. Arnold, E. Graf: Text-Bild-Bezug in der venezianischen Haggada von 1609, in: *M. Graetz* (Hg.): Judentum zwischen Tradition und Moderne, Heidelberg 2002, 161–178.

R. Arnold: Spracharkaden. Die Sprache des sephardischen Juden in Italien im 16. und 17. Jahrhundert in Italien, Heidelberg 2006.

R. Arnold: Laboratorio culturale. Il Ghetto veneziano e le sue tre Nazioni, in: *S. Winter* (a cura di): Veneziano l'altro l'altrove, Venezia 2006, 99–126.

R. Arnold: Ein judenspanisches Gebetbuch aus Venedig: Orden de oraciones [1552?], in: Judenspanisch X – Neue Romania 35 (2006), 59–82.

R. Arnold: Ladino, Goethe, Benjamin – Überlegungen zu Wörtlichkeit und kulturellem Übersetzen, in: transversal 10/2 (2009), 25–39.

D. S. Blondheim: Les parlers judéo-romans et la Vetus latina, Paris 1925.

A. Cioni: Di Gara, Giovanni, in: Dizionario biografico degli Italiani, vol. 13, Roma 1971, 677–679.

J. Corominas (con la colaboración de *J. A. Pascual*): Diccionario crítico etimológico castellano e hispánico, Vols. I–V, Madrid 1981–90.

[53] Siehe *Yoli Zorattini*, Giovanni di Gara, Anm. 22.

A. E. Cowley: A Concise Catalogue of the Hebrew Printed Books in the Bodleian Library, Oxford 1929.
G. Cozzi (ed.): Gli Ebrei e Venezia, secoli XIV–XVII (Atti del convegno internazionale della Fondazione Cini), Milano 1987.
D. Eisenstein: Art. Prayer-Books, JE 10, New York 1972, 172b.
U. Fortis: La parlata degli ebrei di Venezia e le parlate giudeo-italiane, Firenze 2006.
R. Foulché-Delbosc: La Transcription hispano hébraïque, In: Revue Hispanique I (1894), 22–33.
E. D. Goldschmidt: Art. Haggadah Passover, EJ 7, Jerusalem 1971, 1079–1095.
A. M. Habermann: Ha-Madpisim Zuan di Gara. Ureschimat sifrei beit defuso, 1564–1610 [hebr.; Giovanni di Gara. Drucker, Venedig 1564–1610. Liste der in seiner Presse gedruckten Bücher], ed. by Yizhak Ludlov, Yerushalaijm 1982.
E. Y. Kutscher: A History of the Hebrew Language, ed. by Raphael Kutscher, Leiden 1982.
H. Loewe: Die Sprachen der Juden, Köln 1911.
M. Metzger: La Haggada enluminee. Étude iconographique et stylistique des manuscrits enluminés et décorés de la Haggada du 13. au 16. siècle, Leiden 1973.
L. Minervini: L'attività di traduzione degli ebrei spagnoli in Italia nel XVI e XVII sec., in: Scrittura e riscrittura. Traduzioni, refundiciones, parodie, plagi, Roma 1995, 229–239.
B. Narkiss: Seder Haggadah shel pesach [Reprint], Yerushalayim 1974.
J. Nehama: Dictionnaire du judéo-espagnol, Madrid 1977.
A. K. Offenberg: Libri sefar-diti in spagnolo e in portoghese pubblicati nei Paesi Bassi settentrionali anteriormente a Menasseh Ben Israel (1584–1627), in: Rassegna Mensile di Israel LVIII (1992), 147–162.
C. Roth: Die Kunst der Juden, Frankfurt am Main 1963.
O. Schwarzwald: La Haggada de Venise en ladino de 1609, Yod 33–34 (1991), 51–69.
H. V. Sephiha: Le Ladino, Judéo-Espagnol Calque, Deutéronome, Versions de Constantinople (1547) et de Ferrare (1553), Edition, étude linguistique et lexique, Paris 1973.
H. V. Sephiha: »Christianismes« en judéo-espagnole (calque et vernaculaire), IJSL 30 (1981), 73–88.
M. Steinschneider, D. Cassel: Jüdische Typographie und jüdischer Buchhandel, AEWK 28, Leipzig 1851, 21b–94a.
M. Steinschneider: Catalogus Librorum Hebraeorum in Bibliotheca Bodleiana, Berlin 1852–1860.
G. Stemberger: Geschichte der jüdischen Literatur, München 1977.
H. L. Strack, G. Stemberger: Einleitung in Talmud und Midrasch, München ^{7}1982.
E. Timm: Der soziale und institutionelle Hintergrund der Bibelübersetzungssprache, in *dies.*: Historische jiddische Semantik. Die Bibelübersetzungssprache als Faktor der Auseinanderentwicklung des jiddischen und des deutschen Wortschatzes, Tübingen 2005, 9–15.
M. Weinreich: Geshikhte fun der yidisher shprakh: bagrifn, faktn, metodn, New York 1973.
M. Weinreich: History of the Yiddish language, Chicago 1980.
S. Wiener: Bibliographie der Oster-Haggadah (1500–1900), St. Petersburg 1902.

A. Yaari: Bibliography of the Passover Haggada from the Earliest Printed Editions to 1960, Jerusalem 1960.
P. C. Yoli Zorattini: Giovanni di Gara, in: Dizionario biografico degli Italiani (Vol. 56), 2001 (http://www.treccani.it/enciclopedia/giovanni-di-gara_%28Dizionario-Biografico%29/).

Bildnachweis:

Privatbesitz. Courtesy by Shmuel D. Finkelshteyn (New York).

Die »Nachreife auch der festgelegten Worte«

Konzepte des Religiösen in Walter Benjamins »Die Aufgabe des Übersetzers«

Albrecht Buschmann

Walter Benjamins Essay »Die Aufgabe des Übersetzers« beginnt mit einem Affront gegen all diejenigen Leser, die sich auf hermeneutischem Weg Erkenntnis aus der nachfolgenden Lektüre versprechen. Sein erster Satz lautet: »Nirgends erweist sich einem Kunstwerk oder einer Kunstform gegenüber die Rücksicht auf den Aufnehmenden für deren Erkenntnis fruchtbar. [...] Denn kein Gedicht gilt dem Leser, kein Bild dem Beschauer, keine Symphonie der Hörerschaft.«[1]

Und kein Essay gilt seinem Leser, könnte man dieser Aufzählung hinzufügen. Schon Theodor W. Adorno hat auf das »unkommunikative Element« in Benjamins frühen Schriften hingewiesen, das keine Rücksicht kenne und »in der höchst bedeutenden Arbeit ›Die Aufgabe des Übersetzens‹ den verbindlichsten Niederschlag gefunden hat«.[2] Entsprechend schillern die gut ein Dutzend Seiten zwischen esoterisch anmutenden Sätzen, apodiktischen Setzungen und scheinbar unerfüllbaren Forderungen.[3] Dennoch – oder gerade

---

1 *Benjamin*, Übersetzer. Benjamin spitzt hiermit gleich zu Beginn die romantische Vorstellung von der Autonomie des Kunstwerks zu; vgl. hierzu *Menninghaus*, Benjamin, 10–20.

2 *Adorno*, Noten, 578, zit. nach *Primavesi*, Kommentar, 117.

3 Esoterisch anmutend für einen Leser, der noch nicht eingeweiht ist in Benjamins Poesie, muss der folgende Satz klingen, in dem es über Hölderlins Sophokles-Übertragungen heißt: »In ihnen ist die Harmonie der Sprachen so tief, daß der Sinn nur noch wie eine Äolsharfe vom Winde von der Sprache berührt wird.« (*Benjamin*, Übersetzer, 20); apodiktisch sind seine Aussagen in dem Sinn, dass sie unterstellen, allein schon die Berücksichtigung der Mitteilung beim Übersetzen würde die Wahrung der Form kategorisch ausschließen, wie z. B. in diesem Satz: »Dennoch konnte diejenige Übersetzung,

deshalb – ist der Aufsatz der vermutlich meistzitierte moderne Text zum Übersetzen. Denn gerade weil Benjamins Essay nicht didaktisch aufbereitet und nicht pragmatisch argumentiert, gerade weil er sich dem auf den ersten Blick eingängigen Verständnis zu entziehen sucht, dürfte er sich, neben dem Aufsatz über »Das Kunstwerk im Zeitalter seiner technischen Reproduzierbarkeit«, zur zentralen Referenz für geisteswissenschaftliche Theoriediskussionen entwickelt haben, nicht nur in der Übersetzungswissenschaft,[4] sondern auch für die Kulturwissenschaften überhaupt, in denen der Begriff der Übersetzung seit den 1990er Jahren ein Leitbegriff geworden ist.[5] Dafür gibt es mindestens zwei Gründe: Erstens formuliert Benjamin eine seiner zentralen Aussagen – das Ziel des Übersetzens sei nicht, einen Text verständlich zu machen – in einer schwer verständlichen sprachlichen Form; er schreibt gewissermaßen einen Meta-Essay, der seine These in seiner sprachlichen Gestalt umsetzt. Zweitens eröffnete seine offene, brüchige, sperrige und dann abrupt wieder poetisch oder magisch klingende Sprache neue Ausdrucksformen für die Wissenschaftssprache der Postmoderne.[6]

---

welche vermitteln will, nichts vermitteln als die Mitteilung – also Unwesentliches.« (*Benjamin*, Übersetzer, 9); und weil sich im praktischen Übersetzen Sinneinheiten erst auf syntaktischer Ebene ergeben, ist das Plädoyer für den alleinigen Fokus auf das Wort für das interlinguale Übersetzen eine unerfüllbare Forderung: »Das vermag vor allem Wörtlichkeit in der Übertragung der Syntax, und gerade sie erweist das Wort, nicht den Satz als das Urelement des Übersetzers.« (*Benjamin*, Übersetzer, 19). Doch muss bereits hier das Missverständnis vermieden werden, den Aufsatz konkret als Handreichung für das praktische Übersetzen zu lesen; auf diesen Aspekt werde ich am Ende meines Beitrags zurückkommen.

4 Vgl. die 11. These in *Robinson*, 22 Theses, wo er die wichtigsten Autoren neuerer Übersetzungstheorien auf Benjamin zurückführt: »Another example of the need for deconstructing the traces of the old in the new might be the ›foreignism‹ of Lawrence Venuti (1986, 1995), Antoine Berman (1984), Eric Cheyfitz (1991), and Tejaswini Niranjana (1992), all of whom call centrally on Walter Benjamin's ›Task of the Translator‹ (1923) in support of a ›radical‹ translation practice that would transform culture by leaving traces of the foreign within it.«

5 Zur knappen Einführung in das Forschungsfeld vgl. *Bachmann-Medick*, Translation, und *dies.*, Cultural Turns. Eine kritische Analyse des unscharfen Gebrauchs des Terminus »translation« – zwischen interlingual und metaphorisch – bei Homi K. Bhabha bietet *Wagner*, Kulturelle Übersetzung.

6 Exemplarisch hierfür steht die Benjamin-Rezeption Jacques Derridas und Paul de Mans; vgl. *Hirsch*, Übersetzung und Dekonstruktion.

I. Annäherung: Zum wissenschaftsgeschichtlichen Ort des »Übersetzer«-Aufsatzes

Im Rahmen dieses Beitrags lässt sich »Die Aufgabe des Übersetzers« nicht erschöpfend behandeln, zu komplex ist seine Verwurzelung in Walter Benjamins früher Sprachphilosophie, zu vieldeutig seine Argumentation, und zu gewunden und gleichzeitig zu weit ausgreifend schlängeln sich die Wege seiner Rezeption; allein für die beiden Schlagworte »Benjamin/Übersetzen« existiert eine für den Einzelnen nicht mehr zu überblickende Bibliographie.[7] Der Zugang, den ich im Einklang mit dem Rahmenthema dieses Sammelbandes suche, zielt auf die Interferenzen des Gegenstandes »Übersetzen« mit dem Bereich des Religiösen und Göttlichen. Damit verringern sich allerdings die Verständnis- und Darstellungsprobleme keineswegs,[8] stattdessen drängt sich nun neben Benjamins Sprachphilosophie auch seine Verwendung religiöser Kategorien ins Bild: Von der frühen Schrift »Quellen des religiösen Lebens« (1912) über »Kapitalismus als Religion« (1921) bis hin zu dem 1937 entstandenen Text »Theologisch-politisches Fragment« hat er in seiner Geschichtsphilosophie wie in seiner Ästhetik immer wieder mit dem Wort »Gott«, mit dem Begriff des Religiösen oder anderen »okkulten Topoi« (Menninghaus) wie »Offenbarung«, »Sündenfall« oder »Erlösung« operiert und damit höchst kontroversen Rezeptionen den Weg bereitet.[9] Der Rückgriff auf die Bibel hat allerdings nichts mit gläubiger Verbundenheit zu tun, wie Benjamin betont:

> »Wenn im folgenden das Wesen der Sprache auf Grund der ersten Genesiskapitel betrachtet wird, so soll damit weder Bibelinterpretation als Zweck verfolgt noch auch die Bibel objektiv als offenbarte Wahrheit dem Nachdenken zugrundegelegt werden, sondern das, was aus dem Bibeltext als Ansehung der Natur der Sprache selbst sich ergibt, soll aufgefunden werden; und die Bibel ist zunächst in dieser Absicht nur darum unersetzlich, weil diese Ausführungen im Prinzipiellen ihr

---

7 Einschlägig hierzu ist v.a. *Sauter*, Interlinearversion. Einen guten Überblick verschaffen die folgenden Titel, die auch für diesen Aufsatz genutzt wurden: *Hart Nibbrig*, Übersetzen; *Hirsch*, Der Dialog der Sprachen; *ders.*, Die Aufgabe des Übersetzers.

8 Vgl. hierzu v.a. *Pangritz*, Theologie, sowie *Menninghaus*, Benjamin, 188–196.

9 Vgl. *Menninghaus*, Benjamin, 188. Zur Vorstellung der Sprache als Theologie vgl. *di Cesare*, Übersetzen als Erlösen.

darin folgen, daß in ihnen die Sprache als eine letzte, nur in ihrer Entfaltung zu betrachtende, unerklärliche und mystische Wirklichkeit vorausgesetzt wird.«[10]

Doch gerade die Frage nach der Bedeutung religiöser Kategorien in seinem Werk oder konkret nach dem Stellenwert des Messianismus für sein Denken ist nicht zu trennen von ihrem politischen und wissenschaftsgeschichtlichen Kontext.[11]

2. Hintergrund: Die Rezeption seiner Werke

Nachdem Benjamin zu Lebzeiten und in den 1940er Jahren keinen angemessenen Zugang zum wissenschaftlichen Publikum fand und seine Werke, wenn überhaupt, nur in schwer zugänglichen Zeitschriften des Exils erscheinen konnten, ging es bei der Rezeption seiner Werke bis in die 1970er Jahre letztlich immer wieder darum, ihn entweder als jüdischen oder als marxistischen Philosophen zu vereinnahmen. Vor allem Gershom Scholem war es, der nicht müde wurde, den metaphysisch-theologischen Kern seiner Schriften herauszustellen: »Seine Einsichten sind immer noch in allem Entscheidenden die des Metaphysikers, der zwar eine Dialektik der Betrachtung entwickelt hat, die aber von der materialistischen himmelweit entfernt ist. Seine Einsichten sind die eines ins Profane verschlagenen Theologen.«[12] Jüngere Autoren hingegen erkannten ab den 1960er Jahren in Benjamin einen Vordenker für (potenziell) revolutionäre Veränderungen in Kunst und Gesellschaft. Gerade in dem Aufsatz »Über den Begriff der Geschichte« wurde aus der Grundierung durch eine messianische Hoffnung jüdischen Ursprungs gefolgert, dass »ein messianisches Ereignis der Offenbarung und Erlösung«[13] möglich sei. Anders gesagt: Benjamin wurde als Kronzeuge dafür gelesen, dass die Möglichkeit einer Revolution gegeben blieb. Ab den 1970er Jahren und mit der Edition der *Gesammelten Schriften* (ab 1971) wurden die »polemisch geführten Debatten« von »einer akademisch geführten Auseinandersetzung« abgelöst.[14] Denn ihre Protagonisten versuchten, sich von den Benjaminschen Schlüsselbegriffen nicht in dichotomisch sortierte Nachhutgefechte locken

10 *Benjamin*, Gesammelte Schriften, 147.

11 Einführend zur Rezeption vgl. *Küpper/Skrandies*, Rezeptionsgeschichte.

12 *Scholem*, Walter Benjamin, 23.

13 *Küpper/Skrandies*, Rezeptionsgeschichte, 36.

14 Ebd., 27.

zu lassen und rekonstruierten stattdessen die Anregungen und Ursprünge für sein Denken, von der Erfahrung des Zusammenbruchs der Welt im Ersten Weltkrieg (und der daraus folgenden Sehnsucht nach einer rettenden Utopie) bis zur Beschäftigung mit der Theorie der Sprachmagie bei August Schlegel und den Frühromantikern.

Was nun die Rezeption von »Die Aufgabe des Übersetzers« betrifft, veröffentlicht 1923, so bedeutete die Aufnahme seiner Thesen wie auch der Art seiner Argumentation für Benjamin eine große Enttäuschung: Die Schrift brachte ihm den Ruf der Unverständlichkeit ein und wurde vor allem mit Schweigen beantwortet.[15] Bis in die Nachkriegszeit wurde der »Übersetzer«-Aufsatz schlicht nicht rezipiert, und es dauerte bis in die 1970er Jahre, bis er auf der einen Seite als Kristallisationspunkt seiner frühen Sprachphilosophie erkannt wurde, andererseits für die kulturwissenschaftlich orientierte Übersetzungsforschung zum Programmtext avancierte.[16]

Um nun den Aufsatz im Kontext dieses Sammelbandes danach zu befragen, inwieweit er zum Verständnis des Themas des »übersetzten Gottes« beizutragen vermag, möchte ich von Benjamins religiös konnotierten, aber – wie eingangs von ihm betont – letztlich metaphorisch gebrauchten Schlüsselbegriffen ausgehen und sie mit seinen sprachphilosophischen und ästhetischen Schriften kontextualisieren. Ziel soll es sein, Benjamins Begriff des Übersetzens vor dem Hintergrund der jüngeren übersetzungswissenschaftlichen Diskussion auf seine religiöse Dimension hin zu befragen.

3. Aus der Praxis, aber nicht für die Praxis

Benjamin schreibt »Die Aufgabe des Übersetzers« in den Jahren 1920/1921 nach einer konkreten Übersetzungserfahrung. Etwa seit 1914 hatte er daran gearbeitet, Charles Baudelaires »Tableaux parisiens«[17] aus dem Französischen

---

15 Vgl. *Menninghaus*, Benjamin, 49 f. Nicht nur den Zeitgenossen, auch heutigen (professionellen) Lesern gilt er als »dunkel« (ebd., 227) und in seiner Gedankenführung als »vage und kaum nachvollziehbar« (*Siever*, Übersetzen und Interpretation, 138).

16 Ein Vorreiter hierfür war Winfried Menninghaus, der in seiner 1980 erstmals veröffentlichten Studie »Walter Benjamins Theorie der Sprachmagie« diese zentrale Stellung des »Übersetzer«-Aufsatzes betonte (vgl. *Menninghaus*, Benjamin, 50–60).

17 An Charles Baudelaire interessierte Benjamin vor allem, dass er in seinen Essays und Gedichten wie kaum ein anderer Autor der Mitte des 19. Jahrhunderts versucht hatte, die Moderne zu beschreiben und zu verstehen. Aus der Beschäftigung mit seinem Werk entstand die Idee eines Buchs über Baudelaire, das aber letztlich nicht realisiert

ins Deutsche zu übertragen, einen Schlüsseltext für die dichterische Moderne nicht nur in Frankreich. Wenn er also von der Aufgabe des Übersetzers spricht, dann tut er das erstens ausgehend von einer praktischen Übersetzungserfahrung und zweitens allein mit Blick auf das Übersetzen literarischer und insbesondere lyrischer Texte:[18] An Lyrik habe sich die Fähigkeit des Übersetzers zu erweisen, das sei ethisch gesprochen seine Aufgabe, der er sich zu stellen hat – an der er aber auch scheitern kann.

Benjamin verfasst den »Übersetzer«-Aufsatz als Vorwort zu seiner Baudelaire-Übersetzung, dennoch äußert er sich nur an wenigen Stellen so, dass daraus eine Handreichung für andere Übersetzer abgeleitet werden könnte. Konkret klingt vor allem sein Eintreten für die am Wort orientierte Übersetzung; um seine Idee der wörtlichen Übersetzung zu illustrieren, vergleicht er die Sprache mit einer Vase, geformt bzw. zusammengesetzt aus Texten, die Original oder auch Übersetzung sein können. Wie »Scherben« sind sie Teil der Vase bzw. der Sprache. Nun dürfe aber nicht die ähnliche Nachbildung des Originals Ziel der Übersetzung sein, sondern die minutiöse Aneignung der Art der Zusammenfügung der Scherben; nicht die Ähnlichkeit der Oberfläche wäre demnach anzustreben, sondern die Nachbildung der sprachlichen Zusammenfügung. Es gehe darum, in der Art der Verknüpfung der Scherben den Bauplan der Vase, also in der Übersetzung den verborgenen Bauplan der Sprache erahnen zu können: »Wie nämlich Scherben eines Gefäßes, um sich zusammenfügen zu lassen, in den kleinsten Einzelheiten einander zu folgen, doch nicht so zu gleichen haben, so muß, anstatt dem Sinn des Originals sich ähnlich zu machen, die Übersetzung liebend vielmehr und bis ins Einzelne hinein dessen Art des Meinens in der eigenen Sprache sich anbilden, um so beide wie Scherben als Bruchstück eines Gefäßes, als Bruchstück einer größeren Sprache erkennbar zu machen.«[19]

---

werden konnte. In den 1920er Jahren übersetzte Benjamin weitere Gedichte aus Baudelaires *Fleurs du Mal*, außerdem drei Bände von Marcel Prousts »À la recherche du temps perdu«, Honoré de Balzacs Roman »Ursule Mirouet« sowie diverse kürzere Prosastücke (vgl. *Sauter*, Interlinearversion, 17–18).

18 Benjamin beschränkt sich gewissermaßen auf einen doppelten Sonderfall: Der auf kommunikativ-semantische Äquivalenz pochenden Übersetzungswissenschaft gelten literarische Texte aufgrund ihrer Polysemie als konzeptionell letztlich nicht angemessen zu beschreibende Sonderfälle des Übersetzens, und in der Diskussion um Beschreibungs- und Analysekategorien für die literarische Übersetzung gilt die Lyrikübersetzung als besonders schwieriger Teilbereich, vgl. *Fischer / Nickel*, La Traduction, sowie *Weiss*, Dichtung übersetzen.

19 *Benjamin*, Übersetzer, 18.

Er führt hier die Unterscheidung zwischen dem »Gemeinten« eines Textes und der »Art des Meinens« ein, zwischen der kommunikativen Mitteilung im Sinne einer prädikativen Aussage und dem, was außer der Mitteilung in einer Dichtung steht, also das »Unfaßbare, Geheimnisvolle, ›Dichterische‹« wie etwa der spezielle Ton oder Klang eines Textes. Um zu verdeutlichen, was er darunter versteht, vergleicht er die Bezeichnungen für »Brot« im Deutschen und im Französischen: »In ›Brot‹ und ›pain‹ ist das Gemeinte zwar dasselbe, die Art, es zu meinen, dagegen nicht. In der Art des Meinens nämlich liegt es, daß beide Worte dem Deutschen und Franzosen je etwas Verschiedenes bedeuten, daß sie für beide nicht vertauschbar sind, ja sich letzten Endes auszuschließen streben; am Gemeinten aber, daß sie, absolut genommen, das Selbe und Identische bedeuten.«[20]

Nun sagt aber Benjamin im Anschluss daran nichts darüber, wie denn mit solchen kulturspezifischen Sachproblemen beim Übersetzen umzugehen sei. Stattdessen kehrt er mit dem folgenden Satz (»Während dergestalt die Art des Meinens in diesen beiden Wörtern einander widerstrebt, ergänzt sie sich in den beiden Sprachen.«) in seine sprachphilosophische Argumentation zurück, in der er mit dem Begriff des »Ergänzens« wieder beim erkenntnistheoretischen Potenzial von Sprache und Übersetzen angelangt ist.

Mehr Praxisbezug lässt sich nicht erkennen. Benjamins »Übersetzer«-Aufsatz bietet einer Übersetzungswissenschaft, die Sprache mit Ferdinand de Saussure als durch Konventionen bestimmtes und der Kommunikation dienendes Zeichensystem begreift, keine Anknüpfungsmöglichkeiten für die Analyse des Übersetzens, wenn es als ein Prozess verstanden wird, der dem Gegenstand wie der Form des Gesagten gleichermaßen gerecht zu werden versucht. Denn Benjamin lehnt es ab, dass Übersetzung »vage Ähnlichkeit von Nachbildung und Original«[21] anstreben solle, und Übersetzen habe keine kommunikative Funktion, vielmehr müsse sie »von der Absicht, etwas mitzuteilen, in sehr hohem Maße absehen«.[22] Auch die Hermeneutik wird außer Kraft gesetzt, wenn er schreibt, »die Wiedergabe des Sinns« müsse »aufhören, maßgebend zu sein«.[23] Die alltägliche Praxis des interlingualen Übersetzens – der immer nur näherungsweise erfolgreiche Versuch, eine Aussage stilistisch angemessen in eine möglichst äquivalente sprachliche Form zu bekommen – klingt in Benjamins Worten in dem Augenblick an, wenn er

20 Ebd., 14.

21 Ebd., 13.

22 Ebd., 18.

23 Ebd., 17.

definiert, was eine schlechte Übersetzung sei, nämlich »eine ungenaue Übermittlung eines unwesentlichen Inhalts«.[24] Und der Idee der Wirkungsäquivalenz[25] erteilt er ebenfalls eine Absage: »Es ist daher [...] das höchste Lob einer Übersetzung nicht, sich wie ein Original ihrer Sprache zu lesen.«[26]

4. Der »Übersetzer«-Aufsatz und die Sprachphilosophie in Benjamins frühen Schriften

Der Anlass der Baudelaire-Übersetzung bestimmt also kaum die Argumentation, und der weitaus größere Teil des Aufsatzes hat mit konkretem Übersetzen wenig und dafür sehr viel zu tun mit anderen, zeitgleich entstandenen Schriften über Sprache und Kritik: zum einen mit Benjamins Dissertation *Der Begriff der Kunstkritik in der deutschen Romantik* (entstanden v. a. 1918/1919), sowie mit dem Aufsatz »Über Sprache überhaupt und über die Sprache des Menschen« (1916), dessen »zentrale Theoreme« Benjamin im »Übersetzer«-Aufsatz nur »terminologisch verändert« reformuliert habe.[27] Unter dem Einfluss vor allem der Schriften Friedrich Schlegels versteht er bereits 1916 das Übersetzen neben dem Kommentar oder der Kritik als eine der Formen der Fortschreibung eines Werkes: Indem die Kritik das schon Formulierte nochmals darstelle, werde »das Werk ergänzt, verjüngt, neu gestaltet«,[28] wie Friedrich Schlegel es ausgedrückt hatte, und in ähnlicher Weise sei eine »Übersetzung eine unbestimmte, unendliche Aufgabe«.[29] Benjamin nimmt diese Gedanken auf und schreibt: »Kritik ist also, ganz im Gegenteil zur heutigen Auffassung ihres Wesens, in ihrer zentralen Absicht nicht Beurteilung, sondern einerseits Vollendung, Ergänzung, Systematisierung

---

24 Ebd., 9.

25 Zur Diskussion um die Praktikabilität des Konzepts der »Wirkungsäquivalenz« beim praktischen Übersetzen vgl. *Heibert*, Wortspiele.

26 *Benjamin*, Übersetzer, 18. So kann man resümieren: »Weder Benjamin noch Derrida (noch de Man) haben dem Übersetzer Wesentliches zu sagen. Sie sagen weder wie der Übersetzer übersetzen noch wie er Übersetzungsfehler vermeiden noch wie er das Übersetzen erlernen kann [sic!]. Sie beschreiben den Übersetzungsprozess nicht. Sie geben auch keine Bewertungskriterien zur Unterscheidung von guten und schlechten Übersetzungen an.« (*Siever*, Übersetzen und Interpretation, 142).

27 *Menninghaus*, Benjamin, 50.

28 *Schlegel*, Goethes Meister, 158.

29 *Schlegel*, Philologie, 33–56; 60.

des Werks, andererseits seine Auflösung im Absoluten.«[30] Auch für die Übersetzung entwickelt Benjamin eine anthropomorphisierende, heutigen Ohren beinahe biologistisch klingende Vorstellung, wonach Kunst und Literatur ein organisches Werden seien und das Übersetzen prozessualer Faktor eines Weiterlebens der Schlegelschen progressiven Universalpoesie. Am Ende dieser Argumentation gelangt er zu der programmatischen Aussage, die Übersetzung sei das Medium der »umfassendsten Entfaltung des Originals«: »Die Geschichte der großen Kunstwerke kennt ihre Deszendenz aus den Quellen, ihre Gestaltung im Zeitalter des Künstlers und die Periode ihres grundsätzlich ewigen Fortlebens bei den nachfolgenden Generationen. Dieses letzte heißt, wo es zutage tritt, Ruhm. Übersetzungen, die mehr als Vermittlungen sind, entstehen, wenn im Fortleben ein Werk das Zeitalter seines Ruhmes erreicht hat. Sie dienen daher nicht sowohl diesem, wie schlechte Übersetzer es für ihre Arbeit zu beanspruchen pflegen, als daß sie ihm ihr Dasein verdanken. In ihnen erreicht das Leben des Originals seine stets erneute späteste und umfassendste Entfaltung.«[31]

Mit dieser kategoriellen Aufwertung der Übersetzung gegenüber dem Original war und ist der übersetzungstheoretischen Reflexion ein Ausweg gewiesen aus der seit Cicero bestimmenden Denkfigur,[32] wonach übersetzerische Arbeit entweder dem Original (gedacht als statisch und unveränderlich) oder dem Zieltext verpflichtet sei. Indem Benjamin die Übersetzung nicht als defiziente Schwundform eines unveränderlich gegebenen Kunstwerks begreift, sondern als ideales Medium der Korrespondenz mit einem Original, das sich in dieser Art des Austauschs zwingend verändert, aber auch verewigt, gelingt es ihm, die Figur des Übersetzers als »Diener« des schöpfenden Künstlers zu überwinden.[33]

Neben sprachhistorischen und philosophischen Lektüren, so wissen wir aus der Korrespondenz sowie aus den Erinnerungen Gershom Scholems,

---

[30] *Benjamin*, Gesammelte Schriften (Bd. I), 78.

[31] *Benjamin*, Übersetzer, 11.

[32] So die vorherrschende Rezeption von Ciceros Schlüsselsatz aus »De optimo genere oratorum« (5, 14), wohingegen ein differenzierter Abgleich der rhetorischen Abhandlung mit Ciceros eigener Übersetzungspraxis nahelegt, dass Cicero »[...] sich also nicht der Wörtlichkeit verpflichtet [fühlt], sondern danach trachtet, einen Kompromiss zu finden«, vgl. *Reitz/Fuchs*, Vertere.

[33] Auch wenn Benjamins visionäre Vorstellung vor bald 100 Jahren formuliert wurde, in der übersetzungswissenschaftlichen Diskussion und folglich auch in der gesellschaftlichen Wahrnehmung der Übersetzer hat sie sich noch immer nicht durchgesetzt; vgl. *Buschmann*, Problemforschung.

waren es auch mathematische und kabbalistische Themen, die Benjamin in den Jahren zwischen 1916 und 1923 beschäftigten. Er las die Mengenlehre Georg Cantors, daneben Studien zur Infinitesimalmechanik, aus denen er Begriffe wie Unendlichkeit, Dichte, Kontinuum, Intensität, Möglichkeit übernahm und sie zu Begriffen seiner philosophischen Sprachtheorie umwidmete. Scholem berichtete ihm außerdem von seiner Entdeckung der Schriften des »ekstatischen Kabbalisten Abraham Abulafia«,[34] wodurch auch die Gedankenwelt der jüdischen Mystik in seine Sprachreflexionen eingeflossen sei. Da er aber selbst nicht des Hebräischen mächtig war, konnte er nicht an den Texten forschen, sondern musste sich damit begnügen, den Lektüreerfahrungen seines Freundes fasziniert zuzuhören. »Benjamin ist also ebensowenig selbst Mystiker gewesen wie er Mathematiker war«,[35] resümiert Caroline Sauter.

Benjamins Aussagen zum Übersetzen, so kann man bis hierher zusammenfassen, sind also immer auch Aussagen über die Sprache, über sein Sprach- und Kunstverständnis, so wie umgekehrt die frühen Schriften über die Sprache, wie zum Beispiel der Aufsatz »Über Sprache überhaupt und über die Sprache des Menschen«, auch das Übersetzen als fundamentalen Bestandteil sprachlicher Transformation mitdenken.[36] Übersetzen versteht er dort – linguistisch gesprochen – als einen Sonderfall des Gebrauchs der Sprache, sowie – sprachphilosophisch gesprochen – als Anfang aller Sprache, insofern alle Sprachen Übersetzung einer vorangehenden »reinen Sprache« seien. Ausgenommen hiervon sei allein die Sprache Gottes: »Seine volle Bedeutung gewinnt er [der Begriff der Übersetzung] in der Einsicht, daß jede höhere Sprache (mit Ausnahme des Wortes Gottes) als Übersetzung aller anderen betrachtet werden kann.«[37] Mit dem erklärungsbedürftigen Begriff der »reinen Sprache« tritt man ein in den Diskurs des Religiösen, wo Benjamin den Ursprung von Sprache und Übersetzung ansiedelt.[38] Denn für ihn steht

---

34 Zit. nach *Sauter*, Interlinearversion, 35.

35 Ebd., 36.

36 Benjamin behandelt also Übersetzen nicht als Objekt, vielmehr gelingt es ihm, das Übersetzen »als Modus der Sprachphilosophie einzuführen« (ebd., 30).

37 *Benjamin*, Über die Sprache, 76.

38 Der Begriff von der »reinen Sprache« ist nicht sprachgeschichtlich-etymologisch zu verstehen, sondern als ein »Zustand der Sprache, in der diese von jeglicher Abstraktions- und Mitteilungsfunktion befreit ist« (*Hirsch*, Die Aufgabe des Übersetzens, 614). Diese »sprachliche Essenz ist [...] niemals unmittelbar, denn die wahre Sprache kann nicht durch die profane Sprache ausgedrückt werden, sie ist ein rein geistiges Gebilde, immer in ihrem Jenseits« (*König*, Splitterflüsse, 56). In dieser Vorstellung einer jenseitigen

am Beginn der Sprache nicht die Entstehung eines Systems arbiträrer Zeichen, sondern eine höhere Ordnung, und »die Einsicht in diese Ordnung erlaube es der Philosophie, durch die begriffliche Oberfläche hindurch zu den ›Formen des in ihr verschlossenen sprachlichen Lebens‹ vorzudringen«.[39] Dieses »Vordringen« in Richtung der »reinen Sprache« wie auch umgekehrt die Offenbarung von Worten für Dinge stellt sich Benjamin als Übersetzung vor, deren Gelingen von einer göttlichen Instanz garantiert wird: »Die Objektivität dieser Übersetzung ist in Gott verbürgt.«[40] Auch daraus folgt, dass die Übersetzung gegenüber dem Original nicht kategoriell nachgeordnet behandelt werden darf, denn beide sind entsprechend dieser übersetzerischen Urszene göttlichen Ursprungs. »In der Intention auf die reine Sprache sind Original und Übersetzung gleich originär.«[41]

Diese Ur-Erzählung von der Geburt der Sprache als Übersetzung führt im »Übersetzer«-Aufsatz zu der Konkretisierung, dass die Aufgabe des Übersetzers keinesfalls darin bestehe, »Mitteilungen« zu kommunizieren, sondern die ihr innewohnende Freiheit dadurch zu beweisen, dass sie die im Ausgangstext aufgehobene »reine Sprache« im Zieltext zu befreien habe: »In dieser reinen Sprache, die nichts mehr meint und nichts mehr ausdrückt, sondern als ausdrucksloses und schöpferisches Wort das in allen Sprachen Gemeinte ist, trifft endlich alle Mitteilung, aller Sinn und alle Intention auf eine Schicht, in der sie zu erlöschen bestimmt sind. Und eben aus ihr bestätigt sich die Freiheit der Übersetzung zu einem neuen und höheren Rechte. Nicht aus dem Sinn der Mitteilung, von welchem zu emanzipieren gerade die Aufgabe der Treue ist, hat sie ihren Bestand. Freiheit vielmehr bewährt sich um der reinen Sprache willen an der eigenen. Jene reine Sprache, die in

---

Essenz tritt, so König, »das von der Kabbala inspirierte Denken voll zu Tage« (ebd.), und zitiert als Beleg aus Benjamins »Übersetzer«-Aufsatz: »Es bleibt in aller Sprache und ihren Gebilden außer dem Mitteilbaren ein Nicht-Mitteilbares, ein, je nach Zusammenhang, in dem es angetroffen wird, Symbolisierendes oder Symbolisiertes; Symbolisierendes nur in den endlichen Gebilden der Sprache, Symbolisiertes aber im Werden der Sprache selbst.« (*Benjamin*, Übersetzer, 19).

[39] *Steiner*, Walter Benjamin, 43; das Benjamin-Zitat stammt aus *Benjamin*, Gesammelte Briefe II, 409.

[40] *Benjamin*, Gesammelte Schriften (Bd. II), 151; vgl. zur »Magie der Sprache« *Bolz/van Rejen*, Benjamin, 45, sowie grundlegend *Menninghaus*, Benjamin. Entgegen meiner Lesart erkennt Caroline Sauter an dieser Stelle keine religiöse Disposition, sondern allein eine »Funktionsstelle« (*Sauter*, Interlinearversion, 48).

[41] *Bolz/Reijen*, Benjamin, 51.

fremde gebannt ist, in der eigenen zu erlösen, die im Werk gefangene in der Umdichtung zu befreien, ist die Aufgabe des Übersetzers.«[42]

Am sprachphilosophischen Anfang erkennen wir also die Sprache, die in einem Akt der Offenbarung geschöpft wurde, und im Akt des Übersetzens die Aufgabe, die »reine Sprache« aus einem Bann zu »erlösen«. Bei aller »Freiheit« des Übersetzers im Zusammenhang mit dem Übersetzen ist anzumerken, dass Benjamin mit seinem Rückgriff auf eine göttliche Instanz und insbesondere mit dieser Wortwahl dem Babel-Mythos verpflichtet bleibt,[43] wonach das Verhältnis von Mensch und Sprache in Kategorien von zwingender »Schuld« und utopischer »Erlösung« gedacht wird.

Wenn Sprache also von ihrem Beginn an Übersetzung ist, wenn durch den Prozess des Übersetzens Sprache sowohl geschaffen als auch weiter am Leben erhalten wird und wenn Übersetzen als Suche nach Erlösung eine ethische Dimension aufweist, kann die »Aufgabe des Übersetzers« folglich nicht als banales Handwerk, als pragmatisch zu beschreibende Praxis aufgefasst werden. Denn »Leben«, »Überleben«, »Fortleben« oder »Nachleben« bedeutet für ihn »immer auch ›Nachleben der Religion‹ und betrifft damit einen zentralen und bis heute umstrittenen und problematischen Bereich von Benjamins Werk: seinen expliziten Rekurs auf religiöse Praktiken und theologische Denkfiguren«.[44]

Bei Benjamin steht im Mittelpunkt des Übersetzens vielmehr immer eine sprachmagische Aufgabe. Ausgehend von seiner sprachmagischen Urszene der Schöpfung der Sprache durch übersetzerische Offenbarung könnte man nun vermuten, dass er eine gelungene Übersetzung als utopisch und letztlich unmöglich annimmt. Es ist eine der für Benjamin typischen Wendungen, dass der göttliche Ursprung, dass die Existenz einer ursprünglichen »reinen Sprache« gerade nicht zu der Folgerung führt, Übersetzen sei letztlich unmöglich. Im Gegenteil, da Übersetzen mit dem »Gedenken Gottes« verknüpft sei, »bliebe die Übersetzbarkeit sprachlicher Gebilde auch dann zu erwägen, wenn diese für die Menschen unübersetzbar wären«. Denn: »Übersetzung ist eine Form. Sie als solche zu erfassen, gilt es zurückzugehen auf das Original. Denn in ihm liegt deren Gesetz als in dessen Übersetzbarkeit beschlossen.

42 *Benjamin*, Übersetzer, 19 f.

43 Vgl. *Hirsch*, Der Dialog der Sprachen. In dem Sammelband »Übersetzung und Dekonstruktion« (hg. von *A. Hirsch*) finden sich leicht zugänglich die beiden Schlüsseltexte für die heutige Diskussion des Babel-Mythos: *Derrida*, Babylonische Türme, 119–165, und *P. de Man*, Schlußfolgerungen, 182–228.

44 *Weidner*, Fort-, Über-, Nachleben, 172.

Die Frage nach der Übersetzbarkeit eines Werkes ist doppelsinnig. Sie kann bedeuten: ob es unter der Gesamtheit seiner Leser je seinen zulänglichen Übersetzer finden werde? oder, und eigentlicher: ob es seinem Wesen nach Übersetzung zulasse und demnach – der Bedeutung dieser Form gemäß – auch verlange. [...] Übersetzbarkeit eignet gewissen Werken wesentlich – das heißt nicht, ihre Übersetzung ist wesentlich für sie selbst, sondern will besagen, daß eine bestimmte Bedeutung, die den Originalen innewohnt, sich in ihrer Übersetzbarkeit äußere.«[45]

Unabhängig davon, ob ein Werk einen Übersetzer findet und ob sein »Fortleben« oder »Überleben« dadurch gesichert ist, es bleibt dennoch übersetzbar, weil ihm die Möglichkeit der Übersetzung eingeschrieben sei. Diese Möglichkeit bekommt bei Benjamin den Status einer potenziell immer möglichen Substanzverschiebung, insofern eine seinem Verständnis nach gelungene Übersetzung das Leben des Originals ermöglicht und dabei auch das Original verändert. Er schreibt: »Denn in seinem Fortleben, das so nicht heißen dürfte, wenn es nicht Wandlung und Erneuerung des Lebendigen wäre, ändert sich das Original.«[46]

Anders gesagt: Das Original verändert sich durch die Übersetzung, aber nur in der Übersetzung überlebt das Original. Das Original ist kein statischer Ausgangstext, wie ihn die Translatologie annimmt, sondern ein des Weiterschreibens bedürftiger Text, dem eine Differenz zu sich selbst innewohnt, da er letztlich nur im Hinblick auf die Übersetzung existiert und folglich formal wie semantisch fluid ist. Und es ist eine göttliche Instanz, die die immer vorhandene Möglichkeit dieser Transformation garantiert.

Ausgenommen davon sind »große Texte«, vor allem »heilige Texte«, womit er eine seit Hieronymus geläufige Unterscheidung aufnimmt,[47] sie aber zu einer Argumentation nutzt, die einen zu den Klassikern gegenläufigen Weg einschlägt. Anders als Hieronymus und vor ihm Cicero verwahrt sich Benjamin nämlich gegen das Übertragen von Sinneinheiten und wirft sich, wie bereits aus dem Abschnitt über das Übersetzen als Zusammenfügen von Scherben zu erkennen war, für das Wort-für-Wort-Übersetzen in die Bresche, deren reinste Verkörperung die Interlinearversion sei: »Die

45 *Benjamin*, Übersetzer, 10.

46 Ebd., 12.

47 Hieronymus verteidigte seine Bibelübersetzung wie folgt: »Ich gebe nicht nur zu, sondern bekenne frei heraus, daß ich bei der Übersetzung griechischer Texte – abgesehen von den heiligen Schriften, wo auch die Wortfolge ein Mysterium ist – nicht ein Wort durch das andere, sondern einen Sinn durch den anderen ausdrücke.« (*Hieronymus*, Brief, 1).

Sophokles-Übersetzungen waren Hölderlins letztes Werk. In ihnen stürzt der Sinn von Abgrund zu Abgrund, bis er droht in bodenlosen Sprachtiefen sich zu verlieren. Aber es gibt ein Halten. Es gewährt es jedoch keinem Text außer dem heiligen, in dem der Sinn aufgehört hat, die Wasserscheide für die strömende Sprache und die strömende Offenbarung zu sein. Wo der Text unmittelbar, ohne vermittelnden Sinn, in seiner Wörtlichkeit der wahren Sprache, der Wahrheit oder der Lehre angehört, ist er übersetzbar schlechthin. Nicht mehr freilich um seinet-, sondern allein um der Sprachen willen. Ihm gegenüber ist so grenzenloses Vertrauen von der Übersetzung gefordert, daß spannungslos wie in jenem Sprache und Offenbarung so in dieser Wörtlichkeit und Freiheit in Gestalt der Interlinearversion sich vereinigen müssen. Denn in irgendeinem Grade enthalten alle großen Schriften, im höchsten aber die heiligen, zwischen den Zeilen ihre virtuelle Übersetzung. Die Interlinearversion des heiligen Textes ist das Urbild oder Ideal aller Übersetzung.«[48]

Mit diesen letzten Sätzen des »Übersetzer«-Aufsatzes knüpft Benjamin an seine sprachphilosophische Idee des Ursprungs der »reinen Spache« an. Der heilige Text, so Benjamin, sei »übersetzbar schlechthin«, aber in dem Wort »schlechthin« verbirgt sich die Pointe, dass gerade wegen dieser »Schlechthinnigkeit«[49] keine Übersetzung, sondern eine »Interlinearversion« nötig sei. Denn wenn man schlicht übersetzte, würde sich ja – siehe oben – das Original verändern. Das aber verbietet sich bei großen oder heiligen Texten, weil sie sonst nicht groß oder heilig wären. Deshalb wird aus der sonst in der Übersetzungspraxis geschmähten Interlinearversion bei Benjamin »das Ideal aller Übersetzung«, weil allein sie das Original nicht verändert.

Was nun letztlich eine Tautologie ist, denn: »Seine schlechthinnige Übersetzbarkeit macht den heiligen Text [ja] unübersetzbar.«[50] Einerseits liegt hier das Scheitern der Übersetzung, also die titelgebende »Aufgabe des Übersetzers«, der angesichts des Heiligen (aber nur dort!) zum Scheitern verdammt sei. Andererseits versteckt sich in dieser Absolutheit, so Caroline Sauter, möglicherweise gerade ein direkter Bezug auf religiöses Substrat, weil der allumfassende Anspruch in der Formulierung Benjamins – die Interlinearversion als »Urbild oder Ideal aller Übersetzung« – direkt aus der kabbalistischen Thoralehre stammen dürfte, aus dem Buch der Schöpfung (*Sefer Jezirah*) aus

---

48 *Benjamin*, Übersetzer, 21.

49 *Sauter*, Interlinearversion, 43. – Es ist wichtig zu beachten, dass Benjamin nie von der Heiligen Schrift spricht (weil das im Deutschen zu sehr nach Luther klingen würde), sondern von heiligen Texten, bevorzugt im Plural.

50 Ebd., 44.

dem 13. Jahrhundert, das Scholem ihm nahegebracht hatte und in dem es heißt: »Wie erhaben sind die Sätze der Thora! Sie lenken die Sehnsucht [...] zur Allheit, weil sie selbst der heilige Name sind.«[51] Benjamin nehme, so fährt Sauter fort, die Vorstellung der Kabbala auf, wonach der Name Gottes schlichtweg alles enthält, und stelle sich die reine Sprache analog als allumfassend vor. Folglich könne ihr dann auch nur eine »virtuelle Interlinearversion«[52] angemessen sein. Das Übersetzen des heiligen Textes erweist sich damit als utopisches Unterfangen.[53]

5. Arbeit am Göttlichen: Original, Übersetzung und Interlinearversion

Aus der hier vorgeführten Passage durch Walter Benjamins »Übersetzer«-Aufsatz und der ihn flankierenden sprachphilosophischen Schriften lassen sich zwei Grundideen herauslesen, die an dieser Stelle relevant sind.

Nach Benjamins Überzeugung führt Sprache an den göttlichen Ursprung des Menschseins, und folglich kann nur über die Sprachphilosophie Erkenntnis über das Göttliche gewonnen werden. Da die »reine Sprache« nur via Übersetzung zur Sprache wurde, partizipiert Übersetzen an diesem metaphysischen Projekt. »Mittelbar aber ist es das Wachstum der Religionen, welches in den Sprachen den verhüllten Samen einer höhern reift«, so Benjamin, und er fährt fort: »Übersetzung also [...] verleugnet nicht ihre Richtung auf ein letztes, endgültiges und entscheidendes Stadium aller Sprachfügung.«[54] Das Göttliche denkt er strukturanalog zum Original: Beide sind dem Blick des Betrachters, des Suchenden, des Übersetzers gleichsam verhüllt,[55] und

---

51 Zit. nach ebd., 46.

52 So der Titel des Buches von *Sauter*, Interlinearversion.

53 Ein einleuchtendes Bild für diese Art der Utopie gibt Alexander König: »Man kann den Benjamin'schen Begriff des ›Übersetzens‹ auch metaphorisch lesen, ihn als Ausdruck für einen Fährmann ansehen, der ständig von einem Ufer zum anderen übersetzt, Die Aufgabe bestünde demnach in einem Näherbringen der beiden Ufer [...].« (*König*, Splitterflüsse, 59). Für nicht heilige Texte bedeutet Übersetzen im Sinne Friedrich Schlegels eine »unendliche Aufgabe«, denn es sei an der »Übersetzung, welche am ewigen Fortleben der Werke und am unendlichen Aufleben der Sprachen sich entzündet, immer von neuem die Probe auf jenes heilige Wachstum der Sprachen zu machen« (*Benjamin*, Übersetzer, 14).

54 *Benjamin*, Übersetzer, 14.

55 Als einfache »Wahrheit« jedenfalls sei Theologie in der bürgerlichen Gesellschaft nicht mehr möglich, sondern nur verhüllt: »Angemessen begreifen lässt sich Benjamins

es ist die Übersetzung, die zur Enthüllung beitragen und den Blick darauf ermöglichen kann.

Im Widerspruch dazu steht allerdings, dass die Übersetzung, wie auch der Kommentar oder die Kritik, eine Form der prozessualen Veränderung des Originals darstellen. Davon betroffen sind nicht nur Sinnzusammenhänge, sondern auch die Worte selbst: »Es gibt eine Nachreife auch der festgelegten Worte«, heißt es im »Übersetzer«-Aufsatz.[56] Wenn aber das Nachleben und Überleben des Originals von der nachfolgenden Übersetzung abhängen, wenn das Original syntagmatisch wie paradigmatisch durch die Übersetzung verändert wird, würde das göttliche Original durch die Übersetzung profaniert. Den Ausweg aus diesem Widerspruch eröffnet die radikalisierte Wörtlichkeit, die keine Übersetzung mehr ist, sondern eine Interlinearversion. Im Bild der Arkade, die mittelbar den Blick eröffnet, ohne unmittelbar Zugriff zu gewähren, bündelt Benjamin diesen Gedanken: »Denn der Satz ist die Mauer vor der Sprache des Originals, Wörtlichkeit die Arkade.«[57]

Die Bedeutung von Benjamins Aufsatz für die Theologie könnte darin liegen, dass er dem Fach einen Weg anbietet, an den Diskurs heutiger Kulturwissenschaften anzuknüpfen. Schließlich denkt er Begriffe wie Offenbarung, Transzendenz, das Religiöse usf. auf eine Weise, die sie nicht in Widerspruch zu den Paradigmen der Moderne setzt.[58] Wo in der Religion der Glaube und der Glaubensakt die letztlich unhintergehbaren Momente sind, ist es in Benjamins Denkgebäude die Sprache, die die Verbindung zwischen menschlicher und übermenschlicher Sphäre zugleich enthält und abbildet. Sie ist ihm »eine letzte [...] unerklärliche und mystische Wirklichkeit«[59]. Sprache ist aber nach

---

Theologie nur, wenn sie *in* ihrer jeweiligen ›Verhüllung‹ analysiert wird [...].« (*Pangritz*, Theologie, 775).

56 *Benjamin*, Übersetzer, 12.

57 Ebd., 18.

58 Weshalb Benjamins Schriften in jüngster Zeit auch als Referenz für einen »religious turn« in den Kulturwissenschaften gelesen werden (vgl. *Weigel*, Walter Benjamin, sowie *Weidner*, Profanes Leben). Das gilt im Besonderen für seine Transformation kabbalistischer Denkfiguren: »Benjamins Aufsatz kann von daher selbst als eine Übersetzung betrachtet werden, eine Übersetzung grundlegender kabbalistischer Überlegungen in den Diskurs der Moderne.« (*König*, Splitterflüsse, 59). Konkrete Perspektiven für solch eine Rezeption in der Theologie diskutiert *Callahan Jr.*, Introduction. Umso erstaunlicher ist es angesichts dieser Perspektiven, dass eine neuere Monographie über »Religion übersetzen« Benjamins Anregungen in keiner Weise aufnimmt (vgl. *Grohmann/Ragacs*, Religion übersetzen).

59 *Bolz/Reijen*, Benjamin, 44.

seiner Auffassung nicht nur magisch, sie ist vor allem das einzige Medium, mit dem das Transzendente in der menschlichen Existenz erfasst werden kann.

Literatur

T. W. Adorno: Noten zur Literatur, in: *ders.*: Gesammelte Schriften (Bd. 11), Frankfurt a. M. 1974.

D. Bachmann-Medick: Cultural Turns. Neuorientierung in den Kulturwissenschaften, Hamburg ^{3}2006.

D. Bachmann-Medick: Translation – A Concept and Model for the Study of Culture, in: *B. Neumann, A. Nünning* (eds.): Travelling Concepts for the Study of Culture, Berlin/New York 2012, 23–43.

W. Benjamin: »Die Aufgabe des Übersetzers«, in: *T. Rexroth* (Hg.): Walter Benjamin. Gesammelte Schriften (Bd. IV/1), Frankfurt a. M. 1972, 9–21.

W. Benjamin: Gesammelte Schriften II, hg. von *R. Tiedemann, H. Schweppháuser*, Frankfurt a. M. 1977.

W. Benjamin: Gesammelte Briefe (6 Bde.), hg. von *C. Gödde, H. Lonitz*, Frankfurt a. M. 1995–2000.

W. Benjamin: Über die Sprache überhaupt und über die Sprache des Menschen, in: *ders.*: Medienästhetische Schriften, Frankfurt a. M. 2002, 67–82.

N. Bolz, W. van Rejen: Walter Benjamin, Frankfurt a. M./New York 1991.

A. Buschmann: Von der Problemforschung zur Ermöglichungsforschung. Sieben Vorschläge für eine praxisorientierte Theorie des Übersetzens, in: *ders.* (Hg.): Gutes Übersetzen. Neue Perspektiven für Theorie und Praxis des Literaturübersetzens, Berlin 2015, 177–191.

R. J. Callahan Jr.: Introduction: Walter Benjamin and Religious Studies, Epoché: The University of California Journal for the Study of Religion 24 (2006), 1–18.

D. di Cesare: Übersetzen als Erlösen. Über Walter Benjamins Theologie der Sprache, in: *B. Witte, M. Ponzi* (Hg.): Theologie und Politik: Walter Benjamin und ein Paradigma der Moderne, Berlin 2005, 223–240.

J. Derrida: Babylonische Türme. Wege, Umwege, Abwege, deutsch von A. G. Düttmann, in: *Hirsch*: Übersetzung, 119–165.

C. Fischer, B. Nickel (eds.): La Traduction de la poésie entre imitatio et transfert poétique: langues, espaces, médias/Lyrik-Übersetzung zwischen imitatio und poetischem Transfer: Sprachen, Räume, Medien, Stuttgart 2012.

M. Grohmann, U. Ragacs (Hg.): Religion übersetzen. Übersetzung und Textrezeption als Transformationsphänomene von Religion, Göttingen 2012.

C. L. Hart Nibbrig (Hg.): Übersetzen: Walter Benjamin, Frankfurt a. M. 2001.

F. Heibert: Wortspiele übersetzen: Wie die Theorie der Praxis helfen kann, in: *Buschmann*, Gutes Übersetzen, 217–240.

Hieronymus: Brief an Pammachius, zit. nach H. J. Störig: Das Problem des Übersetzens, Darmstadt ^{2}1973, 1–13.

A. Hirsch: Der Dialog der Sprachen. Studien zum Sprach- und Übersetzungsdenken Walter Benjamins und Jacques Derridas, München 1995.
A. Hirsch: Übersetzung und Dekonstruktion, Frankfurt a. M. 1997.
A. Hirsch: Die Aufgabe des Übersetzers, in: *B. Lindner* (Hg.): Benjamin-Handbuch. Leben – Werk – Wirkung, Stuttgart 2011, 609–625.
A. König: Splitterflüsse. Der Einfluss der jüdischen Mystik auf die Philosophie Benjamins, Foucaults, Derridas und Deleuzes, Stuttgart 2006.
T. Küpper, T. Skrandies: Rezeptionsgeschichte, in: *B. Lindner* (Hg.): Benjamin-Handbuch. Leben – Werk – Wirkung, Stuttgart 2011, 17–58.
P. de Man, Schlußfolgerungen: Walter Benjamins »Die Aufgabe des Übersetzers«, deutsch von T. Bauer, in: *Hirsch*, Übersetzung, 182–227.
W. Menninghaus: Walter Benjamins Theorie der Sprachmagie, Frankfurt a. M. 1995.
A. Pangritz: Theologie, in: *M. Opitz, E. Wizisla* (Hg.): Benjamins Begriffe (Bd. II), Frankfurt a. M. 2000, 774–825.
P. Primavesi: Kommentar, Übersetzung, Theater, Frankfurt a. M. 1998.
C. Reitz, A. Fuchs: Vertere. Zu Theorie und Praxis des Übersetzens in der Antike, in: *Buschmann*, Gutes Übersetzen, 35–65.
D. Robinson: 22 Theses on Translation, in: Journal of Translation Studies 2 (1998), 92–117 (zit. n. http://home.olemiss.edu/~djr/pages/writer/articles/html/22theses.html, letzter Zugriff am 10.03.2015).
C. Sauter: Die virtuelle Interlinearversion. Walter Benjamins Übersetzungstheorie und -praxis, Heidelberg 2014.
F. Schlegel: Über Goethes Meister, in: *A. Huyssen* (Hg.): Friedrich Schlegel, Kritische und Theoretische Schriften, Stuttgart 1978.
F. Schlegel: Zur Philologie II, in: *H. Eichner* (Hg.): Kritische Friedrich-Schlegel-Ausgabe (Bd. 16), Paderborn u. a. 1981.
G. Scholem: Walter Benjamin und seine Engel, Frankfurt a. M. 1983.
H. Siever: Übersetzen und Interpretation. Die Herausbildung der Übersetzungswissenschaft als eigenständige wissenschaftliche Disziplin im deutschen Sprachraum von 1960 bis 2000, Frankfurt a. M. 2010.
U. Steiner: Walter Benjamin, Stuttgart 2004.
B. Wagner: Kulturelle Übersetzung. Erkundungen über ein wanderndes Konzept, in: *A. Babka* u. a. (Hg.): Dritte Räume. Homi K. Bhabhas Kulturtheorie, Kritik, Anwendung, Reflexion, Wien 2012, 29–42.
D. Weidner (Hg.): Profanes Leben. Walter Benjamins Dialektik der Säkularisierung, Berlin 2010.
D. Weidner: Fort-, Über-, Nachleben. Zu einer Denkfigur bei Benjamin, in: *ders., S. Weigel* (Hgg.): Benjamin-Studien 2, München 2011, 162–178.
S. Weigel: Walter Benjamin. Die Kreatur, das Heilige, die Bilder, Frankfurt a. M. 2008.
I. M. Weiss (Hg.): Dichtung übersetzen. Werkstatterfahrungen und theoretische Beiträge, Würzburg 2014.

Religionspädagogik im konfessionslosen Kontext

Eine Kunst im Spannungsfeld von hermeneutischer Übersetzung und Transformation

Martina Kumlehn

1. Religiöse Sprache in einem nicht religionsaffinen Kontext – eine Problemanzeige

Der Schriftsteller Wolfgang Herrndorf stellt in seinem als Buch erschienenen Blog »Arbeit und Struktur«[1] schonungslos und gerade darin zutiefst human das Leben mit der eigenen Krebserkrankung dar. Im weit fortgeschrittenen Stadium der Erkrankung zitiert er kommentarlos aus der apokryphen Schrift Sapientia Salomonis das untröstliche Vergänglichkeitsbewusstsein in der Identifizierung mit demjenigen, der keine Hoffnung über das Diesseits hinaus kennt:

> »›Die Frevler aber holen winkend und rufend den Tod herbei und sehnen sich nach ihm wie nach einem Freund; sie schließen einen Bund mit ihm, weil sie es verdienen, ihm zu gehören. Sie sagen: Kurz und traurig ist unser Leben; für das Ende des Menschen gibt es keine Arznei. Und man kennt keinen, der aus der Welt des Todes befreit. Durch Zufall sind wir geworden und danach werden wir sein, als wären wir nie gewesen. Der Atem in unserer Nase ist Rauch und das Denken ist ein Funke, der vom Schlag des Herzens entfacht wird; verlöscht er, dann zerfällt der Leib zu Asche und der Geist verweht wie dünne Luft. Unser Name wird bald vergessen, niemand denkt mehr an unsere Taten. Unser Leben geht vorüber, wie die Spur einer Wolke und löst sich auf wie ein Nebel, der von den Strahlen der Sonne verscheucht und von ihrer Wärme zu Boden gedrückt

---

1 *Herrndorf*, Arbeit und Struktur.

wird. Unsere Zeit geht vorüber wie ein Schatten, unser Ende wiederholt sich nicht; es ist versiegelt und keiner kommt zurück.‹ (Weish 1,16; 2,1–5).«[2]

Diese Verse mit ihren starken Bildern stehen ohne Übergang vor dem Eintrag:

»Guten Morgen, Sterne
Guten Morgen, schwarzer Kanal
Guten Morgen, Schornsteine, Brücken, Hochhäuser und Kräne
Guten Morgen Viertelmond
Guten Morgen goldschimmernde Viktoria
[...]
Guten Morgen, Morgenröte
Guten Morgen, Berlin«[3].

Die Kombination dieser unterschiedlichen Sprachwelten erzeugt einen Deutungsraum, der sowohl hinsichtlich der scharfen Kontraste als auch der wechselseitigen Spiegelung und der inszenierten Perspektivenwechsel in exemplarischer Weise Anregungen für das hermeneutisch-didaktische Spannungsfeld eines Religionsunterrichtes mit Schülerinnen und Schülern, die keiner Konfession angehören, aufscheinen lässt. Wolfgang Herrndorf versteht sich selbst als nicht religiös und führt als indirekte Begründung dafür vor allem die kosmologischen und physikalischen Erkenntnisse an, die die Annahme eines personalen Gottesbildes bzw. eines transzendenten Gegenübers für ihn unmöglich machen. Entsprechend vertritt Herrndorf mit aller Wucht Glanz und Elend des in die Welt geworfenen Menschen – durch »einen sonderbaren Zufall zu Bewusstsein gekommen«[4], der sich aber seiner Selbstreflexivität radikal stellt. Er sucht auf diese Weise nach einem eigenen Weg, um mit dem Kontingenten, dem Sinnwidrigen seiner Situation würdevoll und in einer bestimmten Perspektive von »Arbeit und Struktur« eben auch sinnstiftend umzugehen.

Vor diesem Hintergrund vollzieht Herrndorf einen Perspektivenwechsel, indem er sich mit den Augen der anderen – im Sinne der religiösen Weisheitsliteratur – sieht und die Beschreibung des Verhältnisses des Menschen zum Tod, dem die Gottesvorstellung kein Trost ist, »erprobt«, um in ihren Sprachbildern, die ihn treffen, offensichtlich jetzt affirmativ verdichtet die

---

2 Ebd., 394f.
3 Ebd., 395.
4 Ebd., 7.

eigene existenzielle Situation darzustellen. Dem in der »geliehenen« und tradierten Sprache zum Ausdruck gebrachten Bewusstsein der Vergänglichkeit steht das in der eigenen Sprache formulierte »Dennoch« des intensiv wahrgenommenen neuen Morgens gegenüber, das seinerseits wieder Resonanzen in religiöser Sprache finden könnte. Herrndorf ringt um eine Sprache für das Unsagbare, er schafft einen neuen Kontext, der eben von der Selbstzuschreibung »nicht religiös« geprägt ist und dennoch Transzendenzen kleiner und mittlerer Reichweite in der Perspektive von Dankbarkeit und sorgsamer Wahrnehmung des nicht mehr Selbstverständlichen sowie in der Deutung eigener Träume erkennen lässt. Der Nicht-Religiöse befragt die religiöse Tradition darauf hin, wie sie ihn sieht und seine Sprachversuche regen den sich selbst religiös Verstehenden an, nun seinerseits zu fragen, wie sich diese Haltung der dankbaren Wahrnehmung des Lebens angesichts des Todes in der eigenen Tradition eigentlich ausdrücken lassen würde.

Diese exemplarische Inszenierung eines kontrastreichen Deutungs- und Resonanzraumes, der seiner Struktur nach geeignet ist, differenzorientiert verschiedene religiöse und nicht-religiöse Anschlussstellen zu bieten, soll als Anregung verstanden werden, die hermeneutischen Grundfragen religiöser Bildungsprozesse im Kontext von sogenannter »Konfessionslosigkeit« und religiöser Unbestimmtheit neu zu justieren. Und zwar so, dass jenseits von Vereinnahmung oder vorschneller Festschreibung Übergänge oder auch Grenzgänge zwischen verschiedenen Text-, Zeichen- und Lebenswelten angeregt werden können, die nicht einfach das Eigene bestätigen, sondern zum Austarieren neuer Selbst- und Weltdeutungen einladen. Dabei soll eine Spur des Diskurses fokussiert werden, die sich in der Frage verdichtet, inwieweit insbesondere die zu beobachtenden Sprachbarrieren und sprachlichen Suchbewegungen in religiösen Bildungsprozessen bearbeitet werden können und inwieweit sich dabei die Metapher des Übersetzens als hilfreich erweist.

Dabei muss selbstverständlich von einem »erweiterte[n] kulturwissenschaftlichen Verständnis von Übersetzung«[5] ausgegangen werden, das nicht nur die »Gleichursprünglichkeit und Untrennbarkeit von Übersetzen und Hermeneutik«[6] voraussetzt, sondern auch den Zusammenhang von Übertragung und Transformation mit im Blick hat. Übersetzungs- und Übertragungsprozesse sind darauf angewiesen, dass die Kulturkreise, die durch die Übersetzung miteinander in Kontakt kommen, sowohl jeweils in ihrer Eigenart »lesbar« sind als auch zugleich für einander erschlossen werden

---

5 *Krapoth*, Einleitung, 1.

6 *Cercel*, Übersetzung und Hermeneutik, 8.

können.[7] Das heißt: Die jeweiligen »Schlüsselvorstellungen« und die semantischen Felder der »Wertungen und Geltungen« sind von erheblicher Relevanz, um »Übersetzung im Sinne umfassender wechselseitiger kultureller Durchdringung« initiieren zu können.[8] Und die spezielle Frage in unserem Kontext lautet dann entsprechend: Kann es im Rahmen einer Sprache Subsprachen und Subkulturen geben, für die Strukturanaloges gilt wie für Kulturkreise mit tatsächlich unterschiedlichen Sprachen? Da jeder Übersetzer – auch der im Bildungsbereich tätige – für sein Wirken so etwas wie eine »Landkarte des fremden Geländes« braucht, um in ihm »Orientierungspunkte« für den Übersetzungsprozess zu gewinnen,[9] soll eine kurze Skizze der religionskulturellen Ausgangslage im Kontext weitgehender Konfessionslosigkeit vorangestellt werden.

2. Religionskulturelle Voraussetzungen von hermeneutischen Übersetzungsprozessen im Kontext religiöser Heterogenität, religiöser Unbestimmtheit und Areligiosität

Es ist inzwischen mit Nachdruck auf das Desiderat hingewiesen worden, dass es zwar für den interkonfessionellen oder interreligiösen Dialog spezifische Entwürfe und hermeneutische Grundsatzüberlegungen gebe, nicht jedoch für den Religionsunterricht mit konfessionslosen Schülerinnen und Schülern, für den sowohl ein entsprechender Leitbegriff als eben auch eine eigene Didaktik fehle.[10] Vielmehr werde diese Gruppe tendenziell in der Perspektive einer latenten Vereinnahmung im Rahmen religiöser Pluralität wahrgenommen und damit in ihrer Vielstimmigkeit und in ihrer säkularen Selbstdeutung häufig nicht ernst genommen.[11] Mit anderen Worten: Auch konfessionslose Schülerinnen und Schüler müssen so als Subjekte religiöser Bildungsprozesse angesprochen werden, dass ihr Selbstverständnis und ihre

7 Vgl. *Krapoth*, Einleitung, 4.

8 Vgl. ebd., 5–7.

9 Vgl. *Stolze*, Hermeneutik und Übersetzungswissenschaft, 31.

10 Vgl. *Käbisch*, Religionsunterricht und Konfessionslosigkeit, 1.

11 Vgl. ebd., 14.

weltanschaulichen Perspektiven »in den Zielbestimmungen und in der Sprache des Unterrichts«[12] vorkommen.

Freilich ist es so, dass sich die Religionspädagogik seit Jahrzehnten an der Problemstellung abarbeitet, dass sich die Schülerschaft in Folge von Pluralisierung und Individualisierung der Lebensstile und einer abnehmenden religiösen Primärsozialisation in Familie und kirchlichem Kontext in religiöser Hinsicht zunehmend inhomogen darstellt und auch mit zunächst ausgeprägtem religiösen Desinteresse im Unterricht zu rechnen ist. Es ist klar, dass sich die religionsdidaktischen Fragen mit dieser Heterogenität nicht nur ausdifferenzieren und darin die Pluralität noch einmal in sich abbilden, sondern dass sie sich auch radikalisieren und zuspitzen, je größer die Gruppe der Schülerinnen und Schüler wird, die jenseits der oftmals gar nicht bewussten Vermittlung von religiösen Deutungsmustern in der medial-kulturellen Lebenswelt in der Schule einen Erstkontakt mit expliziter Religion und ihren Praxen bzw. mit der Frage nach religiösen Weltzugängen überhaupt erlebt. Wie kann sich auch für diese Schülerinnen und Schüler unter den Bedingungen schulischen Lernens der Eigensinn und die Eigenlogik religiöser Weltzugänge und deren spezifischer Sprachformen und Kommunikationsmodi so erschließen, dass sie es als förderlich für ihr eigenes Leben begreifen können,[13] ohne sich selbst zwingend als religiös verstehen zu müssen?

Es wird zum Prüfstein jedes religionsdidaktischen Konzeptes, ob es einerseits die Vielfalt der Ausgangsbedingungen in den Blick zu nehmen erlaubt, die Differenzen (und möglichen Konflikte)[14] im Spannungsfeld der verschiedenen Deutungen samt ihrer Geltungsansprüche und Lebenspraxen wahrnimmt und bearbeitet, andererseits jedoch zugleich nach Fragestellungen und Entdeckungszusammenhängen sucht, die sowohl zu einem vertieften und kritischen (religiösen/nicht-religiösen) Selbstverstehen als auch zu wechselseitigem Kennenlernen und Verstehen der verschiedenen Haltungen und Einstellungen befähigt, um darin nicht zuletzt auch für das Eigene etwas Neues und Anregendes zu entdecken. Dabei können verschiedene Suchraster für die Beschreibung des Differenten hilfreich sein. So lassen sich z. B. im weiten Anschluss an die Dimensionen des Religiösen nach Glock zunächst hinsichtlich der intellektuellen, öffentlich-rituellen, privat-rituellen,

---

12 *Doedens*, Religionsunterricht, 137. Vgl. auch *Domsgen/Spenn*, (Was) gehen uns »die anderen« an?, 87 f.

13 Vgl. *Domsgen/Spenn*, (Was) gehen uns »die anderen« an?, 90.

14 Zur Notwendigkeit einer Ergänzung der Differenzhermeneutik durch eine Konflikthermeneutik vgl. *Käbisch*, Religionsunterricht und Konfessionslosigkeit, 121–144.

ethischen, sozialen, biographischen und phänomenalen Dimension religiöse und nicht-religiöse Lebensformen und -stile unterscheiden.[15] Allerdings sind dabei vor allem wechselseitige Zuschreibungen des Defizitären zu vermeiden, die sowohl die sogenannten Konfessionslosen als mit einem Mangel behaftet begreifen als auch aus deren Perspektive Religion als überholt und per se moderneunverträglich diskreditieren können.

Darüber hinaus wäre es m. E. aber eben doch gerade aufgrund der Einsicht in die vielfältigen Uneindeutigkeiten, offenen Ränder, Schnittmengen und Übergänge zwischen den Lebensformen wichtig, die Formen des »In-Between« oder des »Transdifferenten«[16] im Sinne eines Zwischenraumes, in dem Neues entstehen kann, verstärkt mit in Betracht zu ziehen, weil diese auch didaktisch in besonderer Weise wahrgenommen werden müssen. Konfessionell-Gebundene können trotz Zugehörigkeit zu einer Religionsgemeinschaft religiös uninteressiert sein und in ethischer Perspektive ohne religiöse Begründungsmuster agieren und Konfessionslose dagegen religiös ansprechbar und interessiert sowie diakonisch ausgerichtet sein. In diesem Zusammenhang kann der Begriff der religiösen Unbestimmtheit hermeneutisch dazu beitragen,[17] die Zwischen- und Übergangsformen besser mit in den Blick zu bekommen, weil er in fluiden, graduellen Abstufungen auf verschiedene Positionen und Perspektiven bezogen werden kann. Er lässt sich im Sinne von Offenheit, Suche und Nicht-Festgelegtsein verstehen, aber eben auch im Sinne von Leerstelle, Ausfall oder Nicht-Besetzung einer religiösen Deutungsperspektive. Es geht dabei sowohl um das Erfassen der neuen Spielarten »agnostischer Spiritualität«[18] als auch um das Ernstnehmen des Sachverhalts, dass Konfessionslose insbesondere hinsichtlich der intellektuellen Dimension Interesse an religiösen Themen bekunden können,[19] also ein klares Bildungsinteresse erkennen lassen und interessante Fragen stellen.[20] Zudem ist auf den Befund zu reagieren, dass Menschen, die sich selbst als nicht-religiös bezeichnen, eben dann, wenn sie religiös angesprochen werden, im Modus der Authentizität auch auf dieser Ebene antworten, wie der Soziologe Armin Nassehi in Auswertung des Bertelsmann

---

[15] Vgl. ebd., 259 f.

[16] Vgl. zum Begriff der Transdifferenz *Lösch*, Begriff und Phänomen der Transdifferenz.

[17] Vgl. dazu *Kumlehn*, Religiöse Indifferenz.

[18] Vgl. *Wohlrab-Sahr*, Forcierte Säkularität, 212–224.

[19] Vgl. *Petzoldt*, Zur religiösen Lage, 131–135. Dazu auch *Wermke*, Evangelischer Religionsunterricht in Ostdeutschland, 107.

[20] Vgl. *Hahn*, Konfessionslos und religiös interessiert, 124 f.

Religionsmonitor gezeigt hat. Dadurch entstehen sprachlich und hermeneutisch Hybridformen, die sich in den Interviews bei Nassehi z. B. so äußern: Ich habe eine »Spiritualität, wenn man es so nennen mag, im Rahmen der Physik und Chemie«[21].

Religiöse Bildung in der Schule muss sich auf dieses komplexe Feld einlassen, muss wahrnehmungsorientiert nach den Selbstdeutungsmustern im Rahmen letztinstanzlicher Selbstvergewisserung fragen, die religiös, religionsaffin/religionsäquivalent, aber eben auch dezidiert nicht-religiös ausfallen können, muss Selbst- und Fremdzuschreibungen unterscheiden, muss aber auch Grenzübergänge initiieren, die alle Beteiligten zum Neu- und Anderssehen anregen können. Die einen brauchen Anregungen, damit ihnen der Sinn für das Verstehen der Möglichkeit religiöser Lebensdeutung und Lebenspraxis aufgehen kann – ob sich dann auch Sinn für Religion einstellt, bleibt didaktisch weitgehend unverfügbar. Die anderen brauchen Klärungen oder Vertiefungen ihrer schon vorhandenen religiösen Selbst- und Weltdeutungen. Ihren Ansprüchen nach Differenzierung und intensiver Durchdringung religiöser Fragestellungen muss unbedingt Genüge getan werden. Für alle gilt: »*Verständnisintensives Lernen* entsteht zwischen den Polen einer nur als ›Rauschen‹ wahrgenommenen *Fremdheit* und einer anregungsarmen ›Übervertrautheit‹ mit dem Lehrstoff [...].«[22] So wie im Übersetzungsprozess die »Bereitschaft zum Perspektivwechsel« vorauszusetzen ist, um »den eigenen subjektiven Horizont bewusst phänomenologisch aufzubrechen und lernend in fremde Horizonte«[23] einzutauchen, ist auch unter diesen Voraussetzungen eine vielschichtige Didaktik des Perspektivenwechsels zu entfalten.

3. »Suchsprache«[24] – Sprachschule: Übersetzung und Transformation im Kontext einer multiperspektivischen Religionspädagogik

Damit eine anspruchsvolle Didaktik der Perspektivenwechsel gelingen kann, ist ein Grundmaß an Sprach- und Ausdruckskompetenz notwendig, das eben deshalb im Zentrum einer solchen Didaktik stehen muss. Nicht von ungefähr lässt sich in den verschiedenen didaktischen Konzepten das Ringen darum

21 *Nassehi*, Religiöse Kommunikation, 186 f.

22 So *Nipkow*, Grundlagen, 75.

23 *Stolze*, Hermeneutik und Übersetzungswissenschaft, 25.

24 *Altmeyer*, Fremdsprache Religion?, 314.

ausmachen, wie Schülerinnen und Schüler das Besondere der religiösen Kommunikationsmodi erfassen können. Von der symbolischen Kommunikation über die Entfaltung von semantischen, syntaktischen und pragmatischen Formen des religiösen Zeichengebrauchs bis zur Betonung des Lernens an den spezifischen performativen Darstellungsformen der christlichen Religion und den Modellen der Begegnung mit gelebter christlicher Religion wird die Einsicht verarbeitet, dass man Religion nur verstehen kann, wenn man in den Eigensinn ihrer Ausdruckswelten hineinfindet und diesen hermeneutisch zu erschließen und dann natürlich auch zu kritisieren in der Lage ist.

Über das Spannungsfeld dieser didaktischen Zugänge hinaus gibt es jedoch auch Versuche, die aus einer Metaperspektive das Lernen in religiösen Bildungsprozessen mit dem Spracherwerb im Sinne des Lernens einer Grammatik religiöser Verknüpfungsregeln vergleichen[25] und dann aus der Perspektive des Lernens mit Konfessionslosen von religiösem Lernen im Sinne eines Fremdsprachenerwerbs – oder man könnte eben auch sagen: im Sinne eines Übersetzungsprozesses – sprechen: »In einer religiös homogenen Gesellschaft lernen Heranwachsende religiöse Begriffe wie ihre Muttersprache: beiläufig und integriert in den Gesamtzusammenhang alltäglicher Vollzüge. In einer religiös pluralen und in vieler Hinsicht säkularen Gesellschaft lernen Heranwachsende religiöse Begriffe wie eine Fremdsprache: indem sie muttersprachliche Worte durch Worte der für sie fremden Sprache zu ersetzen versuchen.«[26] Dabei sollte allerdings weniger von Ersatz als eben von Übersetzung gesprochen werden.[27]

Übersetzung kann dabei vielerlei heißen. Prominent im öffentlichen Diskurs hat Jürgen Habermas diesen Begriff platziert, als er unmittelbar nach den Anschlägen auf das World-Trade-Center in seiner Dankesrede für den Friedenspreis des Deutschen Buchhandels von einer »kooperativen Übersetzung religiöser Gehalte« im Rahmen eines »aufgeklärten Commonsense« in der pluralen demokratischen Gesellschaft gesprochen hat.[28] Um die säkulare Gesellschaft »nicht von wichtigen Ressourcen der Sinnstiftung ab[zu] schneiden«[29], sollten nicht nur Religiöse ihre Ansichten in säkulare Sprache

---

25 So aus systematisch-theologischer Perspektive schon in Anlehnung an die »Grammatik des Glaubens« bei Lindbeck: *Schoberth*, Theologische Kompetenz, 285 ff. Anders akzentuieren *Korsch*, Dogmatik, 28 f., und *Theißen*, Zur Bibel motivieren, 131–133.

26 *Englert*, Religion gibt zu denken, 53.

27 *Barth*, Konfessionslos glücklich, 166: »Nicht Ersatz, aber Übersetzung tut not.«

28 *Habermas*, Glauben und Wissen, 20.

29 Ebd., 22.

übersetzen müssen, damit ihre Argumente im öffentlichen Diskurs Gehör finden, sondern ganz im Sinne eines wechselseitigen Perspektivenwechsels solle sich auch die säkulare Seite einen »Sinn für die Artikulationskraft religiöser Sprachen«[30] bewahren. Denn – so die These – säkulare Sprachen, die sich von ihren religiösen Wurzeln und Traditionen radikal trennen, erleiden einen semantischen Verlust, der eben nicht ohne weiteres ausgeglichen werden könne. So attraktiv dieses Modell als Dialogangebot ist, so problematisch ist es, weil Religion in dem Übersetzungsprozess einerseits auf die Gewinnung von Ressourcen für ethisch-moralische Entscheidungsprozesse fokussiert und damit funktionalisiert wird, und andererseits unhinterfragt der aufgeklärte Commonsense als Norm gesetzt wird, an der sich auch die Übersetzung religiöser Sprache zu orientieren habe, ohne dass dessen Normativität in seiner Reichweite für das religiöse Sinn- und Sprachsystem genauer bestimmt und möglicherweise auch begrenzt würde. Denn Religion hat ihre eigene Rationalität, die aber eben nicht mit Rationalismus gleichzusetzen ist, von daher ist sie selbst auch nicht ohne Bedeutungsverlust in eine solche Sprache zu übersetzen. Dabei ist Habermas' Position durchaus zu teilen, dass im Rahmen von Bildungsprozessen eine Form der Religiosität zu befördern ist, die durch Aufklärungsprozesse hindurchgegangen ist, sich in diesem Horizont über die eigene Bedingtheit Rechenschaft abzulegen weiß und sich von daher relational in andere Diskurse einbringen kann. Aber das heißt eben nicht, das Besondere des religiösen Sprachspiels als einer eigenen Kultur des Sich-Verhaltens zum Unverfügbaren einzuebnen in die Voraussetzungen anderer Sprachspiele, sondern im Übersetzungsprozess muss ihr Proprium, ihr Deutungshorizont erkennbar bleiben.

Wenn mit der Übersetzungsmetapher gearbeitet wird, muss also stets auch von der Interpretationsleistung jedes Übersetzungsprozesses gesprochen werden. Keine Sprache geht einfach in der anderen auf. Das gilt umso mehr, als eben jede Sprache für einen ganzen Deutungshorizont und eine damit verbundene bestimmte Sicht der Welt und Wirklichkeitsauffassung steht, die sich unter Umständen gar nicht ohne Weiteres in eine andere Sprache übersetzen lässt, wie nicht zuletzt auch die Sprachspiel-Philosophie Wittgensteins festhält. Es geht nicht nur um neue Vokabeln, »sondern um neue Lebensperspektiven«[31]. Deshalb sind vor allem die Bedeutungstransformationen interessant. Das gilt umso mehr, als religiöse Sprache ja eben gar nicht der Muttersprache gegenübersteht, sondern in der Muttersprache andere

---

30 Ebd.

31 *Englert*, Religion gibt zu denken, 53.

Begriffe gesucht werden, um das Fremde in ihr neu zu verstehen: »Als diese knüpft sie an je eigene Spracherfahrungen an und baut nicht in gleicher Weise eine Distanz auf, wie das eine neu zu erlernende Fremdsprache tut. In dieser Nähe freilich steckt auch die Versuchung, die Eigentümlichkeit und den Lernbedarf der religiösen Sprache zu unterschätzen.«[32] Dieser Warnung eingedenk kann jedoch darauf geachtet werden, im Rahmen des Übersetzungsparadigmas Religion eben nicht als Sondersprache zu verstehen, die der Alltagssprache und der Lebenswelt gegenübersteht, sondern sie vielmehr als eine »Alltagssprache mit besonderer Qualität«[33] wahrzunehmen. Sie ist kein feststehendes Sprachsystem, sondern »ein bestimmter Sprachgebrauch« in einem bestimmten Deutungshorizont und es ist deutlich zu machen, »dass ›fremde‹ religiöse Sprache eine signifikante ›Anderssprache‹ ist, die für die Artikulation des Eigenen hilfreich sein kann.«[34] In diesem Sinne ist im Erschließen und im probeweisen Ingebrauchnehmen religiöser Sprache anzuregen, diese als »Suchsprache« zu begreifen, die die vorgegebene (religiöse) Sprache »transformiert in die Unsicherheiten stets neu zu bewährenden religiösen Sprechens«[35]. Im Gegenüber verschiedener Sprachspiele im Umkreisen existenzieller Grundfragen und Grunderfahrungen können sich möglicherweise – wie oben an dem Beispiel aus dem Herrndorf-Text gezeigt – neue Deutungsperspektiven einstellen, die dann auch in einer neuen Sprache artikuliert werden können, wobei sich Erfahrungen und Deutungen wechselseitig bedingen. Erfahrungen sind deutungsbedürftig und bestimmte Deutungen prägen Wahrnehmungen und Interaktionen und damit auch wiederum Erfahrungsmöglichkeiten.[36]

Mit der Übersetzungsmetapher entkommt man den hermeneutischen Grundfragen und Erschließungsnotwendigkeiten nicht, die über den Abgleich von Erfahrungen in Analogie und Differenz laufen und fragen lassen, wie sich Erfahrungen in unterschiedlichen Deutungshorizonten artikulieren und dann in ihrem Verständnis auch transformieren lassen. Das Verstehen ereignet sich nicht jenseits der Formen, sondern in dem wechselseitigen Erschließen von Gestalt und Gehalt, von Inhalt und Form. Deshalb können z. B. religiöse Metaphern nicht einfach durch (säkulare) Begriffe ersetzt werden, sondern brauchen allenfalls andere Bilder und Metaphern, die neue Facetten

---

32 *Korsch*, Dogmatik, 29.

33 *Altmeyer*, Fremdsprache Religion?, 318.

34 Ebd., 318 f.

35 Ebd., 314.

36 Vgl. *Joas*, Braucht der Mensch Religion?, 25 f.

im Sich-Verhalten-zum-Unverfügbaren eröffnen. Im gemeinsamen Lernen im religiös heterogenen Feld und mit Positionen, die sich als dezidiert nicht religiös verstehen, erhöht sich jedoch das Potenzial an Suchbewegungen und an Transformationsdruck, so dass wechselseitig nach neuen Ausdrucksformen zu suchen ist. Es wären also solche Begegnungen mit Formen religiöser Sprache zu inszenieren, die im Zwischenraum Neues entstehen lassen, das weder die Fremdheit bestätigt noch einfach aufhebt, sondern die Optionen der Selbsterkundung und -artikulation erweitert.

Wenn man das voraussetzungsreiche und deutungsoffene Tagungsthema »Der übersetzte Gott« in den so skizzierten Horizont überträgt, wäre z.B. zu fragen: Wie lässt sich die einfache Vokabel »Gott« in Erfahrungs- und Fragekontexte einzeichnen, die verständlich machen können, warum Menschen auf die Gottesidee und den Gottesnamen gekommen sind, um von ihrem Leben zu erzählen? Das heißt, es gilt zu fragen: Für welche Erfahrungen, Sehnsüchte der Menschen, die solche Texte wie die biblischen verfasst haben, steht eigentlich die Bezeichnung »Gott«? Was geschieht, wenn andere Bezeichnungen, Umschreibungen, Versuche der Präzision in Übersetzungsprozessen an diese Stelle treten: das Transzendente, das Absolute, die Lebensenergie, das Unbedingte, das Unverfügbare? Welche Resonanzen hinsichtlich der Gottesidee stellen sich jeweils ein, welche Facetten von der Fülle der Vorstellungen, für die der biblische Gottesname steht, werden jedoch auch jeweils abgeblendet? Das wäre in Spannungsfeldern von Analogie und Differenz jeweils erst einmal auszuloten. Etwas ketzerisch mit Blick auf das Tagungsthema könnte man auch fragen: Welcher Gott soll eigentlich übersetzt werden? Und auf der Ebene der Form: Warum kann man von Gott immer nur symbolisch, metaphorisch, narrativ sprechen, wenn man religiös spricht, und was verändert sich, wenn man in diskursiver Rede – in theologischer, philosophischer oder religionswissenschaftlicher Perspektive über Gott spricht? Noch einmal zugespitzt: Was tritt für Menschen, die den Deutungshorizont der Gottesvokabel nicht mehr teilen, an deren Stelle, um die Fragen, für die die Gottesbezeichnung in religiöser Rede und in der Rede über Religion steht und die als existenzielle vorausgesetzt sind, nämlich der Umgang mit der eigenen Vergänglichkeit, der Umgang mit Glück und Schuld usw. zu bearbeiten?

Solche Fragen und die mit ihnen verbundenen experimentellen Übersetzungsprozesse zeigen: Das Eigene ist nicht einfach im Status des Habens zuhanden, sondern eben selbst im Werden durch Fremdheits- und Differenzerfahrungen hindurch. Dabei kann es sich durchaus klarer profilieren als im unangefragten Zustand, aber nicht als einfache Replik, sondern als neue

Anverwandlung des zwischenzeitlich fremd gewordenen, als neu erfundene Antwort, die das radikal Differente und in seiner Irritationskraft nicht Aufzulösende ernst nimmt und zugleich relative Differenzen und Fremdheiten auslotet.

Übersetzer können als »Virtuosen« bezeichnet werden, die in »Ketten tanzen« wie es bei Gabriele Leupold und Katharina Raabe heißt.[37] Sie bewegen sich in dem Spannungsfeld von Texttreue und subjektiver und kultureller Anverwandlung, um eine Freiheit zu erproben, die Nachschöpfungen erlaubt und doch dem Tradierten eng verbunden bleibt. Dabei ist von Anstrengungen der Aufmerksamkeit die Rede und von performativer Energie, die verhindert, dass Übersetzungen »brav, flach und ohne Biss«[38] bleiben. »Nur wenn ich meinen Text so durchdrungen habe, daß er quasi aus mir spricht, als erschaffte ich ihn im Augenblick selbst, wird er sich übermitteln, aus der ›ontologischen Fremde‹ zurückkehren in das Hier und Jetzt und etwas wahrnehmbar machen, was noch nicht vernommen wurde.«[39]

Wenn sich Lehrende als Übersetzer begreifen bzw. als solche, die Übersetzungsprozesse anregen wollen, müssen sie also diese Energie freisetzen können. Das heißt, sie müssen selbst ihre eigene Tradition so durchdrungen und hermeneutisch erschlossen haben, dass sie in ihrem Horizont Neues sagen können. Ob dabei nur in Ketten zu tanzen ist oder der hermeneutische Prozess dann nicht doch auch entschieden von der Übersetzung zur Transformation – und möglicherweise auch zu einem Sprengen der Ketten – fortschreiten muss, ist im Sinne der Verständigung in den gegenwärtigen Spannungsfeldern dann je und je zu eruieren.

Der Zusammenhang und die jeweiligen Unterschiede von Übersetzung, Auslegung, Deutung und Interpretation wären von daher auch im religionspädagogischen Kontext weiter zu schärfen und zu reflektieren. Auf jeden Fall kann das Nachdenken über die Übersetzungsmetapher in religiösen Bildungsprozessen wieder das Bewusstsein für hermeneutische Grundprozesse in Erinnerung rufen, die auch spätmodern und rezeptionsästhetisch reformuliert von elementarer Bedeutung bleiben.

---

37 *Leupold/Raabe*, Einleitung, 7.

38 Ebd., 26.

39 Ebd., 27.

Literatur

S. Altmeyer: Fremdsprache Religion? Sprachempirische Studien im Kontext religiöser Bildung, Stuttgart 2011.

H.-M. Barth: Konfessionslos glücklich. Auf dem Weg zu einem religionstranszendenten Christsein, Gütersloh 2013.

L. Cercel: Auf den Spuren einer verschütteten Evidenz: Übersetzung und Hermeneutik (Einleitung), in: *dies.* (Hg.): Übersetzung und Hermeneutik. Traduction et Herméneutique, Bucharest 2009, 7–17.

F. Doedens: Religionsunterricht im Kontext von religiöser und weltanschaulicher Pluralität – Der Hamburger Weg: Religionsunterricht für alle, in: *Lehmann u. a.*, Zukunftsfähige Schule, 131–151.

M. Domsgen, M. Spenn: (Was) gehen uns »die anderen« an? Schule und Religion in religions- und gemeindepädagogischer Perspektive, in: *dies.* (Hg.): Was gehen uns die anderen an? Schule und Religion in der Säkularität, Göttingen 2012, 83–102.

R. Englert: Religion gibt zu denken. Eine Religionsdidaktik in 19 Lehrstücken, München 2013.

J. Habermas: Glauben und Wissen, Frankfurt am Main 2001.

M. Hahn: Konfessionslos und religiös interessiert: Religionspädagogik vor der Herausforderung der Konfessionslosigkeit, in: *Lehmann u. a.*, Zukunftsfähige Schule, 111–130.

W. Herrndorf: Arbeit und Struktur, Berlin ^{2}2013.

H. Joas: Braucht der Mensch Religion? Über Erfahrungen der Selbsttranszendenz, Freiburg ^{2}2004.

D. Käbisch: Religionsunterricht und Konfessionslosigkeit. Eine fachdidaktische Grundlegung, Tübingen 2014.

D. Korsch: Dogmatik im Grundriss, Tübingen 2000.

H. Krapoth: Einleitung: Übersetzung als kultureller Prozess, in: *ders., B. Hammerschmid* (Hg.): Übersetzung als kultureller Prozess. Rezeption, Projektion und Konstruktion des Fremden, Berlin 1998, 1–10.

M. Kumlehn: Religiöse Indifferenz und Differenzkompetenz. Religiöse Bildung als Überführung komplexer religiöser Unbestimmtheiten in einen bewussten Umgang mit dem Unbestimmbaren, in: *M. Rose, M. Wermke* (Hg.): Konfessionslosigkeit heute. Zwischen Religiosität und Säkularität, Leipzig 2014, 286–301.

C. Lehmann, H. Noormann, H. Lamprecht, M. Schmidt-Kortenbusch (Hg.): Zukunftsfähige Schule – zukunftsfähiger Religionsunterricht. Herausforderungen an Schule, Politik und Kirche, Jena 2011.

G. Leupold, K. Raabe: Einleitung, in: *dies.* (Hg.): In Ketten tanzen. Übersetzen als interpretierende Kunst, Göttingen 2008, 7–29.

K. Lösch: Begriff und Phänomen der Transdifferenz: Zur Infragestellung binärer Differenzkonstrukte, in: *L. Allolio-Näcke, B. Kalscheurer, A. Manzeschke* (Hg.): Differenzen anders denken. Bausteine zu einer Kulturtheorie der Transdifferenz, Frankfurt/New York 2005, 26–52.

A. Nassehi: Religiöse Kommunikation: Religionssoziologische Konsequenzen einer qualitativen Untersuchung, in: *Bertelsmann Stiftung* (Hg.): Woran glaubt die Welt? Analysen und Kommentare zum Religionsmonitor 2008, Gütersloh 2009, 169–203.

K. E. Nipkow: Grundlagen und Profil eines zukunftsfähigen Religionsunterrichts angesichts religiöser Heterogenität, in: *Lehmann u. a.*, Zukunftsfähige Schule, 69–88.

M. Petzoldt: Zur religiösen Lage im Osten Deutschlands: Sozialwissenschaftliche und theologische Interpretation, in: *Bertelsmann Stiftung* (Hg.): Woran glaubt die Welt? Analysen und Kommentare zum Religionsmonitor 2008, Gütersloh 2009, 125–150.

I. und *W. Schoberth*: Theologische Kompetenz für den Religionsunterricht – Systematische Theologie in der Ausbildung von Religionslehrern, in: *W. Ritter, M. Rothgangel* (Hgg.): Religionspädagogik und Theologie. Enzyklopädische Aspekte, Stuttgart 1998, 280–289.

R. Stolze: Hermeneutik und Übersetzungswissenschaft, in: *L. Cercel* (Hg.): Übersetzung und Hermeneutik. Traduction et Herméneutique, Bucharest 2009, 19–49.

G. Theißen: Zur Bibel motivieren. Aufgaben, Inhalte und Methoden einer offenen Bibeldidaktik, Gütersloh 2003.

M. Wermke: Evangelischer Religionsunterricht in Ostdeutschland. Empirische Befunde zur Teilnahme thüringischer Schülerinnern und Schüler, Jena 2006.

M. Wohlrab-Sahr: Forcierte Säkularität. Religiöser Wandel und Generationendynamik im Osten Deutschlands, Frankfurt a. M. 2009.

Hegemonialität, Vernakularität, Transkulturation

Zur Historisierung der Übersetzung von Religionen

Klaus Hock

Für die und in der Religionsforschung ist »Übersetzung« ein ebenso elementarer wie basaler Vorgang – und damit zugleich eine fundamentale Thematik. Dabei dürfte die Aufgabe, sich einer grundsätzlichen Frage wie der nach der Übersetzung und Übersetzbarkeit von Religionen zu stellen, im Rahmen eines doch begrenzten Beitrags wohl kaum zu bewältigen sein. Insofern kann es im Folgenden nicht um die Präsentation ausgearbeiteter Forschungsergebnisse oder eines großen theoretischen Entwurfs gehen, sondern lediglich um die Vorstellung einiger Anstöße, die sich aus der Beschäftigung mit der Thematik aus der Perspektive der Religionswissenschaft und der Interkulturellen Theologie ergeben.

1. Hinführung

Das Übersetzen und die Übersetzung gehören zu den fundamentalen Aufgaben und Gegenständen religionswissenschaftlichen Forschens. Überhaupt hat die moderne Religionswissenschaft als eigenständige akademische Disziplin mit der Übersetzung von Texten fremder Religionen ihren Anfang genommen; der Theologie wiederum war die Beschäftigung mit den »fremdsprachigen« Quellen des Christentums seit dem Beginn kritischer Selbstvergewisserung und systematischer Reflexion über den eigenen Glauben ohnehin schon immer mitgegeben. Es ist nicht zu vergessen, dass Friedrich Max Müller (1823–1900), der gemeinhin als Begründer der modernen Religionswissenschaft gilt, Sprachwissenschaftler war, und sich um die Übersetzung von Texten aus indischen Sprachen, namentlich aus dem Sanskrit, verdient gemacht hat. Die von ihm herausgegebene monumentale Reihe »Sacred Books of the East«, eine Sammlung von insgesamt 50 Bänden englischer Übersetzungen asiatischer religiöser Schriften, die zwischen 1879 und 1910 erschienen sind, bilde so etwas wie den Grundstock religionsgeschichtlicher Quellensammlungen aus dem asiatischen Raum für die gerade im Entstehen begriffene Disziplin. Das hat der Religionswissenschaft in ihrer frühen Phase eine starke philologische Prägung gegeben – und, so wäre zu ergänzen: Diese Prägung existiert auch weiterhin, und zwar ungebrochen. Die Übersetzung gehört also gewissermaßen zur *raison d'être* der Religionswissenschaft – wie auch der Interkulturellen Theologie –, wobei die Bedeutung der Übersetzung im Falle beider Fächer über die Dimension des Sprachlich-Textlichen hinausgeht und im Sinne des Verstehens fremder Kulturen und ihrer Religionen zu begreifen ist.

Die Übersetzungsproblematik hinsichtlich der Übersetzung von Religion in den Aggregatzustand ihrer religionswissenschaftlichen Darstellung war lange Zeit in Gestalt einer dreifachen Arbeitsteilung beschrieben worden:[1] In der Religionsgeschichte sollte es vornehmlich um die Übersetzung von Texten gehen, die in geschriebener Form vorliegen. Aber wir haben es auch mit der Übersetzung von anderen »Texten« zu tun, beispielsweise in Gestalt mündlicher Quellen, namentlich in den Religionen indigener, zumeist schriftloser Völker, mit denen sich vornehmlich die Ethnologie oder zwischendurch auch die Religionsphänomenologie beschäftigt hat. Was wiederum die sog. »Gegenwartsreligionen« anbelangt, waren herkömmlicherweise die Soziologie und die Psychologie damit befasst, die Vielfalt der kaum noch überschbaren Informationen und Daten zu ordnen und auf je eigene Weise in ihre spezifische (Fach-)»Sprache« zu »übersetzen«. Diese dreifache Arbeitsteilung – dass sich also Philologie und Religionsgeschichte mit den Religionen von Schriftkulturen beschäftigen, Ethnologie und Religionsphänomenologie mit den Religionen schriftloser Völker, und Soziologie und Psychologie mit den Gegenwartsreligionen – ist in dieser Form nicht mehr haltbar. Wir haben es allerdings tatsächlich mit äußerst unterschiedlichen Daten zu tun, die hier in verschiedener Konzentration, Dichte, Form und Modalität zur Verfügung stehen und die entsprechend auf unterschiedliche Weise aufgenommen, aber dann eben auch »übersetzt« werden müssen.

---

[1] Vgl. dazu *Stolz*, Grundzüge, 183 ff., der zu Recht diese Zuordnung als »eine zwar übliche, aber sehr problematische Dreiteilung der allgemeinen Religionsgeschichte im Hinblick auf Gegenstand und Methodik« (ebd., 183) beschreibt.

Doch die Religionsforschung hat es noch mit anderen Dimensionen von Übersetzung zu tun. Der Übersetzungsvorgang steht im Zentrum religionswissenschaftlichen Forschens auch insofern, als es darum geht, religiöse Gegenstände, Phänomene oder Sachverhalte begrifflich auf eine metasprachliche Ebene zu abstrahieren, um sie überhaupt als religionswissenschaftliche Kategorien verwenden zu können. Selbstverständlich wissen wir um die »beidseitige Verflochtenheit von Religion und Religionswissenschaft«[2] und wir sind uns der Tatsache bewusst, dass wir als Forschende selbst Teil jener Prozesse sind, die wir untersuchen – mehr noch: diese durch unser forschendes Tun selbst mit konstituieren; und das ist nicht nur individuell und systemisch, sondern auch geschichtlich feststellbar.[3] Doch es gilt nach wie vor als Konsens, dass wir mit einer Metasprache als wissenschaftlicher Fachsprache jenseits religiöser Rede zu arbeiten haben,[4] die sich nicht nur deutlich von der Objektsprache – also der Sprache ihrer religiösen Quellen – unterscheidet, und in der wir mit Begriffen und Kategorien arbeiten, die selbst aus ihrem religiösen Kontext abstrahiert sind, oder anders gesagt: dass »zu unterscheiden ist zwischen religiösem Diskurs – religiösen Aussagen, Handlungsträgern, Symbolen und Kategorien usw. – und religionswissenschaftlicher Konstruktion – der Bestimmung zusammengehöriger Elemente und Ausdrucksformen mit Hilfe eines Rasters formaler Begriffsbildungen«[5] auf der Ebene einer »Meta-Sprache«. Das bedeutet aber zugleich, dass Religionswissenschaftler »ihr eigenes Tun, ihre eigene Rolle als ›Konstrukteure‹ in diesem Prozess der Interaktion« mit religiösen Sachverhalten oder religiösen Quellen »kritisch reflektieren und problematisieren müssen«.[6]

Religion selbst, der Gegenstand der Religionswissenschaft, steht ebenfalls im Zentrum dieses Übersetzungsgeschehens. Das betrifft bereits den Religionsbegriff: In dem Augenblick, in dem es darum geht, begriffliche Korrelate zum Terminus »Religion« zu finden, sind wir bereits in der Mitte dieses Übersetzungsgeschäfts. Ob wir das arabische – etymologisch aus dem Persischen entstammende – *dîn*, das aus indischen Sprachen – vom Sanskrit abgeleitete – *dharma*, das chinesische *dao* oder ganz andere Begriffe verwenden: Stets handelt es sich um Übersetzungen von Begriffen, mit denen weitere und zum Teil ganz andere Dinge konnotiert sind, als wir das von

2 *Tenbruck*, Religion.

3 Vgl. etwa *Kippenberg*, Religionsgeschichte.

4 Vgl. beispielsweise *Koch*, Religionswissenschaft.

5 *Hock*, Einführung, 20.

6 Ebd., 28.

unserem Religionsbegriff her kennen. Besonders komplex wird dieser Sachverhalt insbesondere im chinesischen Bereich, in dem uns mindestens drei begriffliche Korrelate zur Verfügung stehen: *zongjiao* (Lehre über die Ahnen bzw. von den Ahnen erteilte Lehre); *sanjiao* (drei Lehren – Konfuzianismus, Daoismus, Buddhismus) oder *dao jiao* (auf Gott, die Götter oder Geister bezogener, »theistischer« Weg).[7]

Doch nicht nur in diesem Sinne ist Religionswissenschaft »Übersetzungswissenschaft«. Vielmehr hat Religionswissenschaft auch Übersetzungsvorgänge zum Gegenstand. Dies betrifft beispielsweise die Begegnung von Religionen, also Situationen, in denen Religionen aufeinandertreffen. Dieses Aufeinandertreffen kann unterschiedliche Formen annehmen – vom freundlichen Dialog über das nachbarschaftliche Ignorieren bis hin zum gewalttätigen Zusammenstoß. Auch »Mission« als Form der Ausbreitung von Religion im Sinne einer nicht innerhalb der Abstammungsgemeinschaft tradierten, sondern die Abstammungsgemeinschaft überschreitende Weitergabe von Religion, ist so ein Gegenstandsbereich von Religionswissenschaft und Interkultureller Theologie, der als eine Art Übersetzungsvorgang betrachtet werden kann – wie auch die Ausbreitung von Religion durch die Expansion politischer Herrschaft.[8] Die klassische Religionswissenschaft hat für dieses Aufeinandertreffen von Religionen und für die Frage, was sich daraus ergibt, eine Reihe von Klassifikationen entwickelt – wie auch die Interkulturelle Theologie. Beispielsweise hat Günther Lanczkowski eine Zusammenstellung vorgenommen, die diese unterschiedlichen Formen der Religionsbegegnung zu kategorisieren versucht. Eine recht komplexe Nomenklatur zur Kategorisierung der entsprechenden Phänomene soll die ebenso komplexen Prozesse des Religionskontakts und des dadurch ausgelösten Religionswandels in den Griff bekommen und auf den Begriff bringen: von Ambiguität und Recoupment, Konvergenz, Affinität und Demarkation, Synoikismus etc. – bis hin zum Begriff des Synkretismus, der ja gerade in der religionswissenschaftlichen Debatte besonders umstritten war und ist. Auch der Begriff der »Translation« findet sich, worunter bspw. Günter Lanczkowski »die Übertragung religiöser Vorstellungen« verstand, »die von einem Ausstrahlungszentrum auf verschiedene Religionen übergriffen und in ihnen in einer oft nur sehr

---

7 *Meyer*, Religionsbegriff. Erwähnenswert wäre auch noch der Begriff *bai shen*, in etwa: »Verehrung der Götter«, der sich üblicherweise auf die traditionelle chinesische Volksreligion bezieht (*Emmerich*, Chinesische Religionen, 216), allerdings in letzter Zeit kaum noch verwendet wird.

8 Vgl. hierzu beispielsweise *Feldtkeller*, Theoretische Perspektiven.

gering variierten Weise als Muster, als *pattern*, [...] formend wirkten. Es handelt sich um die Wanderung bestimmter religiöser Ideen.«[9]

Auch die Theologie hat entsprechende Modelle ausgebildet: Akkommodation, Adaption, Indigenisierung, Inkulturation, Kontextualisierung, Inkarnation oder Kommunikation ...[10] Diese Kategorisierungen und idealtypischen Schematisierungen waren durchaus hilfreich. Aber sie dienten doch vornehmlich als Instrumente, die auf recht statische und binäre Modelle der Religionsbegegnung bezogen waren und eher als »Ordnungskategorien« fungierten, mit denen sich die dynamischen Prozesse der Religionsbegegnung – und der »Übersetzung« von Religion – nur ungenügend erschließen ließen. Im Laufe der Zeit war sowohl in der Religionswissenschaft als auch in der Interkulturellen Theologie eine Hinwendung zu kulturwissenschaftlichen Kategorien und Instrumentarien zu verzeichnen, was zu einer Abkehr von vergleichsweise statisch-essenzialistischen und hierarchisierenden Systematiken und Ansätzen führte – bis hin zur Behauptung einer grundsätzlichen Konstruktivität und Diskursivität religionswissenschaftlicher Kategorienbildung. Entsprechend kamen vermehrt Modelle zur Erprobung, die auf der Einsicht beruhen, dass die komplexen Interaktionsformen zwischen Religionen als Interaktionsprozesse zwischen fluiden Phänomenen zu begreifen sind. Das entspricht einer Einsicht, die sich auch das an der Universität Rostock beheimatete Graduiertenkolleg »Kulturkontakt und Wissenschaftsdiskurs« zur Grundlage seiner Arbeits- und Forschungsinteressen gemacht hat, nämlich dass »ein z.T. vom Strukturalismus geprägtes, jedoch in Wirklichkeit auf archaische Vorstellungen von kultureller Differenz zurückgehendes dualistisches Wissenschaftsparadigma, das von Kulturen im Sinne von binären Oppositionen und unvereinbaren fundamentalen Gegensätzen spricht, in der populärwissenschaftlichen Forschung und im öffentlichen Diskurs weiterhin virulent ist«, dass jedoch »der internationale akademische Diskurs der letzten zwei bis drei Jahrzehnte eine deutliche Hinwendung zu komplexeren und dialogischeren Erklärungsmustern für das Phänomen ›Kulturkontakt‹ vollzogen [hat].«[11]

Im Folgenden wird es nicht darum gehen, schwerpunktmäßig auf Übersetzen im Sinne einer Übersetzung von Texten einzugehen. Vielmehr ist an exemplarischen Beispielen zu verdeutlichen, welche Debatten mit Blick auf die Frage nach der »Übersetzung/Übersetzbarkeit von Religion« auf der

---

9 *Lanczkowski*, Begegnung, 82.

10 *Hock*, Religion als transkulturelles Phänomen, 66ff.

11 http://www.gk-kulturkontakt.uni-rostock.de/ziele/ (letzter Zugriff am 10.05.2015).

Ebene theoretischer Selbstverständigung in Religionswissenschaft und Interkultureller Theologie virulent werden. Die Beispiele stammen vor allem aus dem afrikanischen Bereich und aus dem Bereich des Religionskontakts zwischen Christentum und afrikanischen – so genannten »traditionellen« – Religionen. Das hat den Vorteil, dass wir es einerseits mit einer Religion zu tun haben, für die der (verschriftlichte) Text von zentraler Bedeutung ist, aber auch mit schriftlosen Religionen, und mit Religionen, die sowohl eine lange Geschichte als auch eine florierende Gegenwart aufweisen. Die Auswahl ermöglicht außerdem zumindest in einem ganz kurzen Seitenblick einen Vergleich zwischen Islam und Christentum in der Begegnung mit afrikanischen Religionen und spiegelt Debatten um afrikanisches Christentum bzw. afrikanischen Islam – und sie spiegelt zugleich eine dynamische Diskussion, die seit etwa einem guten halben Jahrhundert geführt wird über die Frage der Übersetzbarkeit der Bibel – und damit des Christentums –, aber auch des Korans – und somit des Islams – in afrikanische Kontexte.

Der Beitrag folgt in seiner Struktur dem vielleicht etwas opak wirkenden Titel. So thematisiert der folgende Abschnitt unter dem Begriff der Hegemonialität traditionelle »Übersetzungs«-Paradigmen im Bereich afrikanischer Religionsgeschichte, insbesondere afrikanischer Christentumsgeschichte. Dabei wird herauszustreichen sein, dass bereits in der Debatte selbst Hegemonialität auch in Gestalt einer »Gegen-Hegemonialität« entworfen wird. Ein dritter Teil beschäftigt sich mit der Frage der Vernakularität, also jenem Aspekt der Übersetzung, bei dem der Dimension des Umgangssprachlichen, des selbst in seiner verschriftlichten Form noch ans Mündliche Angelehnten, besondere Priorität eingeräumt wird. Diesbezüglich wird vornehmlich auf jene Aspekte kritisch einzugehen sein, die durch eine vorschnelle Idealisierung von Vernakularisierungsprozessen Probleme ganz eigener Art kreieren. Der vierte Teil nimmt Bezug auf das Konzept der Transkulturation als mögliches Modell, das die Debatte über die angesprochenen Probleme voranbringen könnte. Der Abschluss führt dann nochmals die verschiedenen Überlegungen zusammen, indem danach gefragt wird, was denn überhaupt die »Religion« ist, die da übersetzt wird bzw. sich übersetzt. Diese Frage ist im Lichte gegenwärtiger religionswissenschaftlicher Debatten um den Gegenstand der Religionswissenschaft mit Blick auf den Religionsbegriff nur dadurch zu beantworten, dass eine radikal-kritische Historisierung von »Religion« vorgenommen wird, was dann auch insofern Konsequenzen hat, als dieser Historisierungsprozess konzeptionell, methodologisch und theoretisch in den Gegenstand der Religionsbegegnung, der »Übersetzung« von Religion (und in den Umgang damit) zu integrieren ist.

2. Hegemonialität: Die Bibel in Afrika ...

Die Übersetzungsproblematik stellt sich mit Blick auf die »Übersetzung« des Christentums ins »Afrikanische«, wenn das hier einmal so flapsig ausgedrückt werden darf, als besonders dramatisch dar. Provozierende Äußerungen wie die des methodistischen Theologen Setiloane (1925–2004), dass er sich wie jemand fühle, »der verhext worden ist« und es schwer finde, »die christliche Hexerei abzuschütteln«[12], oder die Feststellung von Desmond Tutu, dass ein afrikanischer Christ »unter einer Form religiöser Schizophrenie leidet«[13], bringen lediglich recht plakativ das weit verbreitete Gefühl einer Entfremdung zum Ausdruck, das viele afrikanische Theologen bedrückt: Wie kann ich Afrikaner sein – und zugleich Christ?

Ein solches Unbehagen hat sicherlich damit zu tun, dass die Übersetzungsprozesse des Christentums noch nicht abgeschlossen sind und auf ein tiefsitzendes Spannungsverhältnis zwischen afrikanischer Kultur und Christentum verweisen. Dieses Spannungsverhältnis war sowohl in theologischen akademischen Debatten seit den 1950er Jahren als auch von kirchlicher Seite beispielsweise durch die Konsultation zum Thema »Christentum und afrikanische Kultur«[14] im Jahre 1955 thematisiert worden. Weitgehender Konsens in allen diesen Debatten war, dass die Bibel als »Ur-Kunde« des Christentums grundlegende Bedeutung hat, in ihrem Verhältnis zur afrikanischen Kultur jedoch genauer bestimmt werden muss. – Von katholischer Seite war der Schwerpunkt diesbezüglich vielleicht insofern ein bisschen anders gelagert, als nicht so sehr die Bibel selbst (wie im Falle der protestantischen, oftmals evangelikal geprägten, jedenfalls stark bibelbezogenen Kirchen), sondern Fragen der Liturgie, der Sakramente und der kirchlichen Performanz insgesamt stärker im Vordergrund standen – und entsprechend auch eher theologische Fragen, die sich aus der Auseinandersetzung mit dem traditionellen Thomismus speisten.[15]

Damit war das Übersetzungsproblem selbst zum Thema geworden – weit über seine linguistische Dimension hinaus. Nun war zwar die Bibel bereits in mehrere afrikanische Sprachen übersetzt worden, aber die Sprache der Theologie, und damit das hermeneutische Handwerkszeug, blieb doch weiter aufs Englische und Französische beschränkt und reduzierte damit die

---

12 *Setiloane*, African Theology, 64.

13 *Tutu*, Whither Theology, 366.

14 *Baëta*, Christianity.

15 *Parratt*, Theologiegeschichte, 42 f.

Möglichkeit, afrikanische Perspektiven in stärkerem Maße in Debatten über die biblischen Inhalte einzubringen. Zudem blieb die Spannung zwischen mündlicher und schriftlicher Sprache auch in den Bibelübersetzungen weiterhin erhalten. Dies führte dazu, dass die Bibel unterm Strich auch in ihren in einheimischen Sprachen vorliegenden Übersetzungen zu einem Großteil ein »fremder« Text bleiben musste, der als fremder Text aufgrund seiner zentralen Stellung eine ihm von außen zukommende Hegemonialität besaß.

Mit der Bezugnahme auf den Begriff der Hegemonialität wird zugleich eine bestimmte theoretische, methodologische und konzeptuelle Perspektive eingenommen. Diese leitet sich allerdings weniger bzw. nur indirekt von einem »harten« Hegemoniebegriff ab, wie er insbesondere in politik- und sozialwissenschaftlichen Kontexten Verwendung findet,[16] sondern fokussiert stärker auf den Aspekt der diskursiven Hegemonialität, die zwar in demselben Traditionszusammenhang steht, aber eher auf die Dimension des Diskursiven abhebt. Es geht also – im Anschluss an Foucault, nach dem Diskurse als geordnete Aussagen gesellschaftliches Handeln strukturieren – um die »Produktion« von »Normalität«[17] – bzw. umgekehrt: die Bestimmung (und dann ggf. den Ausschluss) des »anomalen Anderen« als Ausdruck von (Deutungs-)Macht.[18] Für den afrikanischen Kontext ist eine entsprechende Perspektive erstmals von Valentin Mudimbe theoretisch entfaltet worden.[19]

Das Modell einer fremdbestimmten Hegemonialität bildet sich auch in vielen theologischen Entwürfen der 1960er und -70er Jahre ab und ließe sich am besten unter dem Oberbegriff der »Adaptionstheologie«, des Adaptionismus zusammenfassen. Von katholischer Seite hatten Theologen wie Vincent Mulago[20] oder Charles Nyamiti[21] diesen Ansatz vertreten und inhaltlich gefüllt. Diesem Ansatz lag aber ein recht statisches Modell zugrunde, das davon ausgeht, dass ein unveränderter »Kern« des Christentums, wie er sich in Bibel und Tradition findet, in die afrikanischen Religionen eindringt und diese gewissermaßen von innen her transformiert. Entsprechende Ansätze finden sich – mit explizitem Bezug auf die Bibel als dieser »eigentliche« Kern

---

16 Von Marx herkommend und über Antonio Gramsci insbesondere ausgearbeitet bei *Laclau / Mouffe*, Hegemonie.

17 *Link*, Normalismus.

18 Vgl. hierzu auch *Moebius*, Macht und Hegemonie, sowie *Stoellger*, Deutungsmachtanalyse.

19 *Mudimbe*, Invention of Africa. Mit Blick auf die Übertragung des »Orientalismus«-Konzepts auf Afrika vgl. auch *van Rinsum*, They became slaves.

20 *Mulago*, Un visage africain.

21 Vgl. beispielsweise *Nyamiti*, African Tradition.

des Christentums – bei protestantischen afrikanischen Theologen. Zwar wurde von diesen der herkömmliche Adaptionismus insofern weiterentwickelt, als häufiger von zwei Brennpunkten – den Afrikanischen Traditionellen Religionen und der christlichen Offenbarung, die miteinander in Beziehung gesetzt werden sollten – die Rede war,[22] aber das Adaptions-Paradigma selbst wurde nicht grundsätzlich verändert: Sei es, dass stärker die Betonung auf der Assimilation bestimmter Aspekte der afrikanischen Religion lag,[23] sei es, dass die Übersetzung des Christentums so projektiert war, dass es sich »der Sprache, dem Stil, Genius, Charakter und der Kultur der afrikanischen Menschen anpasst«[24] – die primäre Quelle blieb die Bibel, die afrikanische Kultur und Religion diente vornehmlich als Medium. Selbst wenn Evangelium bzw. Bibel und afrikanische Kultur oder Religion bisweilen als zwei »Quellen« christlicher Theologie erscheinen,[25] bleibt doch ein Gefälle bestehen, wie dieses Zitat von John Pobee aus den 1970er Jahren belegt: »Das Anliegen der afrikanischen Theologie besteht darin, [...] das Wesentliche des christlichen Glaubens in authentische afrikanische Sprechweise zu übertragen [...].«[26]

Und wenig später wurde auf der Panafrikanischen Konferenz der Theologen der Dritten Welt in Accra 1977 eine ähnliche Position formuliert: »Die Bibel ist die grundlegende Quelle der afrikanischen Theologie [...]. In Afrika sind die traditionellen Religionen eine Hauptquelle für das Studium der afrikanischen Gotteserfahrung. Die Glaubensinhalte und Praktiken der traditionellen Religionen in Afrika können die christliche Spiritualität und Theologie bereichern.«[27]

Die herkömmliche, von außen kommende »Hegemonialität« der Bibel blieb damit erhalten. Dem setzten jedoch schon sehr früh afrikanische Theologen eine »Gegen-Hegemonialität« entgegen, und zwar in zweierlei Hinsicht: Zum einen wurde »westlichen« Theologen das Recht abgesprochen, an der Entwicklung einer afrikanischen Hermeneutik mitzuwirken; John Mbiti etwa, der Grandseigneur afrikanischer Theologie, beschuldigte Nichtafrikaner der »vorsätzlichen gezielten Sabotage« am Zustandekommen einer eigenständigen, biblisch begründeten afrikanischen Theologie.[28] Alleine den Afrikanern

---

22 Ebd., 78.

23 *Sawyerr*, Creative Evangelism, insbes. 157 f.

24 *Fasholé-Luke*, The Quest, 77.

25 *Dickson*, Theology in Africa.

26 *Pobee*, Grundlinien, 14.

27 *Appiah-Kubi / Torres*, African Theology, 198.

28 *Mbiti*, Biblical Basis, 90.

gestand er also die Deutungsmacht in dieser Frage zu. Zum anderen wurde – und wird bis heute ungebrochen! – diese Gegen-Hegemonialität dadurch zu begründen versucht, dass die Forderung nach der »Rekonstruktion« eines afrikanischen Referenzsystems erhoben wird, mit der die unvollendete Agenda der Afrikanisierung des Christentums nun zu einem erfolgreichen Abschluss gebracht werden soll.[29] Die so rekonstruierte afrikanische Kultur bildet dann den Rahmen hegemonialer »Übersetzung« – des Christentums, der Bibel etc.

Das grundlegende Problem bleibt jedoch, dass selbst diese Gegen-Hegemonialität sich in den »westlich« präfigurierten Epistemologien bewegt: Die Übersetzung der Bibel bzw. des Christentums wird lediglich zur negativen Spiegelung desselben. Dies hat damit zu tun, dass afrikanische Theologen insbesondere (aber nicht nur) der ersten Generation westliche fundamentale epistemologische Parameter übernommen hatten und entsprechend auch afrikanische Religionen danach rekonstruierten: Religion wird zur Kategorie *sui generis*; afrikanische Gottesvorstellungen werden nach christlich-monotheistischen Parametern und Kategorien bestimmt, es tauchen Phänomene der Epiphanie »des Heiligen« auf usw. usf. Bereits 1973 hat der Ugander Okot p'Bitek die Vertreter entsprechender Konzeptionen als »intellektuelle Schmuggler«[30] beschimpft: Ihre Übersetzungsleistung bestehe darin, afrikanische Traditionen als »Religion« in einem westlich-christlichen Bezugs- und Kategoriensystem zu verorten und neu zu erfinden, was es möglich macht, sie dann dem westlichen epistemologischen System einzuverleiben. Hegemonialität wurde so im Grunde durch die westlich-konzeptionelle epistemologische Rahmung des Übersetzungsvorgangs ungebrochen fortgesetzt.

3. Vernakularität: … als afrikanische Bibel

In eine völlig andere Richtung geht das Übersetzungsmodell des aus Gambia stammenden Theologen Lamin Sanneh, der – neben Kwame Bediako[31] und anderen – der wohl bedeutsamste Vertreter dieses Ansatzes ist. Sanneh streicht nicht nur die herausragende Rolle afrikanischer Akteure im »Übersetzungsprozess« des Christentums heraus, sondern stellt die besondere Übersetzbarkeit und »Vernakularisierung« der Bibel in den Mittelpunkt

29 *Mugambi*, Liberation.

30 *P'Bitek*, African Religions, 107.

31 *Bediako*, Jesus.

seines Zugangs. Gegenüber skeptischen und kritischen Stimmen afrikanischer Theologen, die die bleibende Fremdheit der Bibel (und damit des Christentums) thematisieren,[32] sieht er in der Übersetzbarkeit und in der seiner Meinung nach primär von afrikanischen Akteuren erbrachten Übersetzungsleistung die Grundlage für den Erfolg des Christentums.

In seinem Hauptwerk »Translating the Message« kontrastiert Sanneh diese »Übersetzbarkeit« der Bibel mit dem islamischen Prinzip der »Nicht-Übersetzbarkeit« des Korans, woraus sich entsprechend unterschiedliche Gestalten ergäben, in denen Islam und Christentum in den afrikanischen Kontext »übersetzt« würden: Während der Islam seiner Meinung nach sich an einem vergangenen Ideal als Modell für die Gegenwart orientiere, wie an den islamischen Reformbewegungen deutlich werde, hätte sich die Tradition der Reform im christlichen Afrika in die entgegengesetzte Richtung entwickelt. Dies erkläre auch die seiner Meinung nach völlig unterschiedlichen, ja konträren Modi der »missionarischen« Ausbreitung des Christentums bzw. des Islams: »Während für Christen ›Mission‹ primär die Bedeutung von ›Übersetzung‹ erhalten hat, steht für Muslime ›Mission‹ strikt für die Nicht-Übersetzbarkeit ihrer Schriften bei den rituellen Verpflichtungen.«[33]

Die *Scientific Community*, insbesondere die der christlichen Theologie, hat das Buch Sannehs zum Teil enthusiastisch begrüßt, präsentiert die Studie nach Meinung Vieler doch eine neue Sicht auf die christliche Missionsgeschichte. Ein Rezensent hebt hervor, dass es einen vielversprechenden Ansatz für die vergleichende Erforschung christlicher und islamischer Ausbreitung präsentiere,[34] ein anderer gar hält den Band für eine der bedeutsamsten Publikationen in diesem Bereich seit van Leeuwens »Christentum in der Weltgeschichte«.[35] In der Tat ist das Buch nicht nur das Ergebnis des Bemühens, ein neues Paradigma für die Erklärung christlicher Mission zu entwickeln, sondern beansprucht potenziell, eine allgemeine Theorie der religiösen Ausbreitung bereitzustellen. Dabei avanciert »Übersetzung« zum Schlüsselkonzept einer umfassenden Theorie der Religionsgeschichte – zumindest mit Blick auf die durch diese Übersetzung von Religion ausgelösten kulturellen Transformationen, was von Sanneh als »the missionary impact on culture« – die Auswirkungen der Mission auf die Kultur, so der Untertitel des Bandes – beschrieben wird. Das Christentum ist gerade als »übersetzte«

---

32 So beispielsweise *Mosala*, Biblical Hermeneutics, aber auch *Dube* und *West* (siehe unten).

33 *Sanneh*, Translating the Message, 7.

34 *Craman*, Missions, 786.

35 *Ross*, Translating the Message, 444.

Religion in der Religionsgeschichte zu einer Kraft geworden, die den Prozess der Übersetzung vorantreibt – mit Folgen sowohl für es selbst, also für die Kirche, wie auch für die Kultur, für Kulturen generell.

Leider ist es nicht möglich, im Rahmen dieses Beitrags auf Sannehs problematische Kontrastierung mit Koran und Islam einzugehen, denen er »Unübersetzbarkeit« attestiert. Ich habe mich an anderer Stelle kritisch damit auseinandergesetzt,[36] und für den Moment mag der Hinweis darauf genügen, dass nicht nur sog. »volksreligiöse«, sondern durchaus auch viele Reformbewegungen im Islam dadurch charakterisiert waren und sind, dass sie besonderen Wert auf Übersetzung und Popularisierung legen; die Kanäle, Mechanismen und Ausdrucksformen der Vernakularisierung sind im islamisch-afrikanischen Bereich nur anders konfiguriert, aber eine Gegenüberstellung von »Übersetzbarkeit« des Christentums und »Unübersetzbarkeit« des Islams ist recht abwegig.

Tatsächlich eröffnet Sannehs Herangehensweise völlig neue Perspektiven auf Fragen der Übersetzung und Übersetzbarkeit als etwa traditionelle (oder neuere, noch immer *en vogue* befindliche) Modelle des Adaptionismus in seinen vielfältigen Spielarten. Die Frage des Verhältnisses von Bibel, Evangelium, Christentum auf der einen und Afrikanischen Traditionellen Religionen sowie afrikanischer Kultur auf der anderen Seite wird völlig anders verortet – nämlich nicht unter der Perspektive der Frage nach Kontinuität oder Diskontinuität, sondern mit Fokussierung auf den Aspekt der radikalen Übersetzbarkeit der Bibel bzw. des Christentums.

Sanneh sieht die Besonderheit des Christentums darin, dass bereits die Bibel selbst – und damit auch der christliche Glaube – a priori ein »Übersetzungsprodukt« darstellt, einen hybriden Text, der das Ergebnis interkultureller Aushandlungsprozesse ist. Daraus erwächst sein Potenzial der kreativen Stärkung – mehr noch: der Erneuerung, der dynamischen Reform und der Neubelebung afrikanischer wie auch anderer Kulturen. Eine besondere Rolle schreibt er diesbezüglich den einheimischen »Übersetzern« zu, jenen Akteuren also, die als Afrikaner die Initiative ergriffen, die Bibel – und damit das Christentum – als aktiv Handelnde zu »übersetzen« – sowohl in sprachlicher als auch in kultureller Hinsicht. Dadurch gelingt ihm zugleich eine Aufwertung der afrikanischen Kultur, aus der heraus jene einheimischen Akteure als Agenten dieses kulturellen Kontextes tätig werden.

Gerade im letztgenannten Aspekt ist jedoch auch eines von mehreren Problemen des Entwurfs von Sanneh begründet, nämlich: die Überschätzung

36 *Hock*, Translated Messages.

der Souveränität und Handlungsmacht der einheimischen Übersetzer gegenüber anderen – »westlichen« – Akteuren, und ihre Verortung in »der afrikanische Kultur« – wobei sich gerade dies als problematische Konstruktion erweist.[37] Während Sanneh nämlich der Bibel und damit der christlichen Botschaft bzw. dem christlichen Glauben selbst translatorischen Charakter zuschreibt und entsprechend als Ergebnis von »Übersetzungen« begreift, spricht er diese Qualität »der afrikanischen Kultur« gerade nicht zu. Der Übersetzbarkeit der Bibel steht sozusagen die Unübersetzbarkeit »der« (afrikanischen) Kultur dichotom gegenüber – und entsprechend kommt auch den einheimischen Übersetzern als »Agenten« dieser wesenhaft gedachten, in sich geschlossenen, per se nicht dynamischen Einheit »afrikanische Kultur« keine wirkliche Souveränität und autonome Handlungsmacht zu.

Das hat Folgen – diesmal nicht in Hinsicht auf den zu übersetzenden Text bzw. die zu übersetzende Religion, sondern bezüglich der (afrikanischen) Kultur, die nun als nicht-übersetzbar erscheint; mit Homi Bhabha wäre dem entgegenzuhalten, dass Kultur/en selbst Übersetzungscharakter haben und damit sowohl »transnational« als auch »translational« konfiguriert sind.[38] Entsprechend lässt sich Sannehs Entwurf trotz mancher Ähnlichkeiten – so beispielsweise dem Verständnis von »Übersetzung« als kulturwissenschaftlicher Kategorie – (noch) nicht jenen Ansätzen zurechnen, die unter dem Stichwort des *translational turn*[39] subsumiert werden könnten; denn diese gehen von einem »Immer-schon-Übersetztsein«[40] aus, das sich nicht nur auf Texte, sondern auch auf Kulturen bezieht.

Hinzu kommt jedoch, dass Sannehs Ansatz in mehreren Aspekten geradezu vorkritisch bleibt. Dies betrifft sowohl die völlige Unterschätzung oder gar Ausblendung von kolonialen Machtstrukturen – mit Folgen für die Frage der Deutungsmacht bei allen Übersetzungsvorgängen; die eklatante Überschätzung der Souveränität einheimischer Akteure – die aufgrund ihrer

---

37 Im Rahmen dieses Beitrags kann nicht auf alle weitergehenden Fragen eingegangen werden. Diese werden – unter Hinweis auf *Coertze*, The African Agent Discovered – auf vorbildliche Weise aufgegriffen und bearbeitet von *Jahnel*, Afrikanische Theologie, bes. 265–272, auf die auch die folgenden Ausführungen indirekt Bezug nehmen. Zu diesen weitergehenden Problemen gehört u.a. die Unterschätzung der zwischen Kolonisierenden und Kolonisierten bestehenden Machstrukturen sowie die Ausblendung der Tatsache, dass auch die indigenen Akteure bereits von »westlichen« Diskursen, Epistemologien und Konstruktionen von Kultur und Wissen »kontaminiert« waren.

38 *Bhabha*, Verortung, 257.

39 *Bachmann-Medick*, Cultural Turns, 238–283.

40 Ebd., 248.

Verortung in diesen (kolonialen) Machtstrukturen oft mehr als (sprachliche) Übersetzungshilfen denn als aktive Übersetzer agierten; und auch die Vernachlässigung der Tatsache, dass die einheimischen Akteure nicht wirklich »einheimische Akteure« in dem Sinne waren, wie der Begriff suggerieren mag, sondern dass sie bereits im Rahmen westlicher Kategorien und Epistemologien agierten – also nicht nur als »Agenten« afrikanischer Kultur, als »native agents« handelten, sondern auch als »Agenten« westlicher Kultur. Sarkastisch hatte der nigerianische Kirchenhistoriker Ogbu Kalu (1942–2009) mit Blick auf die als Agenten afrikanischer Kultur hochgelobten einheimische Akteure einst angemerkt, viele von ihnen hätten wohl Franz Fanons Etikettierung »Schwarze Haut, Weiße Masken« mit Stolz getragen.[41]

4. Transkulturation: … in wechselseitiger Übersetzung

Jenseits adaptionistischer Paradigmen und des Sanneh'schen Übersetzbarkeitsmodells könnte eine Annäherung aus einer dritten Richtung Perspektiven eröffnen, die vielleicht nicht unmittelbar alle erwähnten Aporien auflösen, aber doch weiterführende Überlegungen möglich machen. Diesbezüglich bietet sich das Konzept der Transkulturation an, das für die Religionsforschung u. a. dadurch gekennzeichnet ist, dass es auf »eine differenzierte Beschreibung und Analyse von Vorgängen [abhebt], die durch außerordentliche Dynamik und vielschichtige Interaktion zwischen fluiden Größen und religiösen Akteuren gekennzeichnet sind« und sich in aller Kürze stichwortartig in etwa so beschreiben ließe: »Transkulturation bezieht sich auf synthetisierende oder harmonisierende ebenso wie auf pluralisierende und widersprüchliche, gegebenenfalls sich sogar gegenseitig neutralisierende oder ausschließende Prozesse der Übersetzung, Adaption, Rekonfiguration und Aneignung von Verhaltensweisen und Ausdrucksformen, die in der Begegnung zwischen Personen unterschiedlicher kultureller Provenienz erzeugt werden.«[42]

Auch hier kann ich nicht weiter auf das Konzept der Transkulturation selbst eingehen und will im Folgenden lediglich einige wenige Aspekte einbringen, die im Rahmen postkolonialer Perspektiven der Dimension der

---

41 *Kalu*, Introduction, 16.

42 *Hock*, Transkulturation, 440.

Transkulturation beim Vorgang der Übersetzung von Religion eine kritische Schärfung geben.

Einzusetzen wäre bei der anhaltenden Unzufriedenheit mit den als unzulänglich und unvollständig oder gar gescheitert empfundenen »Übersetzungen« des Christentums in afrikanische Kulturen. Das eingangs erwähnte diesbezügliche Unbehagen hat nämlich durchaus bis auf den heutigen Tag seine Fortsetzung gefunden und ist auch und gerade mit Blick auf die Frage der Bibel und ihrer Übersetzung bzw. Übersetzbarkeit in den afrikanischen Kontext wiederholt thematisiert worden. Das Unbehagen geht dabei weit über die Feststellung unzureichender oder unvollendeter Übersetzungsprozesse oder auch die ausdrückliche Forderung nach konkreten Revisionen von früheren, aus der Kolonialzeit stammenden Bibelübersetzungen[43] hinaus; besonders kritische Beobachter betrachten die Bibel nicht nur als fremden Text, sondern auch als Teil eines Herrschaftsdiskurses, der sowohl funktional – durch die koloniale Inanspruchnahme der Bibel – als auch manifest – durch die Bibel als integralen Bestandteil der kolonialen Bibliothek – die Bibel zum Instrument kolonialer Unterdrückung gemacht hat. Diese kritische Sicht hat weitergehende Folgen, steht doch nicht nur die »Urkunde« des Christentums in der Kritik, sondern kommt nun auch die von Sanneh so positiv beurteilte Mission des Christentums unter Beschuss – als übergriffiger, expansionistischer Modus von »Übersetzung«: raumgreifend, in-Besitz-nehmend, kolonisierend, beherrschend, womit sich das Projekt der Übersetzung des Christentums als koloniales Projekt erweist. Im Umkehrschluss ist auch die Bibel, sind ebenfalls die biblischen Texte gewissermaßen kolonial kontaminiert, mehr noch: Sie enthalten kolonisatorische Programmatiken und legitimieren imperiale Interessen.

Es ist offensichtlich, dass diese kritischen Stimmen – stellvertretend seien die an der Universität von Botswana lehrende Musa Dube und der an der Universität von KwaZulu-Natal lehrende Gerald West genannt[44] – an der (afrikanischen) Befreiungstheologie anknüpfen, die zumindest von ihren Anfängen her in einigen hermeneutischen Grundentscheidungen von der afrikanischen »Kultur-Theologie« abweicht, der insbesondere die adaptionistischen Paradigmen ihre Herkunft verdanken. Bereits *avant la lettre*, aber auch jenseits der üblichen Nomenklatur lassen sich diese befreiungstheologisch orientierten Ansätze inzwischen postkolonialen Theorien zuordnen, auch wenn sie sich nicht unbedingt selbst explizit als »postkoloniale Theologie«

---

43 So die Forderung von *Coertze*, The African Agent Discovered, 78.

44 Vgl. hierzu insbes. *West/Dube*, The Bible in Africa.

bezeichnen. Bei der Interpretation biblischer Texte durch Musa Dube beispielsweise kommt jedenfalls eine postkoloniale Hermeneutik zum Anschlag, die nicht nur feststellt, dass die Bibel am kolonialen Projekt maßgeblich mitgewirkt hat (und dies immer noch tut), sondern auch diagnostiziert, dass der Bibel selbst koloniale Diskurse eingeschrieben sind. Bibelexegese wird so zu einem Vorhaben der dekolonisierenden Interpretation.[45]

Anders als John Mbiti oder – sozusagen in zweiter Generation – Jesse Mugambi geht Dube jedoch nicht vom epistemologischen Referenzsystem einer vermeintlich »ganz anderen« und essenzialistisch homogenisierten, in einem binären Gegensatz zu »dem Westen« gedachten afrikanischen Kultur aus, sondern sie fragt umgekehrt danach, wie die Bibel durch die ihr inhärenten kolonialen Diskurse dazu beigetragen hat, dass Afrika als »das Andere«, das (gegenüber dem Westen) homogene Differente markiert und als solches einer dichotom-hierarchisierenden Struktur (der Westen vs. Afrika) unterworfen und auf dieser Folie dem »Imperium« einverleibt werden konnte. Die postkoloniale Hermeneutik setzt dabei nicht auf vermeintliche »einheimische Akteure«, sondern sieht diese ebenso in ihrer Ambivalenz (als indigene und koloniale Agenten), wie auch die Ambiguität der anstehenden Aushandlungsprozesse in den Blick kommt. In Aufnahme der auf Edward Said zurückgehenden Methode der »kontrapunktischen Lektüre«[46] geht es darum, biblische und nicht-biblische westliche zusammen mit afrikanischen Texten »synoptisch« zu lesen, um die biblischen Texte zu dezentrieren, zu dekolonisieren, zu differenzieren hinsichtlich ihrer Ambivalenz von Unterdrückungs- und Befreiungsdiskursen, von Unrechts- und Widerstandserzählungen. Übersetzung wird so zur Deutung, die nicht unabhängig von der Frage der Deutungsmacht verhandelt werden kann.

Damit ist einerseits ein indirekter Hinweis gegeben auf die Arbeit des an der Universität Rostock beheimateten Graduiertenkollegs »Deutungsmacht – Religion und *belief systems* in Deutungsmachtkonflikten«; andererseits wird damit zugleich die Brücke geschlagen zum Konzept der Transkulturation als Referenzrahmen für das soeben skizzierte Verständnis der »Übersetzung« von Religion.

---

[45] Vgl. beispielsweise *Dube*, Postcolonial Feminist Interpretation, oder *dies.*, Postkolonialität. Ihre postkoloniale Relektüre des Johannesevangeliums (Savior of the World) unterzieht *Jahnel*, Afrikanische Theologie, 166–172 einer detaillierten Analyse hinsichtlich der räumlich-kulturellen Dimension von Kolonisierungs- und Dekolonisierungsprozessen.

[46] Eine Lesart »gegen den Strich«, bei der durch eine alternative Perspektive eine neue Geschichte erkennbar wird; s. *Said*, Kultur und Imperialismus, 112 u. ö.

5. ... durch Aushandlungsprozesse im Raum (deutungs)mächtiger Diskurse

Abschließend ist noch auf einen nicht unbedeutenden Aspekt unserer Frage nach der Übersetzung und der Übersetzbarkeit von Religion zu sprechen zu kommen, ja, vielleicht nach dem Kern der Frage: Was ist denn eigentlich diese »Religion«, die da übersetzt wird oder sich übersetzen soll? Eingangs kam diese Frage bereits indirekt zur Sprache, als das Problem der Übersetzung des Begriffs »Religion« angesprochen, aber absichtlich an jener Stelle noch nicht weiterverfolgt wurde. Doch wir kommen um eine Näherbestimmung von »Religion« nicht herum, wenn wir die Übersetzung bzw. Übersetzbarkeit von Religionen thematisieren – denn diese betrifft nicht nur die Ebene der Texte einer Religion, sondern das Problem der Grenze von Religion(en).

Michael Bergunder hat diesbezüglich einige Vorschläge erarbeitet, die für die Frage nach »Religion« im Allgemeinen wie auch für die Frage nach der Übersetzung bzw. Übersetzbarkeit von Religion weiterführend, wenn nicht gar maßgebend sind.[47] Bergunder geht davon aus, dass sich die Religionswissenschaft bislang nicht auf einen gemeinsamen Gegenstand einigen konnte, also darüber einen Konsens zu finden fähig war, was denn eigentlich unter »Religion« zu verstehen sei. Die Antworten darauf reichen von einer kaum noch überschaubaren Vielfalt substantialistischer und funktionaler Religionsbestimmungen bis hin zur Forderung, nicht nur auf eine explizite Gegenstandsbestimmung der Religionswissenschaft, sondern ganz und gar auf den Religionsbegriff zu verzichten – was dann jedoch in letzter Konsequenz die Auflösung der Religionswissenschaft als eigenständiger Disziplin nach sich zöge.

In einem seltsamen Widerspruch zu diesem Scheitern des Bemühens um eine gemeinsamen Gegenstandsbestimmung – Bergunder spricht von der »großen Kontradiktion« – steht die Beobachtung, dass es »ein zeitgenössisches, alltägliches Religionsverständnis« gibt; für dieses ist »Religion«»weitgehend unerklärt und unerforscht, gilt aber zugleich [...] bezüglich ihrer inhaltlichen Merkmale als weitgehend konsensfähig und unumstritten.«[48] Im Rahmen dieses Religionsverständnisses wird »Religion« aber »nicht durch eine analytische Definition bestimmt, sondern referiert auf das zeitgenössische Verständnis von ›Religion‹ als ›historischer‹ Gegenstand« in dem Sinne,

---

47 *Bergunder*, Was ist Religion.

48 Ebd., 13.

»dass es sich um ein konkretes und einmaliges Phänomen in Raum und Zeit handelt.«[49]

Im Folgenden nimmt Bergunder eine Reihe von Klärungen diverser Aspekte dieses Religionsverständnisses vor, auf die hier nicht im Einzelnen einzugehen ist. Zu den komplexesten und schwierigsten Aufgaben gehört dabei die programmatische Historisierung von »Religion«. Auch diese Operation, die mit vielen tiefgehenden und komplexen (philosophischen) Reflexionen verbunden ist, kann an dieser Stelle nicht im Detail nachgezeichnet werden.

Entscheidend für das Vorhaben der »Historisierung von Religion« ist die konsequente Anwendung eines genealogischen Ansatzes: »Der Einstiegspunkt kann nur das heutige Alltagsverständnis von ›Religion‹ sein und keinesfalls ein vermeintlicher ›Ursprung‹ oder ›Vorläufer‹ in der Vergangenheit. Die genealogische Bestimmung kehrt also in ihrem Vorgehen den chronologischen Zeitstrahl um und geht von der Gegenwart in die Vergangenheit! Aber auch in der Gegenwart steht uns der Name ›Religion‹ nur in einer jeweils konkreten Artikulation zur Verfügung, die insofern über eine diachrone Perspektive verfügt, als sie zugleich ›Zitat‹ ist.«[50]

Eine solche Historisierung des Religionsbegriffs ist aber nicht auf den »westlichen« Kontext beschränkt, sondern hat eine globale Dimension; diese ist mit der europäischen Expansion und damit mit dem kolonialen Projekt selbst engstens verbunden – was manche Religionswissenschaftler dazu gebracht hat, vom Religionsbegriff als »europäischer« Erfindung zu reden und seine Verwendung grundsätzlich abzulehnen. Daran ist zutreffend, so Bergunder, dass »Religion« – verstanden als Bestandteil des westlichen Wissensarchivs über den »Orient«, Afrika und die kolonisierte Welt insgesamt – im Zuge europäischer Expansion den Kolonisierten oktroyiert worden ist. Allerdings genügt es nicht, diesen Sachverhalt auf bloß abstrakter Ebene zu reflektieren und aus dieser Perspektive heraus grundsätzlich die Verwendung des Religionsbegriffs zu verweigern.

An dieser Stelle verweist Bergunder auf entscheidende Impulse aus postkolonialer Perspektive; denn diese »interessiert sich für die genauen Rezeptionsformen westlichen Wissens und versteht diese nicht bloß als identische Übernahmen. Koloniale Diskurse sind deshalb alles andere als monolithisch oder invariabel, sondern sie sind von polyphoner und instabiler Natur. Sie verfügen durchaus über eine beträchtliche Dynamik, ein erhebliches Transformationspotenzial, und in ihrer Brüchigkeit kann sich gleichzeitig

49 Ebd., 17.

50 Ebd., 43.

Widerstand artikulieren. Genau dies will der Postkolonialismus historisch erfassen und interessiert sich deshalb für die ganze Breite der Artikulationen der Kolonisierten.«[51]

Dabei verschränken sich westliche, koloniale und außereuropäische (Religions)Geschichte zur Globalgeschichte bzw. zur globalen Religionsgeschichte im Sinne einer Verflechtungsgeschichte – oder besser im Sinne von *entangled histories*: »Auch wenn das westliche Wissen eine hegemoniale Stellung innehatte, war es somit zugleich das Produkt einer ›Verflechtung‹ (entanglement).«[52]

Was heißt das nun entsprechend für unser Verständnis von der »Übersetzung von Religion«? Diese Frage soll abschließend nochmals in der Anwendung auf unseren exemplarischen Gegenstandsbereich zu beantworten versucht werden.

Wenn es darum geht, Modelle der Hegemonialität bei der »Übersetzung« von Bibel, Christentum oder Religion zu überwinden – und zwar jenseits der illusionären Annahme einer souveränen Handlungsmacht vernakularer Akteure, die als Agenten »einheimischer Kultur« agieren –, dann ist das nur möglich durch die Entwicklung von Modellen, in denen »Übersetzung« verstanden wird als vielfältiger, wechselseitiger Aushandlungsprozess, in dem Texte, Kulturen, Religionen, Akteure wirken. Diese bewegen sich jedoch in einem Raum, der durch die Macht kolonialer Diskurse geprägt ist. Die genealogische Bestimmung von Religion impliziert, dass auch die Übersetzung von Religion integraler Bestandteil des kolonialen Projekts war – in aller Dienstbarkeit, aber auch in aller Widerständigkeit. Der Aufgabe, sich damit auseinanderzusetzen, wird im Rahmen globaler Religionsgeschichte auch gegenwärtig – und künftig – nicht zu entkommen sein.

Aber hinsichtlich der Frage nach der »Übersetzung« von Religionen ist mit weiteren perspektivischen Verschiebungen zu rechnen, so etwa weg vom Vorgang der Übersetzung hin zu Rolle und Bedeutung der Übersetzenden selbst. Insbesondere für den Fall von Übersetzungen zwischen kulturellen oder religiösen Phänomenen, die in äußerst unterschiedliche, kaum kompatible Epistemologien – beispielsweise wissenschaftlich-technische (um nicht zu sagen: technizistische) und mythische – eingebettet sind, stellt sich die Frage nach neuen Perspektiven, die über das Modell einer »Übersetzung« zwischen epistemisch voneinander getrennten »Welten« jenseits der Analogie

---

51 Ebd., 53.

52 Ebd., 54.

oder der Allegorese hinausführen.[53] Damit träte die Kommunikation zwischen den Übersetzenden ins Zentrum des Interesses an Übersetzung.

Literatur

K. Appiah-Kubi, S. Torres (eds.): African Theology en Route. Papers from the Pan African Conference of Third World Theologians, December 17–23, 1977, Accra, Ghana, Maryknoll 1979.

D. Bachmann-Medick: Cultural Turns. Neuorientierungen in den Kulturwissenschaften, Reinbek bei Hamburg 2009.

C. C. Baëta (Hg.): Christianity and African Culture, Accra 1955.

K. Bediako: Jesus and the Gospel in Africa. The Christian Gospel in African History and Experience, Maryknoll 2004.

M. Bergunder: Was ist Religion? Kulturwissenschaftliche Überlegungen zum Gegenstand der Religionswissenschaft, in: Zeitschrift für Religionswissenschaft 19/1–2 (2011), 3–55.

H. Bhabha: Die Verortung der Kultur, Tübingen 2000.

A. Bruce, D. Kopenawa: The Falling Sky. Words of a Yanomami Shaman, Cambridge 2013.

S. V. Coertze: The African Agent Discovered. The Recognition and Involvement of the African Biblical Interpreter in Bible Translation, in: Verbum et Ecclesia 29/1 (2008), 77–90.

53 Ich verdanke diese Anregung Aníbal G. Arregui, 2013–15 Postdoc am oben erwähnten Graduiertenkolleg »Kulturkontakt und Wissenschaftsdiskurs« der Universität Rostock (s. Anm. 11 sowie http://www.gk-kulturkontakt.uni-rostock.de/kollegiaten-und-stipendiaten/anibal-g-arregui/, letzter Zugriff am 10.05.2015). Dem brasilianischen Klimatologen Antonio Donato Nobre war aufgefallen, dass die »Theorie der biotischen Pumpe« – ein meteorologisches Zirkulationsmodell des Austauschs von Luftmassen zwischen den Ozeanen und den Regenwäldern – im indigenen Wissen der Yanomami über den Zusammenhang von Niederschlägen und dem Regenwald gewisse Entsprechungen findet. Aber welche Verbindung – Übersetzungsmöglichkeit – zwischen indigenem und wissenschaftlichem Wissen jenseits der Analogie – der Allegorese – sind denkbar? Wie kann das Wissen des Wissenschaftlers (Nobre) und das des Schamanen (in diesem Fall: Davi Kopenawa) jeweils »übersetzt« werden? Arregui greift eine Rezension des Bandes von Kopenawa (*Bruce / Kopenawa*, The Falling Sky; zunächst erschienen als *Kopenawa*, La chute du ciel) durch Peter Gow im Journal of Ethnographic Theory 4/2 (2014) (http://www.haujournal.org/index.php/hau/article/view/hau4.2.019/1134) auf, in der Gow feststellt, dass die Übersetzung des Bandes ins Englische weder dem französischen Text noch der Realität der Yanomami gerecht wird. Arreguis Vorschlag ist, von der Übersetzung zur Kommunikation fortzuschreiten; damit rückt der Kommunikationsvorgang zwischen den Übersetzenden selbst ins Zentrum der Übersetzung.

J. B. Craman: Missions and the Translatable Gospel, in: The Christian Century (August 30–September 6, 1989), 786.

K. Dickson: Theology in Africa, London 1983.

M. W. Dube: Savior of the World but not of This World. Post-Colonial Reading of Spatial Construction in John, in: *R. S. Sugirtharajah* (ed.): The Postcolonial Bible, Sheffield 1998, 118–135.

M. W. Dube: Postcolonial Feminist Interpretation of the Bible, St. Louis 2006 (2000).

M. W. Dube: Postkolonialität, Feministische Räume und Religion, in: *A. Nehring, S. Tielesch* (Hg.): Postkoloniale Theologien. Bibelhermeneutische und kulturwissenschaftliche Beiträge (= Religionskulturen 11), Stuttgart 2013, 91–111.

R. Emmerich: Chinesische Religionen, in: *P. Antes* (Hg.): Die Religionen der Gegenwart, München 1996, 212–238.

E. Fasholé-Luke: The Quest for an African Christian Theology, in: JRT 32 (1975), 69–89.

A. Feldtkeller: Theoretische Perspektiven auf das Ausbreitungsverhalten von Religionsgemeinschaften, ihren Wahrheitsanspruch und ihre Konfliktbereitschaft, in: *W. Dietrich, W. Lienemann* (Hg.): Religionen – Wahrheitsansprüche – Konflikte. Theoretische Perspektiven (Beiträge zu einer Theologie der Religionen 10), Zürich 2010, 43–69.

P. Gow: Rezension Bruce/Kopenawa, The Falling Sky, in: Journal of Ethnographic Theory 4/2 (2014).

K. Hock: Religion als transkulturelles Phänomen. Implikationen eines kulturwissenschaftlichen Paradigmas, in: BThZ 19 (2002), 64–82.

K. Hock: Translated Messages? The Construction of Religious Identities as Translatory Process, in: MisSt 23 (2006), 261–278.

K. Hock: Transkulturation und Religionsgeschichte, in: *M. Stausberg* (Hg.): Religionswissenschaft, Berlin/Boston 2012, 435–448.

K. Hock: Einführung in die Religionswissenschaft, Darmstadt ^{5}2014.

C. Jahnel: Theologien der Rekonstruktion in Afrika, in: VuF 57 (2012), 131–141.

C. Jahnel: Afrikanische Theologie. Kulturwissenschaftliche Analysen und Perspektiven, univ. Habilitationsschrift, Erlangen 2014.

O. Kalu: Introduction: The Shape and Flow of African Christianity, in: *ders.* (ed.): African Christianity. An African Story, Trenton 2007, 3–22.

H. G. Kippenberg: Die Entdeckung der Religionsgeschichte. Religionswissenschaft und Moderne, München 1997.

A. Koch: Die Religionswissenschaft als Theorienschmiede der Kulturwissenschaften. Religionsökonomische und kognitionswissenschaftliche Zugänge im Test, in: *dies.* (Hg.): Watchtower Religionswissenschaft, Marburg 2007, 33–52.

D. Kopenawa: La chute du ciel. Paroles d'un chaman yanomami, Paris 2010.

E. Laclau, C. Mouffe: Hegemonie und radikale Demokratie. Zur Dekonstruktion des Marxismus, Wien 2006.

G. Lanczkowski: Begegnung und Wandel der Religionen, Düsseldorf/Köln 1971.

J. Link: Versuch über den Normalismus. Wie Normalität produziert wird, Göttingen ^{3}2006.

J. S. Mbiti: The Biblical Basis for Present Trends in African Theology, in: *Appiah-Kubi, Torres*: African Theology, 72–85.

C. Meyer: Der moderne chinesische »Religionsbegriff« zongjiao als Beispiel translingualer Praxis. Rezeption westlicher Religionsbegriffe und -vorstellungen im China des frühen 20. Jahrhunderts, in: *M. Deeg, O. Freiberger, C. Kleine* (Hg.): Religion in Asien? Studien zur Anwendbarkeit des Religionsbegriffs (AUU, Historia religionum 32), Uppsala 2012, 351–392.

S. Moebius: Macht und Hegemonie. Grundrisse einer poststrukturalistischen Analytik der Macht, in: *ders., A. Reckwitz* (Hg.): Poststrukturalistische Sozialwissenschaft, Frankfurt / M. 2008, 158–17.

I. Mosala: Biblical Hermeneutics and Black Theology in South Africa, Grand Rapids 1990.

V. Y. Mudimbe: The Invention of Africa. Gnosis, Philosophy, and the Order of Knowledge, Bloomington 1988.

J. N. Mugambi: From Liberation to Reconstruction. African Christian Theology After the Cold War, Nairobi 1995.

V. Mulago: Un visage africain du christianisme. L'union vitale Bantu face à l'unité vitale ecclésiale, Paris 1965.

V. Mulago: Théologie africaine et problèmes connexes. Au fil des années (1956–1992), Paris 2007.

C. Nyamiti: African Tradition and the Christian God, Eldoret 1977.

O. p'Bitek: African Religions in Western Scholarship, Nairobi 1971.

J. Parratt: Theologiegeschichte der Dritten Welt, München 1991.

J. S. Pobee: Grundlinien einer afrikanischen Theologie (ThÖ 18), Göttingen 1981.

A. Ross: Translating the Message: The Missionary Impact on Culture, in: ThTo 46 (1990), 444.

E. Said: Kultur und Imperialismus. Einbildungskraft und Politik im Zeitalter der Macht, Frankfurt/M. 1994 (1993).

L. Sanneh: Translating the Message. The Missionary Impact on Culture, Maryknoll ^{2}2009.

H. Sawyerr: Creative Evangelism, London 1968.

G. Setiloane: Where Are We in African Theology?, in: *Appiah-Kubi, Torres*: African Theology, 59–65.

P. Stoellger: Deutungsmachtanalyse. Zur Einleitung in ein Konzept zwischen Hermeneutik und Diskursanalyse, in: *ders.* (Hg.): Deutungsmacht. Religion und belief systems in Deutungsmachtkonflikten, Tübingen 2014, 1–85.

F. Stolz: Grundzüge der Religionswissenschaft, Göttingen ^{3}2001.

F. H. Tenbruck: Die Religion im Maelstrom der Reflexion, in: *J. Bergmann, A. Hahn, T. Luckmann* (Hg.): Religion und Kultur, Opladen 1993, 31–67.

D. Tutu: Whither Theology?, in: *E. Fasholé-Luke* (ed.): Christianity in Independent Africa, London 1978, 364–369.

H. J. van Rinsum: »They became slaves of their definitions«. Okot p'Bitek (1931–1982) and the European Traditions in the Study of African Religions, in: *F. Ludwig, A. Adogame* (eds.): European Traditions in the Study of Religion in Africa, Wiesbaden 2004, 23–38.

G. O. West, M. W. Dube (eds.): The Bible in Africa. Transactions, Trajectories and Trends, Leiden u. a. 2000.

Autorinnen und Autoren

Prof. Dr. Michael Altripp (Christliche Archäologie und Kunstgeschichte; Universität Greifswald). Schwerpunkte seiner Forschung sind die Ikonographie im liturgischen, exegetischen und narrativen Kontext, der Kultur-Transfer zwischen Ost und West von der Spätantike bis zum Mittelalter, das Zusammenspiel von Architektur und Liturgie, die Bauplastik der byzantinischen Zeit, Historismus und Orientalismus.

Prof. Dr. Rafael Arnold (Romanische Sprachwissenschaft; Universität Rostock). Zu seinen Forschungsschwerpunkten gehören das Judenspanische (Ladino/Judezmo), Sprachkontakte in der Italo- und Iberoromania, Sprache in der Renaissance (insb. Italien und Spanien) und romanische Übersetzungen aus dem Hebräischen. Daneben ist er Herausgeber, Kommentator und Übersetzer romanischer Autoren wie Niccolò Machiavelli und Luis de Camões.

Dr. Anke Ilona Blöbaum (Ägyptologie). Wissenschaftliche Mitarbeiterin am Exzellenzcluster »Religion und Politik in den Kulturen der Vormoderne und Moderne« der Westfälischen Wilhelms-Universität Münster, wo sie am Projekt »Semantik der Veränderung. Vergewisserung, Inszenierung und Magie in der Bildsprache Ägyptens im frühen 1. Jt. v. Chr.« beteiligt ist. Ihre Forschungsschwerpunkte sind die altägyptische und koptische Sprach- und Literaturwissenschaft und damit verbundene Fragen der Übersetzungstechnik, sowie die Königstheologie insbesondere in der Spätzeit Ägyptens.

Prof. Dr. Albrecht Buschmann (Spanische und französische Literatur- und Kulturwissenschaft; Universität Rostock). Zu seinen Forschungsschwerpunkten gehören die Theorie und Praxis der literarischen Übersetzung, die transareale Literatur- und Kulturgeschichte, hispanoamerikanische Literatur zwischen Avantgarde und Exil und der Zusammenhang zwischen Literatur und Bürgerkrieg als Reflexion der Wege des Wissens und Schreibens von Gewalt in sozialer Nähe.

Prof. Dr. Klaus Hock (Religionsgeschichte – Religion und Gesellschaft; Universität Rostock). Seine Forschungsschwerpunkte befassen sich mit Grenzen, Grenzziehungen und Grenzüberschreitungen zwischen den Religionen und Kulturen, zwischen Religion und Kultur, zwischen Religionswissenschaft und Theologie, wobei sein vornehmliches Interesse dem Islam und christlich-islamischen Beziehungen, Afrika und dem Konzept der Transkulturation gilt.

Prof. Dr. Martina Kumlehn (Religionspädagogik; Universität Rostock). Zu ihren Forschungsschwerpunkten gehören Religion und Leben als Grundbegriffe der Religionspädagogik, Religionspädagogik im Spannungsfeld von Ästhetik und Ethik (Religion als Lebenskunst), Studien zur narrativen Identität und narrativen Ethik, Bibeldidaktik und Aging Science im Kontext der Religionspädagogik.

Melanie Lange (Altes Testament, Hebraistik). Promotionsstipendiatin des Departments »Wissen – Kultur – Transformation« an der Universität Rostock und Protokollführerin der Gruppe »Apokryphen« im Rahmen der aktuellen Durchsicht der Lutherbibel. Ihr Forschungsinteresse konzentriert sich auf die Entstehungs- und Rezeptionsgeschichte des Alten Testaments, die Hermeneutik des Wechselspiels zwischen Humanismus und der reformatorischen Bewegung und die Entstehung der frühen christlichen Hebraistik.

Prof. Dr. Stefan Pfeiffer (Alte Geschichte; Martin-Luther-Universität Halle-Wittenberg). Zu seinen Forschungsschwerpunkten gehören die Religionsgeschichte Ägyptens in griechisch-römischer Zeit, die Sozial- und Wirtschaftsgeschichte des Hellenismus, das antike Judentum und der Kaiserkult während der römischen Kaiserzeit.

Prof. Dr. Martin Rösel (Hebräisch, Altes Testament und Religionsgeschichte; Universität Rostock). Schwerpunkte seiner Forschung sind die Textgeschichte des Alten Testaments, Bibelübersetzungen, Gottesaussagen des Alten Testaments und das Danielbuch. Er ist Mitglied im Lenkungsausschuss der Evangelischen Kirche in Deutschland zur Durchsicht der Lutherbibel und Koordinator des Bereichs »Apokryphen«.